洞察

徐勇明 著

——新科技浪潮下的价值投资方法与实践

中国财经出版传媒集团

经济科学出版社
Economic Science Press

·北京·

图书在版编目（CIP）数据

洞察：新科技浪潮下的价值投资方法与实践／徐勇
明著 ． -- 北京：经济科学出版社，2024.11. -- ISBN
978 - 7 - 5218 - 6487 - 8

Ⅰ. F830.91

中国国家版本馆 CIP 数据核字第 2024J1S687 号

责任编辑：杜　鹏　武献杰　常家凤
责任校对：隗立娜
责任印制：邱　天

洞察——新科技浪潮下的价值投资方法与实践

DONGCHA——XIN KEJI LANGCHAO XIA DE JIAZHI TOUZI FANGFA YU SHIJIAN

徐勇明　著

经济科学出版社出版、发行　新华书店经销

社址：北京市海淀区阜成路甲 28 号　邮编：100142

编辑部电话：010 - 88191441　发行部电话：010 - 88191522

网址：www. esp. com. cn

电子邮箱：esp_bj@163. com

天猫网店：经济科学出版社旗舰店

网址：http：//jjkxcbs. tmall. com

固安华明印业有限公司印装

710×1000　16 开　18.75 印张　320000 字

2024 年 11 月第 1 版　2024 年 11 月第 1 次印刷

ISBN 978 - 7 - 5218 - 6487 - 8　定价：128.00 元

（图书出现印装问题，本社负责调换。电话：010 - 88191545）

（版权所有　侵权必究　打击盗版　举报热线：010 - 88191661

QQ：2242791300　营销中心电话：010 - 88191537

电子邮箱：dbts@esp. com. cn）

序 一

当今世界，人工智能、清洁能源、芯片技术等的发展正在将人类带向新的时代和更美好的未来。

随着大语言模型的出现，人工智能已成为当今时代最具变革性的技术力量。例如，基于端到端模型的自动驾驶技术，已经突破了之前传统机器学习的能力瓶颈，让L4的普及更可预期。以后每个人都能有一个机器司机，并且比人类开车更加安全。而基于人工智能的智能云等服务，正在赋能千行百业，带来产业互联网的蓬勃发展。

随着光伏、风能等绿色发电技术的持续完善、成本下降和逐渐普及，再加上新能源汽车逐步取代传统燃油汽车，人类社会将会迎来一个更可持续的全球气候环境。

此外，随着电脑、手机、物联网、智能网联汽车等产业的蓬勃发展，在芯片领域，全球都在追求如何在大幅降低功耗前提下不断提升芯片算力。在中国，国产替代和第三代半导体等也发展得如火如荼。世界对芯片的重视前所未有。

勇明是我中国科学技术大学的学弟，也曾是百度多年的老同事。在本书中，他从价值投资的角度，构建了一套自己的分析方法，将包括人工智能在内多个新兴科技行业内有代表性企业的商业模式、护城河和发展趋势等进行了分析和预测。不仅介绍了方法，还通过很多案例分析来帮助读者学习和实践。

希望本书的出版能为广大读者提供有价值的投资参考意义。

张亚勤

清华大学智能产业研究院院长

中国工程院外籍院士

美国艺术与科学院院士

序 二

ー PREFACE II ー

在新科技浪潮的推动下，投资领域正经历着前所未有的大变革，传统的投资方式已经难以适应快速变化的市场环境，而价值投资作为一种长期稳定的投资策略，正逐渐受到越来越多投资者的青睐。我非常高兴，勇明能够沉下心来，把自己的投资认知、投资方式和投资理念系统地用书的形式表达出来。我认识勇明很多年了，中国科学技术大学的高材生，搜索广告业务的早期产品经理、糯米影业总经理、车联网业务总经理、爱奇艺副总裁，每一段经历都非常成功，聪明智慧，学习能力强，近年来研究了投资理论和实践方法。

本书试图从互联网、人工智能、新能源汽车、半导体芯片和元宇宙五大赛道的不同角度系统地阐述他的价值投资理念和投资方法的内在逻辑和思维方式。他认为，企业所处赛道的长期市场规模天花板和企业的长期竞争力的有效结合是市值潜力的基础，也是最可能通过深入研究而获得投资收益的重要判断，而科技企业的长期竞争力与其利用双环模型建立的"护城河"能力高度相关，这一核心理念贯穿始终，深刻而又具体，不只是对投资有指导作用，对于想了解行业发展趋势和动态从而想参与其中的企业家和高管都有着非常大的启示作用。

当前，在国家大力发展新质生产力的时代背景下，希望这本书不但能给投资者提供高科技赛道投资的方法论，同时也希望引领更多的有识之士关注以人工智能、半导体、新能源、区块链、大模型、新材料等为代表的新质生产力全相关领域，不断探索、不断实践，从不同的角度为国家的繁荣、科技的发展注入新的活力！

刘 辉

中国人力资源开发研究会副会长兼智能分会创始会长

紫光集团战略咨询委员会主任委员

原百度 Estaff，高级副总裁兼百度云董事长

前 言

FOREWORD

　　科学技术是第一生产力！科技是近现代历史以来人类进步的最核心驱动力之一，每一次工业革命都推动了全方位的生产力提升和社会经济变革，同时也为人类社会带来了巨大的物质财富提升。

　　不知道有多少朋友意识到了，我们这一代人非常幸运，不仅经历了第三次工业革命：信息时代的繁荣，而且正在见证第四次工业革命：人工智能（AI）时代的到来。我们的工作、生活所依赖的手机在不停地更新换代，而能够看三维立体内容的头显这种新设备也在快速进化中了；越来越多的人把机械或电子手表换成了智能手表；新能源汽车走进了千家万户，而且一些城市里无人驾驶的出租车也开始在路上运营了；想要一台小型无人机，淘宝上就能随时下单了；餐厅里和酒店里，机器人在给我们送菜，送物品；网上的聊天机器人不仅能写诗作画，帮人写PPT，"智商"甚至已经达到名牌大学优秀学生的水平了；机器狗和人形机器人虽然生活中还不多见，但网上到处都是它们的视频……

　　股市是一个充满魅力的地方，也是一个危险的地方。聪明如您，一定也已经意识到了，这些新科技行业的发展不仅能为这个世界创造新的生产力，同时也是投资的大好机会。作为一个近20年高科技和互联网行业从业者，股市的长期参与者，经历过一年多十倍以上回报的幸福时光，也经历过两周暴跌50%的至暗时刻。可能是因为大学学的是信息自动化相关专业，以及后来多年的不同创新业务从业经历，笔者一直觉得自己是个有创新意愿、闭环思维，且喜欢总结方法论，甚至是思维方法论的人。在业务判断力方面，一直在努力从上帝视角出发，尝试打通宏观到微观，希望获得一眼看到底的能力。股市的魅力在于它"简单"，只需最小步骤就能实现和反复优化完整闭环，跟自动化专业的基础思维框架一致，笔者粗浅涉猎过的多个行业经验也能派上用场。成败的重点是能否不断提高自己的认知，以及获得足够的信息来源，加上适当的操盘经验和操盘策略，当然还需要一点点运气。

本书尝试将笔者在市场实践中思考和总结的价值投资方法提炼出来，并通过对互联网、人工智能、新能源汽车、芯片和元宇宙这几个目前备受瞩目的高科技产业方向中的多个赛道以及赛道内的近30家公司进行具体分析，以供有缘的读者参考。希望通过自己的深入学习、思考和研究，用互联网商业产品经理的语言写出有用、清晰、简单易懂、易操作的方法。另外从对自己的要求出发，笔者也希望本书描述的方法是系统化、结构化，有一定水平，有个人特色，且能经受长期实践检验的。当然世界会变，认知会变，很多判断也需要不断更新。

需要指出的是，任何的分析和预测都很难做到精准，甚至南辕北辙都有可能，所以不能作为各位在股市操作的依据。举这么多例子是为了帮助大家更好地理解和学习，并在实践中不断完善自己的方法。各位读者朋友如有任何意见或建议，欢迎邮件联系：ymxu1979@163.com。

最后祝大家财运亨通！

徐勇明

2024 年 8 月 2 日星期五于北京

目 录

CONTENTS

第1章 新科技浪潮下的新投资机遇

1.1 人的需求、金钱观和挣钱之法

本书的重点是围绕新兴的高科技产业，讨论基于赛道和标的企业分析的二级市场投资方法。但在开始之前，笔者想先跟大家探讨一下几个更根本的问题：人类的需求、世人的金钱观以及世上的挣钱方法。这几个问题形成一个漏斗，逐步聚焦，能让我们更清楚我们需要什么，我们在做什么，我们还有哪些选择。

人类在认知和探索世界、宇宙的过程中，已经总结出来太多的规律。我们一次又一次地发现，规律都很精妙，很美。比如我们眼中的色彩缤纷都基于光的红、黄、蓝三基色而来。我们也有理由相信，如果要总结我们人类自身思想的规律，它应该也是很精妙、很美的。

图1-1是笔者在2017年整理的人的需求模型。之所以整理，是因为马斯洛需求模型过于粗糙，解释不了诸如曹雪芹在家族落魄，甚至连基本的吃饱穿暖都无法保证的情况下，一样全身心投入写出《红楼梦》这样的需求逻辑。

该模型是以进化论为基础梳理的，人类所有需求的源头都是为了满足生存、发展、繁衍的进化需要，人类的所有需求都是由这三点演化而来。人类比其他动物高级的地方在于人的需求虽然源于进化，但不满足于基本进化需要，不断迈向新的境界。但不论如何，根还在进化所需这里，无法摆脱，否则整个人类将没有未来。而人的思维核心是围绕需求展开的，从这个意义上说，世界上（人类社会中）不存在完全自由的思想。

模型试图尽可能广地覆盖人类的需求。从出发点来说，我们平时面临的各类诉求（工作、生活、学习等）都应该能在图1-1中找到对应关系（包括单点对应和跨需求方向对应），哪怕是很粗的粒度。如果无法对应，那就需要改进模型。在此先不展开。

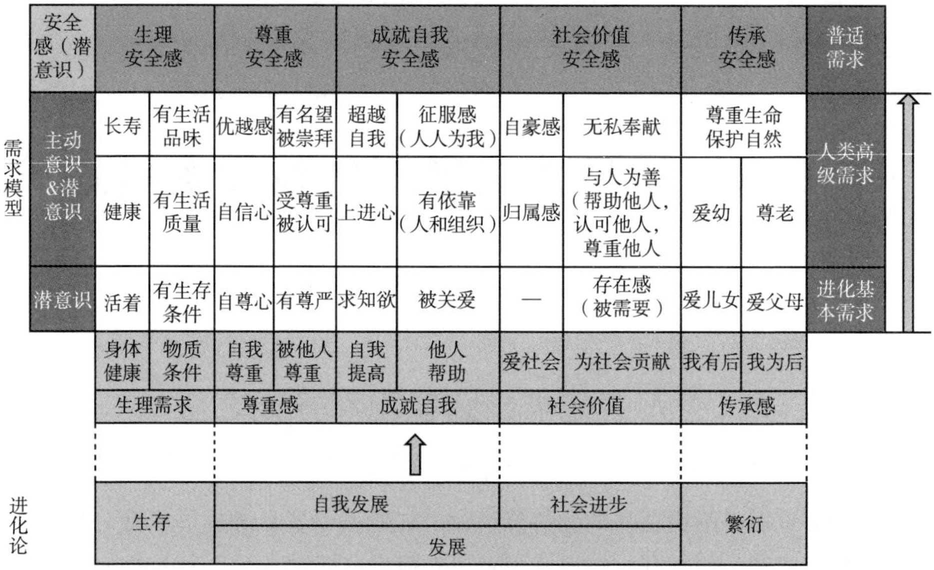

安全感(潜意识)	生理安全感		尊重安全感		成就自我安全感		社会价值安全感		传承安全感		普适需求
主动意识&潜意识	长寿	有生活品味	优越感	有名望被崇拜	超越自我	征服感(人人为我)	自豪感	无私奉献	尊重生命保护自然		人类高级需求
	健康	有生活质量	自信心	受尊重被认可	上进心	有依靠(人和组织)	归属感	与人为善(帮助他人,认可他人,尊重他人)	爱幼	尊老	
潜意识	活着	有生存条件	自尊心	有尊严	求知欲	被关爱	—	存在感(被需要)	爱儿女	爱父母	进化基本需求
	身体健康	物质条件	自我尊重	被他人尊重	自我提高	他人帮助	爱社会	为社会贡献	我有后	我为后	
	生理需求		尊重感		成就自我		社会价值		传承感		

（需求模型）

进化论：

生存	自我发展	社会进步	繁衍
	发展		

图1-1　人性需求模型

我们重点讨论一下金钱。金钱跟人的需求满足是什么关系？人类社会发展到今天，已经把能够用金钱来买卖的内容（产品/服务/资源等）都进行了定价。如果有需要，我们可以针对图1-1里面涉及的每一项需求和金钱的关系进行专项分析。对绝大部分人来说，"钱不是万能的，但没钱是万万不能的。"

"天下熙熙，皆为利来；天下攘攘，皆为利往。"司马迁的一句话道尽了天底下绝大部分人的想法。不过"利"有各种，具体到金钱，不同的人对它的态度有所不同，总的来说分为表1-1所示几类。每个人所处的现实情况和人生目标的差异导致了不同的选择。

表1-1　　　　　　　　　　世人对金钱的态度及原因分类

对金钱的态度	原因	有这样想法的人群覆盖
轻金钱	不太重要，清贫生活也很好	少部分人
	不太重要，钱已经足够了，多少只是个数字	极少部分人
重金钱	对养家糊口和改善生活很重要	绝大部分人
	渴望追求享乐生活	大部分人
	金钱的多少代表了个人地位	大部分人
	追求物质财富是人生几个重要目标中的一个	一部分人
	实现其他更重要的人生目标离不开金钱的支持	一部分人

　　每一个想要挣钱的人都会问自己：我怎么才能挣到钱？从我们自身经历，身边所见，道听途说，以及电视和网络等渠道所了解的情况来说，挣钱这个事情各有各的道，可以说是五花八门，不胜枚举。不过很早之前笔者就感觉如果找到合适的角度来分析，世界上的挣钱方法归纳起来可能既不复杂，也没有那么多。之前因为种种原因一直没有动手整理，现在终于整理出来了，感觉豁然开朗。具体见表 1-2 和表 1-3，分别从个人和企业两个角度尝试把世界上已知的挣钱方法做一个全面梳理。

表 1-2　　　　　　　　　　　　　　个人收入来源汇总

创收来源	创收模式	基本逻辑	参与普遍性	风险	举例
他人财富转移	财产继承	根据法律规定继承	高	低	子女继承父母遗产
	他人赠与	自愿原则	低	低	爱马仕创始人捐赠资产给园丁
	乞讨	因为不可抗力失去生活来源，主动向陌生人要钱	低	低	残障人士乞讨
运气	中奖	体彩、福利彩票类国家合法彩票	低	中	体彩
	参赌	包括个人之间赌博和到赌场参赌，本质是零和博弈，没有创造新的收入	中	高	去澳门赌场
	捡钱	概率极低，且依法应该归还失主	低	中	捡到他人遗落钱包
个体经营	卖产品	通过自己生产或采购得到产品，然后对外售卖产品	高	低	农民种蔬菜售卖，开小超市
	提供服务	一次性的，根据服务内容对付费方的重要性和服务难度收费	低	低	给他人介绍对象收费，演员拍广告
		持续多次的，根据"单价×服务次数"收费	中	低	给孩子做家教
		长期持续，根据"时间×单价"收费	中	低	居家保姆按月收费
为组织打工	兼职服务报酬	按结果一次性收费 按照"时间×单价"收费 按照"服务次数×单价"收费	中	低	企业实习生，为企业当顾问
	全职服务报酬	根据"级别工资×时间+奖金+公司股票（可选）"收费	高	低	各行各业基本均是如此

续表

创收来源	创收模式	基本逻辑	参与普遍性	风险	举例
当老板/股东	利润分红	根据持股比例获取公司利润分红	低	低	华为的每年分红
	股份套现	将自己所持有的股份出售、抵押给他人/组织套现	低	低	上市公司创始人质押股份套现
金融资产	投资理财	资金交给金融机构代管	高	低	钱存银行或购买理财产品、基金等
		参与金融产品交易	中	高	炒股
	出租出售	将金融类资产出租或出售给他人/组织	中	低	出租出售住房、商铺，出售黄金、字画、珠宝等
社会保障	失业金	根据社保政策，缴纳越多，时间越长，获利越多	中	低	—
	养老金	根据社保政策，缴纳越多，时间越长，获利越多	高	低	—
	社会捐款	个人或家庭遭遇重大变故	低	低	遭受自然灾害，社会组织捐款
社会奖励	特殊人才	根据政府人才引进需要	低	低	高精尖技术领军人物
	见义勇为	通过奖励弘扬社会正能量	低	高	勇救落水儿童
作恶	抢	犯罪行为	低	高	抢钱
	偷	犯罪行为	低	高	入室偷盗
	诈骗	犯罪行为	低	高	金融电信诈骗
	权力寻租	通过手中权力收受贿赂，同样是犯罪行为	低	高	官员受贿

表1-3　　　　　　　　　企业收入来源汇总

创收来源	创收模式		2B		2C	
	基本逻辑	重点说明	是否适用	举例	是否适用	举例
服务	常规服务	按"服务时间×单价"收费	单价往往跟服务质量挂钩	Y	法律服务、会计服务、咨询服务、停车费等	Y	法律服务、会计服务、咨询服务、停车费等

续表

创收 来源	创收模式			2B		2C	
		基本逻辑	重点说明	是否 适用	举例	是否 适用	举例
服务	常规 服务	按"服务次数× 单价"收费	单价往往跟服务 质量挂钩	Y	企业培训等	Y	辅导班、理 发、小时 工等
		按"服务内容× 单价"收费	单价往往跟所提 供服务内容的稀 缺性/难度/对付 费方价值的高低 等挂钩	Y	保险收保费等	Y	保险收保 费等
		按服务成果收费 (按比例或固定 价格)	对服务成果的货 币化定价,以及 如何确定比例是 关键	Y	公司上市服 务、融资FA、 第三方收债等	Y	婚介费
		按"被服务对象 规模×单价" 收费	单价往往跟服务 质量挂钩	Y	物业费等	Y	物业费等
	增值 服务	固定价格、拍卖、 付费方自愿出价等	让出价方心甘情 愿付心里的最高 价是终极目标	Y	VIP会员费等	Y	会员、打赏、 小费、游戏 道具、寺庙 功德箱等
	金融 服务	吸纳资金后通过 投资赚取差价	如何通过好的产 品设计和投资方 式平衡风险和收 益是关键	Y	银行存款,银 行自有理财、 债券、基金, 独立私募基金 (一级、二 级)等	Y	银行存款, 银行自有 理财、债 券、基金, 独立私募 基金(一 级、二级) 等
		金融服务平台, 根据资金或金融 资产交易规模按 比例收费	防欺诈、防爆雷 是关键	Y	金融产品代 售、股市交易 费用等	Y	金融产品代 售、股市交 易费用等

续表

创收来源	创收模式			2B		2C	
		基本逻辑	重点说明	是否适用	举例	是否适用	举例
资源/商品	出租模式	单价（固定、梯度或拍卖）× 资源出租量×租赁时间	单价跟资源/商品的提供成本以及付费方带来价值的高低挂钩	Y	广告资源出租、房屋出租	Y	房屋出租
	出售模式	价格（固定、梯度或拍卖）×销量	单价跟资源/商品的提供成本以及付费方带来价值的高低挂钩	Y	卖房、买车、卖生活用品等	Y	卖房、买车、卖生活用品等
	置换模式	用资源/商品换取资源/商品、股份或其他对等权益	如何让换回来的资源/商品、股份或其他权益能够增值是核心所在	Y	部分跨境易物交易等	—	—
自有资金	投资理财	盈余资金交给金融机构或购买理财类资产	兼顾流通性和安全性	—	—	—	—
政府激励	补贴、奖励	根据政策规划企业经营活动以获取补贴/奖励，税收返还等	对政策的理解和对接能力	Y	电动车行业国家给企业的补贴	—	—

　　表1-2和表1-3都是以收费环节为核心的，包括收什么钱，怎么收。从这个角度切入是最容易梳理完整的，因为种类就那么多。不过因为表格并没有说明创收来源如何获取，另外没有也没法穷举所有可能的实操业务形态及优劣判断（例如卖苹果和卖橘子都能挣钱，到底是苹果好卖还是橘子好卖），因此光靠这两个表格并不能给我们一个直接的如何才能赚钱的答案。

　　尽管如此，这两个表格也还是有一定的指导和启发意义：

　　首先，它们在一定程度上打破了挣钱的神秘感，让我们对挣钱这个事情有更强的俯视感和把握全局的自信。这个世界的辩证性在于，很多我们觉得很复杂的事情，其实都是由很简单的元素按照各种组合变化而来。挣钱也一样，不管是个人挣钱还是企业挣钱，方法其实就那么多，每个人/企业都可以从有限的方法当中去寻找适合自己的那个方向，结合自己的实际情况找到一条能走通的路。

其次，通过这两个表格，我们可以简单地对不同创收来源和创收模式的收入天花板、进入难度、风险等进行粗略的评估，让自己在选择时更有依据。比如农民的收入由农作物产量（受土地面积、土地肥沃程度、天气和种植技术等决定）和销售单价（受供需影响）决定，天花板相对较低。而公司老板的收入由公司利润（销量×单件产品利润）和其持有的股份价值（由公司利润等营收数据加杠杆决定）双重决定，其天花板要相对高得多，但当老板的难度和承担的风险也同样要大得多。

回到投资这个事情，这是一部分人实现自我价值和追求物质财富增长的可选道路之一，是一个相对而言高风险高收益的赛道。在真正投入进来参与之前，不妨把这两个表格再研究研究，看看是否有比投资更适合自己的选择，或者如果参与，到底投入多少的精力和资金代价为宜。

此外，正因为世界上的商业模式是很有限的，除了降本增效，如何通过模式优化来提高个体和企业的净收益也非常重要。门槛其实也不一定会很高，但这往往是很多企业或个人所忽视的。

需要说明的是，出于简化理解难度需要，表 1 - 3 中列出的企业收费模式均为基本方式，实际上企业完全可以根据自身需要和付费方意愿组合叠加使用。

回到投资的初衷。二级市场投资（炒股）的本质就是通过深刻理解企业是怎么挣钱的，以及这一点和其对应股票价格涨跌的关系，通过在股市买和卖的操作来实现盈利。我们的目标是通过抽丝剥茧，把方法梳理清楚，做到简单和美。

1.2　AI 时代背景下的广阔投资机会

科技是近现代历史以来人类进步的最核心驱动力之一，每一次科技革命都推动了全方位的生产力提升和社会经济变革，同时也为人类社会带来了巨大的物质财富提升。从表 1 - 4 可见，第一次和第二次工业/科技革命界限比较明确，从蒸汽时代到电气时代。但从第三次工业革命信息时代开始，人类的科技突破速度明显加快，且很多方向并行突破。一方面，移动互联网开始向空间计算（元宇宙）和产业互联网发展；另一方面，如果我们展望未来，能源革命、生命科学、人工智能的愿景也已经开始显现，人类的跨星际时代也已经点燃了星星之火。每一次科技革命都给生产力带来巨大的提升，而且越往后技术进步越大，对生产力的提升幅度也越大。

表 1-4　　　　　　　　　　科技革命阶段划分

科技革命阶段	简称	爆发期	核心技术突破	主要影响
第一次工业革命	蒸汽时代	18 世纪 60 年代	蒸汽机	机器代替人工，全面提升经济效率
第二次工业革命	电气时代	19 世纪 60 年代后期	电 + 内燃机	社会生产效率进一步大幅提升，化石能源成为核心生产资源
第三次工业革命	信息时代	20 世纪四五十年代	以原子能、电子计算机、空间技术和生物工程的发明和应用为主要标志	第三次科技革命不仅极大地推动了人类社会经济、政治、文化领域的变革，而且也影响了人类生活方式和思维方式，随着科技的不断进步，人类的衣、食、住、行、用等日常生活的各个方面也发生了重大的变革
第四次工业革命	AI 时代	21 世纪 30 年代？	超级人工智能、经济碳中和、生命科学	1. 人工智能大发展带来物质和精神财富创造效率大幅提升，各行各业都被 AI 重塑，服务机器人走入千家万户； 2. 清洁能源全面取代化石能源，根本性解决地球变暖风险； 3. 生命科学实现进一步突破（例如攻克癌症、艾滋病等），人均寿命大幅提升
第五次工业革命	跨星际时代	未知	1. 普通人可负担的跨星际交通技术 2. 跨星际能源开采技术	人类正式成为跨星际物种

本书依据笔者近 20 年的工作经历及研究范畴，选取了互联网（移动互联网和产业互联网）、新能源汽车（含自动驾驶）、人工智能、芯片、元宇宙（空间计算）这 5 大新兴高科技产业发展方向来挖掘其中的二级市场投资机会。我们通过多组第三方数据来了解一下它们的发展前景。

先看移动互联网。移动互联网已经发展了多年，商业模式比较成熟，主要包括广告、电商、游戏、旅游在线预定等：根据 Statista 的数据，2021 年，全球互联网广告的规模为 5 225 亿美元，预计到 2028 年将达到 9 656 亿美元，年复合增长率（CAGR）为 9.1%。根据 MarketWatch 的数据，2022 年，全球电商的规模为 18.98 万亿美元，预计到 2030 年将达到 47.73 万亿美元的规模，CAGR 为 12.22%。根据 Allied Market Research 的数据，2022 年，全球网络游戏市场规模为 859 亿美元，预计到 2032 年将达到 2 314 亿美元，CAGR 为 11.1%。根据 Verified Market Reports 上公布的数据，2023 年，全球旅游在线预定平台（OTA）的整体营收规模为 6 166 亿美元，预计到 2030 年将达到 11 787 亿美元，CAGR 为 12.98%。

再看产业互联网，这里面云计算是核心。根据 Statista 的预测，2024 年云计算全球市场规模将达到 7 733 亿美元，2029 年将达到 18 060 亿美元，CAGR（年复合增长率）18.49%。

提到新能源汽车，2023 年中国汽车年销量约 3 000 万辆，位居全球第一，2024 年 6 月，新能源汽车（主要包括混动和纯电）的月销量已经超过总销量的一半。而中国的汽车销量大概占到全球的 30% 多，全球范围来看，新能源汽车的机会就更大了。根据 Fortune Business Insights 的数据，2032 年预计全球将突破 1.9 万亿美元销售额，CAGR 13.8%。

至于人工智能，因为是一次新的科技革命，预计将对千行百业都产生价值。Statista 的数据显示，2024 年预计将产生 1 840 亿美元的产业价值，而到 2030 年将达到 8 267 亿美元，CAGR 高达 28.46%。

还有芯片产业。根据 Statista 的数据，2024 年，全球芯片市场规模将达到 6 074 亿美元，预计到 2029 年将达到 9 808 亿美元，2030 年破万亿，CAGR 为 10.06%。

别忘了元宇宙。根据 Statista 的数据，2024 年预计将达到 744 亿美元的产值，到 2030 年将增长到 5 078 亿美元，CAGR 高达 37.73%。不过，由于入口设备的普及进展远不及预期，实现的难度较大。

另外，本书的研究范围不包括大健康（生命科学）领域，这也是一个未来可期的巨大产业方向。事实上，这正是后续要攻关的重点。

尽管远期预测误差往往会比较大，但是全球范围内对这些赛道在今后多年内会有较高的增长潜力是有共识的。这些都是我们大好的投资机会。

再看看个股。Booking 是全球排名第一的旅游 OTA 平台，它的市值在过去 20 年内增长了 360 倍。众所周知的苹果股价在过去 10 年内增长了 10 倍。还有这两年大热的英伟达，国内的腾讯、拼多多、比亚迪等，我们可以举出许多例子。

1.3 什么样的人适合价值投资

具有什么样特质的人适合价值投资？表 1-5 列出了 5 条，其中前面 4 条来自于李录的公开介绍，据说是芒格亲自总结的标准。第 5 条是根据笔者自己的理解添加进去的。我们分别展开说明。

表 1-5 价值投资者所需的特质

特质	解读	原因
独立判断	包括能力和习惯	市场共识经常是错误的，要靠自己来追求本质
客观理性	以评估为依据，不受情绪和其他因素干扰	冲动、感情偏好等会极大损害投资评估的正确性
极度耐心 + 果决	1. 没有机会须长期等待； 2. 有了机会果断出手不犹豫	1. 投资是个浪里淘沙的事情，不是好的机会不能出手； 2. 好的投资机会不等人，错过时间窗口可能就没机会了
对商业的极度兴趣	1. 公司怎么挣钱； 2. 未来能挣多少钱	有兴趣，甚至狂热才能把公司和赛道琢磨透彻，而这是投资所需认知的关键所在
敢于承担风险，但又尽可能规避风险	1. 有损失 50% 不下桌的勇气； 2. 看不懂的公司不下手	股市投资有很多不可控的干扰因素，短期涨跌与否，以及涨跌幅度有时都难以预测

第一条：独立判断，包括拥有独立判断的能力和独立判断的习惯。笔者理解这里面有两个原因。首先，最核心的是，只有依靠独立判断，说服了自己，才能在股市涨跌的过程中保持内心的波澜不惊，尽可能作出正确的抉择。其次，真正懂价值投资的投资者占比极低，大部分人都难以掌握，所以听信他人的判断往往并不靠谱。

第二条：客观理性，主要是对投资机会、风险和时机等的判断。股市投资比较容易犯两个错误，一是对自己买入的股票所对应的企业产生情感偏好，不愿意接受对企业的负面判断和评价，导致判断失准；二是在亏损的时候，即使客观上已经意识到了之前的判断存在失误，也不愿意割肉，将回本作为卖出的必要条件。

第三条：极度耐心 + 果决。就像猛兽在野外捕食猎物那样，耐心等待机会，一旦机会到来，就果断出手。从性格上来说，这是有点"矛盾"的，在没有合适出手时机的时候可以很长时间跟踪研究按兵不动，等机会出现时能非常敏锐地意识到并敢于立刻出手，因为投资是有窗口期的。

第四条：对商业极度的兴趣。股市投资是为了挣钱，研究企业核心还是对其商业上取得成功的能力的研究。实际上，价值投资者能够真正着力的地方也就是判断企业和其所在赛道的商业前景。

第五条：敢于承担风险，但是又尽力规避风险。股市作为一个高风险高收益的市场，随时存在难以预测的风险，要有能承担 50% 亏损的心理准备和勇气。也正是因为这种高风险性，让我们在实际操作时又要时刻保持谨慎，一方面自己看不懂的企业不下手，另一方面要杜绝借钱炒股，慎用股市衍生工具。参与股市投资要相信复利的力量，把这作为信仰，愿意慢慢变富，追求投资的长期可持续盈利的能力，而不是暴富。对暴富的追求往往会导致非理性判断和操作，容易导致暴跌，大起大落是赌徒思维，出问题容易翻不了身。

有趣的是，李录也指出，这 4 个因素中并不包括智商，所以就算不是天才的你我理论上都有可能获得成功。

这 5 条当中，第二、三、五条性格决定得多一些，第一条和第四条主要靠后天培养。第三条和第五条看似矛盾，实则辩证统一。

第 2 章　买股票就是买企业

2.1　股票是如何代表企业的

2.1.1　股票的定义

让我们先放空自我，重新认识一下股票。股票是上市公司发行的所有权凭证，是股份公司为筹集资金而发行给各个股东作为持股凭证并借以取得股息和红利的一种有价证券。

企业上市前的价值叫估值，上市后叫市值。一家公司的市值（所有股票的价值之和）本质上是对公司未来长期盈利能力的量化预估，股票价格本质上是将企业未来的盈利能力以某种方式量化（例如计算出 20 年以后年利润总额）并除以总股数。企业的不同发展阶段与典型的估值方式如表 2 – 1 所示。

表 2 –1　　　　　　　企业的不同发展阶段与典型的估值方式

企业发展阶段	典型估值方式	说明
早期启动阶段	根据赛道天花板跟团队实力估值	—
无收入，但有重要的业务进展和数据	按进展的量化价值估值，可参照同类成熟企业	例如，早期互联网企业，按单用户价值估值
有收入无利润	PS 估值法，也称之为市销率估值法。市值 $V = PS \times S$	PS 是市销率（Price-to-Sales，P 是股价），S 是销售额
有利润	PE 市盈率估值法，市值 $V = PE \times E$	PE 是市盈率（Price-to-Earnings），E 是收益（利润）

因为未来，尤其是长期未来的利润很多时候难以直接预估，所以从实际操作上来说，更可行的方法是用企业当前的数据来预测未来。基于企业当前的不

同情况采用的计算方法不同，但基本上判断的依据主要是围绕企业的核心竞争力（团队、技术、核心资源等）、用户/客户规模、营收、利润及相关衍生指标（ROE 净资产收益率等），以及这些指标的变化趋势来计算。主要包括如下几种基本情况。

1. 企业没有经营业绩，业务还没有成型，往往处于创立早期。这个时候的估值基本上靠判断公司经营业务所在行业的天花板，以及团队成员背景、公司核心竞争力和所掌握资源价值等来判断。这类企业绝大多数还没有上市，A 股基本没有，但海外（例如美国）存在通过特殊目的并购公司（Special Purpose Acquisition Company，SPAC）等方式上市的无经营业绩企业。

2. 没有收入，但有其他对长期经营成功至关重要的业务进展和数据。比较典型的是互联网企业，可能在很长一段时间内没有商业收入，但发展了大规模的用户。这个阶段的估值是按照单用户价值乘以用户数来决定。单用户价值往往是通过其他相类似且已经上市企业的数据来对标得出。

3. 已经有了商业收入，但持续亏损，还没有实现盈利。这时候一般用 PS 估值法，也称之为市销率估值法。市值 V = PS × S，PS 是市销率（Price-to-Sales，P 指股价），S 是销售额。

4. 企业已经实现了规模化利润，这时候可以采用 PE 市盈率估值法，估值 V = PE × E，PE 是市盈率（Price-to-Earnings），E 是收益（利润）。

为了简化表示，后续我们将 3、4 这 2 种方法统一表示为 V = PI × I，I 代表 S、E。

在实际情况中，企业往往同时拥有上面列出的多种业绩或数据表现，因此其估值（未上市）或者公允市值（已上市企业按照一定标准估算出的"合理"市值）往往会用多种方法交叉计算和验证。

理论上上市公司的市值 V 一旦确定下来以后，只要确定股数 N，就能把股价 P 确定下来：P = V/N。

需要说明的是，我们在各类二级市场投资软件里面都可以看到针对当前企业股价的 PS、PE，此外还有 PC 市现率（Price-to-Cash），以及 PB 市净率（Price-to-Book）等。这些指标虽然定义跟上文描述的类似，但用的都是企业的历史数据，是对企业过去经营业绩的总结，而不是预测。包括：

1. PE = V/E。基于历史数据的市盈率有两种：一种叫动态市盈率 PE（TTM），这是基于过去最近 12 个月的数据滚动计算出来的；另一种叫静态市盈率 PE（LYR），是用上一年全年 12 个月的数据计算出来的。

2. PS = V/S，S 指去年 12 个月的类似销售额，没有像 PE 那样动态、静态两个指标。

3. PC = V/C，C 指企业当前的现金流。

4. PB = V/B，B 指企业当前净资产。

2.1.2　判断企业股价的六要素分析框架

股价 P = V/N，但上面给出的每一种市值计算方法都涉及到估算，比如 PE、PS 算多少合适。另外，企业核心竞争力、用户/客户发展规模、销售金额、利润率、核心资源等各种发展因素都会受到外部因素影响。因此有必要对此进行更深入的梳理，并尝试寻找在实践中相对简单易行的判断市值合理性和成长空间的方法。

如图 2-1 所示，从股市的市场交易属性来说，直接决定一个企业任意时刻的市值和股价的其实只有 3 个因素：企业内在价值、市场热度和投资者对标的企业的交易倾向。其中：

1. 企业的内在价值指企业盈利潜力（短、中、长期），是决定企业市值的根本，受到赛道天花板的约束，并且需要在市场竞争中体现。

2. 市场热度代表了交易的潜力，包括市场上投资者的数量以及可投资金的规模。

3. 投资者对企业的交易倾向主要是指看多还是看空，以及看多、看空的强烈程度，主要是由投资者的信心和人性（例如追涨杀跌）决定的。

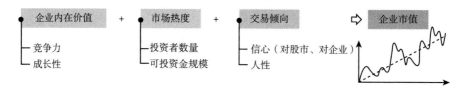

图 2-1　决定企业市值的三大基本要素

投资的复杂性在于，一方面不论是企业的竞争能力、成长性，还是市场上的交易热度，以及投资者的信心和人性引起的情况变化，它们三者之间在时时刻刻相互之间发生影响，从而反复发生变化；另一方面外部还有各种因素对这 3 个因素产生干扰，从而间接地影响了企业市值和股价，如图 2-2 所示。其中：

1. 宏观经济主要包括经济形势与经济政策，而与股市相关的经济政策包括货币政策、产业政策、财政政策和收入分配政策。

2. 监管政策主要包括监管和税费，其中监管主要包括：资金准入和监管，投资人准入、禁入和行为监管，企业上市准入、退市和行为监管。

3. 替代投资指投资者除了股市之外的其他投资可选项。其中，实物投资包括房地产等实体投资，以及黄金等硬通货。数字资产投资包括其他金融类投资理财（一级、保险等）和加密货币等。

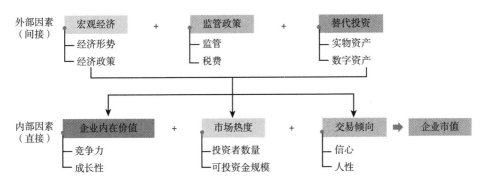

图 2-2 决定企业股价的股市内外六要素全貌

所以，总的来说企业的市值和股价是由这六个因素共同决定的。由于每一个因素的复杂性，对股价的任何走势判断或定量计算都无法做到完全准确，都存在错误的概率。我们的努力方向是不断提高判断的准确率和增加定量计算结果的可参考性。

从另一个角度看，我们将市值公式 $V = PI \times I$（I 代表 S、E）因素修改为：

$$V = PI1 \times P2 \times P3 \times I$$

PI1 表示由企业自身竞争力带来的估值倍数，P2、P3 分别代表由行业因素和宏观因素带来的估值倍数。

从这个公式可以简单明了地理解在对企业进行估值倍数计算的时候，除了企业自身的努力之外，由于整个赛道内发展情况、其他赛道对本赛道的影响，以及政策、经济和政治等因素的干扰，会对企业的估值产生明显影响。由于这些影响中很多因素公众往往了解不多，也很难准确定量计算其影响，从人性出发，市场的反应往往是情绪性的，很容易一个情况发生就导致股价暴涨或者暴跌。

按照大师们（例如巴菲特）对价值投资的观点来看，如果把时间拉长到足够的长度，好的企业可以穿越牛熊市，经受各种外界干扰的影响。这是他们大半个世纪的研究和经验积累，在我们没有能力超越之前也没有必要去挑战这样的认知，完全可以拿来主义。因此，企业所处赛道的长期市场规模天花板和企业的长期竞争力是决定其市值潜力的基础，也是最可能通过深入研究而获得收益的部分。笔者个人理解的价值投资就是围绕这些为核心进行的投资方法，本书的内容将主要围绕此展开。

2.1.3 股价为什么会涨

简单总结就一句话：股价短期是投票器，长期是称重机。这个问题看似简单，实则值得深究。例如，我们有时候会碰到一个企业财报业绩大涨，股价却跌了；有时候业绩跌了，股价却涨了。

由于企业市值是基于对其未来盈利能力的预估，因此当前股价并不是只考虑了历史业绩，也已经把它未来一段时间内的业绩考虑进去了。决定企业短期股价涨跌的是其业绩增速与市场预期的对比。只有当企业业绩增速超出市场预期，或者产生让市场对其后续盈利能力的超预期发展（其实也是表现在后续业绩增速上）产生共识时股价才会上涨。

展开说明如下：

首先，市场预期怎么来的？主要还是各大机构在调研测算。因为测算方法大同小异，资金集中，圈子也不大，相对容易形成共识。

其次，如果没有其他因素对股价产生重大影响，企业最近业绩超出预期，市场一般就会倾向于认为其后续业绩增速同样会加快，股价就会上涨。但是，这不代表企业发布超预期的财报后股价一定会上涨，也可能完全相反。这是因为决定财报发布后股价走势的因素包括三个方面：一是财报发布前是否市场已经形成共识财报会超预期，如果提前形成预期，那么股价在财报前就会上涨，把市场预期业绩超预期部分考虑进去。二是披露的上季度业绩是否比业界预期的增幅更大，如果是则股价有进一步增长的空间。三是对下个季度财报业绩的预估，如果预估不符合预期，代表企业后续增速需要修正下调，股价也可能会下跌。

再次，除了企业业绩，在表2-2里面列出的所有其他对股价能产生影响的因素，只要发生大的变化，且这种变化能够让市场达成共识，觉得其能够在短期内达成更快的业绩增长，或者有更强的竞争能力为业绩增速的提高奠定好基础，也会推动股价上涨。反之，如果发生了让投资者认为企业业绩或竞争力将要下降的情况，股价就会应声下跌。

再举个车的例子，2023 年第四季度，由于华为问界改款和新款的高调亮相和企业的强势营销，市场认为和另一家车企的目标用户群重叠比较大，华为的科技实力、市场影响力、价格优势等形成了"降维打击"，对该车企造成了不小的利空。尽管从该车企连续发布的周销量数据暂时还看不出影响，但由于投资者的信心出现了动摇，其股价还是快速大幅回调。

2.1.4 企业的生命周期及与估值的关系

关于行业和赛道的关系。我们举例来说明：汽车是一个行业，但燃油车和电动车是不同的赛道。教育是一个行业，但互联网教育和线下教育是不同的赛道。之所以要如此区分，是因为决定投资机会的不是行业，而是赛道。例如，在汽车行业，燃油车是基于高污染的化石燃料，很大程度上是将要被淘汰的赛道，而电动车是面向未来清洁能源主导的世界的新兴赛道。

关于企业业绩和估值的关系。图 2-3 描述了企业的一般生命周期阶段以及其估值的变化曲线。这里之所以用估值，是因为只有当企业上市后才能有真正的市值，市值是上市后市场给予的估值，是一脉相承的关系。

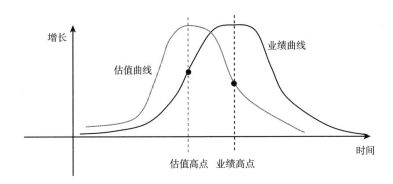

图 2-3 企业业绩和估值曲线

这里面有几个需要强调的一般规律：

1. 正因为估值/市值都是基于对企业未来的预测，因此企业估值的高点会在其业绩高点出现前到达。如果业绩增长强劲，有可能会远早于业绩高点出现。举个例子，中国的光伏行业早已具备世界领先优势，整个赛道内很多公司的市值却早已开始走下坡路，尽管全世界整体的光伏发电占比还有很大的成长空间。

2. 等企业到达业绩的高光时刻，由于缺乏未来的增长动力，其股价往往已经开始下跌。如果市场有共识其业绩会进入下降通道，则股价会快速下降。

关于赛道增长和赛道整体估值的关系。图 2-3 和图 2-4 是一致的，因为把一个赛道想象成一家大集团，赛道内所有的公司都是它的子公司，其逻辑就一目了然。

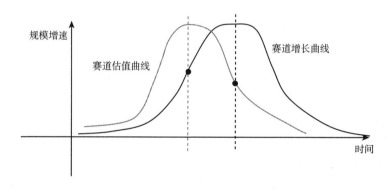

图 2-4　赛道增长和估值曲线

之所以重新把这幅图再画一遍，其核心目的是强调资本的投资逻辑：在赛道发展早期，市场对未来预期还没有产生共识，这时候企业定价和融资主要靠自身实力来说服市场。等到了赛道上升阶段，市场形成共识，资本会很活跃，企业更容易获得融资和高估值；在赛道发展平稳或下降阶段，资本会缺乏投资的动力。

所以往往我们会看到一个现象：在天花板高，发展预期好的赛道的高成长阶段，整个赛道的估值存在整体偏高，甚至贵到离谱的现象。等赛道发展到一定阶段，资本开始恢复理性，整个赛道的估值或市值可能会出现整体大幅度的下调。这种现象反复出现，参与投资时需要格外注意。

实际情况可能比这个还要复杂一点。笔者举 3 个例子：一是新能源汽车，二是巴菲特投资苹果，三是 AI 算力芯片。在整个赛道依然处于快速增长的阶段，资本市场对赛道内企业的估值逻辑就要分为 3 个阶段，我们不妨把它称为"赛道估值三段论"。以新能源汽车为例，在 2020 年左右，继特斯拉之后，随着新能源汽车赛道第一次开始真正的爆发，获得大批用户认可，且好几个公司陆续上市的时候，资本市场对头部和有竞争力的新能源车企全部给予高的估值。所以那段时间特斯拉市值最高突破了 1.3 万亿美元，蔚小理也有大几百亿美元，比亚迪则突破万亿元人民币。可等过了一段时间，资本市场发现车企之间开始相互竞争了，增速达不到预期了，结果所有的车企市值全部大幅度下调，一直到今天都远没有恢复到之前的高点。接下来，一旦混战结束，开始有企业证明自己能成为最后的王者或王者之一了，例如，比亚迪和特斯拉，资本市场开始分化，给予王者更高的估值，但落后者就没那么幸运了。

如果我们看巴菲特投资苹果的时机，其实就是在第三个阶段，并收获了十年十倍的增长空间。这个阶段是确定性最高的。所以说，投资并不是要从一只股票上赚够所有的潜在收益空间，而是要赚最没有风险的那一段收益。

所以我们看当前的 AI 算力芯片，很可能已经到了第一阶段的尾声，马上要进入第二阶段了。如果真是如此，则几乎所有的 AI 芯片公司的股价都可能面临大幅下调的风险。现在市场没有达成共识的是，到底英伟达已经能提前宣布胜利了，还是也得面临接下来更残酷的竞争或者客户订单下降的风险。经过分析，笔者倾向于认为是后者，具体请参考芯片那一章节。

关于赛道发展阶段和企业成长天花板的关系。所谓的企业成长天花板，是指企业潜在的发展空间上限，这跟赛道的发展阶段有很强的关系。

图 2-5 清楚地表明了企业发展的潜在天花板和赛道发展阶段的关系。这就是为什么"男怕选错行"，再强大的团队，再好的商业模式，如果没有选择好的赛道以及好的进入时机，其发展起来的可能性都不会很大，资本就很难青睐，包括二级市场。举个例子，现在再有公司大力发展 PC 互联网业务或者造燃油车，至少从投资角度来说价值就非常小了。

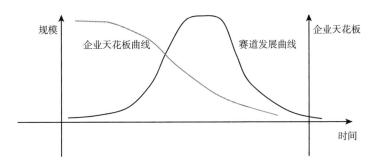

图 2-5　企业发展空间天花板跟赛道发展阶段的关系

2.2 股市交易是在赚什么钱

2.2.1 辩证理解市场有效理论

就像我们在马克思主义经济学里面学到的，商品价格和价值的关系不是一直都相等，会时不时偏离一样，实际市值和公允市值（代表企业内在价值）之间也经常会存在偏差，甚至是很大的偏差，如图 2－6 所示。究其原因，主要包括如下几个。

1. 计算公允市值是个门槛不低的活儿，绝大部分个人投资者并不知道该怎么计算。

2. 如前所述，影响股价的因素太多，其中涉及突发事件、行业、宏观方面的很多因素，很容易造成投资者情绪性反应，从而加剧股价跟公允市值的偏离。比如，最近巴菲特在持续减持比亚迪，持股已经减少到5%以下。按照港交所规则，5%以下再减持就不用发布公告了，市场担心巴菲特短期会继续密集减持直至清仓，造成了比亚迪股价承压。

3. 股市大量存在从众心理，资金习惯追逐热点，导致"热门股"估值过高，同时"冷门股"缺乏资金交易而导致股价低迷。

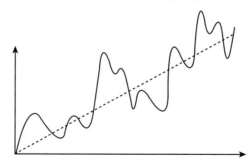

图 2－6　股价与企业内在价值（公允市值）的关系

当然把时间拉长了看，实际股价还是会向公允股价动态靠拢，这种阶段性的偏离也正是一部分投资的机会所在。

股市交易收益来源。不考虑衍生工具的使用，交易的收益来自低买高卖，而低买高卖的机会主要来自如下 4 个方面：

1. 股价被低估，买入后等待估值恢复。

2. 伴随公司成长带来的公司价值提升的收益。

3. 行情红利。即由于经济发展、行业成为热点或其他因素，导致了资金大量入市，所买入股票的公司所在行业普遍估值倍数提高。

4. 击鼓传花的零和博弈。不可否认，股市存在大量的投资者（尤其是散户）不遵从价值投资的基本理念，一味追逐热点，容易把泡沫当成价值，一旦泡沫破裂，就很容易产生损失。

2.2.2　股市有多少种交易模式

表2-2总结了市场上典型的股市参与方和典型的参与方式。我们对投资方式中的几个名词进行一些解释。

表 2-2　　　　　　　　　　股市主要参与方与典型参与方式

交易类型	参与方	交易分类	交易方式	说明
实时竞价	专业投资机构	人工交易	价值投资 投机交易	
		量化投资	零和博弈	多只股票高频进出，注重短期套利、投机
	专业投资个人	人工交易	价值投资 投机交易	
	散户	人工交易	价值投资 投机交易	最弱势方
大宗转让	企业或个人		价格打折	会引起股价下跌
股票增发	企业或个人	增加股数	稀释股份 价格打折	一般会引起股价下跌

1. **价值投资**：基于公司内在价值和以所在赛道预期规模为核心依据的二级市场投资方法。其核心逻辑是从长期看，这两类因素是决定企业价值的最关键因素，且能抵御其他因素的干扰。实际操作中，因为大部分投资者都需要关注中短期，此外企业有生命周期，赛道也往往有周期性特点，所以需要综合考虑。这时候投资就要分步骤，先判断长期，再考虑短期和周期因素。具体在行业分析章节举例说明。

2. **量化投资**：运用算法、算力和数据，通过机器代替人来进行短期投资的操作方法。该方法不把考虑企业的长期价值作为必选项，而是将可能影响短期股价的各种因素和数据纳入模型进行预测，理论上表 2 - 2 所列的各种因素，只要有数据支撑，都可以整合进模型进行尝试预测。这种投资方法零和博弈的特征明显，还具有 3 个鲜明的操作特点：操作股票数量大、高频买卖、高频换股。由于它具有资金体量大、预测能力强、反应迅速等特点，散户很容易被割韭菜。

3. 投机交易：即不是从价值投资出发的人工短期套利型投资方法。例如，基于企业内幕消息、市场短期情绪型反应炒作短线。另外笔者也倾向于认为根据 K 线变化为主，看 5 日、10 日、20 日均线这一类所谓的"技术派"投资方法也是投机的一种形式。

从图 2 - 7 可以更清楚地说明三种投资方式之间的关系。

1. 价值投资者关注的核心是企业的内在价值，在此基础上兼顾市场热度和投资者的交易倾向。

2. 量化投资则相反，由于其高频交易（秒级、分钟级）属性，在绝大部分情况下，可以假定企业内在价值不变，量化投资关注的核心是市场热度和情绪，所谓"量、价、时"。

3. 投机交易就是左右摇摆，觉得哪里有利可图就去哪里。

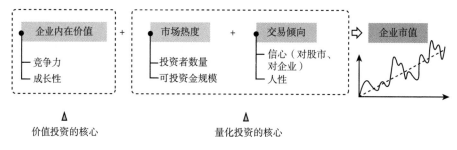

图 2 - 7　价值投资和量化投资的本质关系

2.2.3　股市投资的闭环思维

股市交易需要有闭环思维。股票交易涉及开仓买入、持有、加仓、卖出 4 种操作，自买入之后往往需要持有一段时间，甚至长期持有（见图 2 - 8）。闭环思维是一个根据情况的变化以及认知的迭代而不断审视过去的判断，以及作出最新的判断的过程。往大一点说，人的一生也是如此的迭代进化的过程，股市是其中一个缩影。

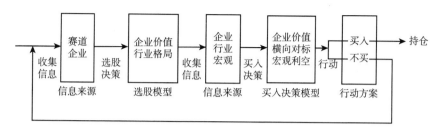

图 2-8 建仓（买入）决策闭环

股市交易的基本闭环包括 3 个部分：收集信息、决策、行动，如此循环往复。但具体到开仓买入和持有两个阶段，还是存在明显的不同，具体见图 2-8 和图 2-9。这两个图也可以连起来成为一个图，形成针对个股的股市交易完整流程。

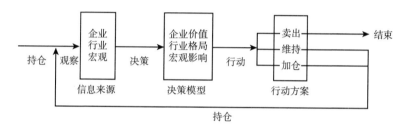

图 2-9 持仓决策闭环

在选股阶段需要分两个阶段。首先是从价值投资出发，核心分析赛道和企业，暂不考虑宏观因素的影响，选择合适的股票。其次加入宏观因素，从企业、行业和宏观多个方面判断当前股价高低以及可能的宏观风险，来决定是否买入。从这个角度来看，分析股票是一个基于分析框架，不断去更新数据、调整判断的过程。

在持仓阶段，不再需要分两个阶段，就是一个信息、决策、执行的闭环。在决策模型中，跟买入阶段最大的不同在于，股价跌了怎么办，是否应该减仓或清仓。

2.3 先赛道后企业的价值分析方法

2.3.1 如何分析赛道

当我们不知道一只股票能不能买的时候，我们需要做的是，先从企业所在的赛道出发，分析赛道的天花板、发展阶段和竞争格局等以判断企业的成长空间，然后再回到企业本身。赛道大致分为 3 类。

1. 颠覆型赛道。人类社会发展数万年，人的需求从根本上来说并没有太大的变化，变化的是满足需求的方式。当一种更有生命力的满足方式出现并用来取代旧的满足方式时，我们称其为颠覆型赛道。比如电动车对燃油车的取代；光伏发电对化石燃料发电的取代；数码相机对胶卷式相机的取代；手机对 BP 机以及相机的取代；智能电视对传统电视的取代；以及互联网长视频平台对电视一定程度的取代等。人类科技水平不断提升，产业发展不断螺旋式上升。

2. 新赛道，指以前没有过的赛道。真正完全新的赛道很少，更多的是新出现的满足人需求的方式比原先的方式（一种或多种）在业务边界、赛道规模、对人/产业/社会的价值等方面的差异已经很难作为同类来比较。例如，电话的发明取代了面对面说话和写信；电视的发明取代了看演出和看报纸。电脑的发明把看报纸、写信、手动办公、绘画等一系列工作都数字化了。

3. 周期性赛道，例如，石油、粮食、原材料等。这类产业数十年基本保持不变，但其供需关系会形成一定的周期性特征。

如何分析赛道？如表 2－3 所示，主要考虑天花板、发展阶段和长期竞争格局几个方面，我们将一一分析。

首先是天花板。包括分析新赛道的可持续性，以及如果成功可能会有多大规模：从投资的角度看，这里面最难最关键的是评估做大可能性。例如元宇宙和自动驾驶，到今天其实也不容易看清到底能做多大。再如共享自行车，曾经很火，但回过头来看，它并没有形成一个独立的赛道，而是成为了大集团的生态业务布局，虽然这已经比上门洗车什么的结局好多了。好在股市投资不同于一级市场投资，等到有一批企业上市的时候，这个赛道的明确性已经相对强不少了。不过，也不是没有大规模覆灭的风险，例如 P2P 和在线教育，曾经上市过一批企业，最后还是赛道塌了。我们将在后续通过对几个赛道的分析来进一步阐述。

表 2－3　　　　　　　　　　　　　赛道分析因素

维度	评估因素	评估方法	说明
赛道天花板	1. 评估赛道可持续性； 2. 评估远期市场规模	1. 评估核心技术、商业模式等指标，并通过市场接受度来判断可持续性； 2. 通过客户数 x 户均销售额/利润来大体预测规模； 3. 颠覆型赛道可以借鉴当前市场总规模，并根据新赛道的业务范畴进行调整	1. 明确赛道可持续性至关重要； 2. 估算赛道天花板不追求精确，也很难精确。只要明星企业市值还有足够空间就好

续表

维度	评估因素	评估方法	说明
赛道发展阶段	1. 赛道业绩发展阶段； 2. 赛道估值发展阶段	1. 市场渗透率及渗透潜力； 2. 赛道业绩增长空间	投资需要在赛道估值高峰前尽早进入
赛道长期竞争格局	1. 市场集中度； 2. 形成格局的原因	1. 赛道内企业对上下游影响力及影响方式； 2. 赛道被外部力量颠覆的可预见可能性	一家独大或少数几家垄断市场的赛道比较容易操作

在规模预估方面，以颠覆型新赛道为例，例如电动车对燃油车的替代，可以根据燃油车全盛时期的全市场总销售额和利润来估算，此外再加上电动车可能的新价值（自动驾驶等）。如果对估算没有头绪，网上有很多机构发布的现成的预估，多找几个交叉验证就会有判断。

其次是发展阶段。发展阶段相对容易评估，但发展阶段的判断带来的核心难点在于如果发展阶段过早，则赛道的产品、技术、服务、商业模式等可能远没有成熟，可能会导致对长期市场规模、竞争格局的判断难以入手。比如当前的元宇宙，我们能相信的就是苹果的 Vision Pro 是室内消费级及办公元宇宙的早期发展方向，其他包括室外的元宇宙应用场景（个人及多人、人群），以及工业元宇宙到底是否是这样的路径还很难说，甚至可以说很可能会很不相同。这个时候只能把它拆成几个不同的赛道，先研究已经可以尝试判断的赛道。

作为已经有一批上市公司的二级市场投资而言，我们更担心的是这个赛道是否已经度过了投资进入的黄金阶段。由于市值是基于预测的，如果投资发生在赛道估值高峰期后，即使整个赛道的业绩还在不断增长，但因为大家对终局一目了然，整个赛道的估值潜力早就被体现在当前的市值中了，投资也很难获利。典型的例子就是汽车电池所需的包括磷酸铁锂在内的各种核心原材料，在供不应求的时候相关公司股价一路暴涨，但随着未来产能扩张预期的确定很快就跌了下来。所以从潜在收益空间来说，投资必须在赛道估值高峰前越早进入越好。

一个不好的消息是，因为股市里面的聪明人太多了，我们碰到的情况往往是一个赛道过早就涌入热钱，导致整个赛道市值过高。等我们想进入的时候发现已经晚了，只能等待赛道估值回归合理再进入，从而大幅增加了投资获利难度，缩减了潜在收益空间。

等确定了赛道的天花板和发展阶段，就能确定这个赛道还有没有投资价值。

最后是长期竞争格局。分析长期格局的价值在于评估玩家集中度，以便后续对企业的天花板评估。方法就是看赛道内各玩家对其上下游的影响力及影响方式。不同的赛道会有各种不同的因果，例如：

1. 企业对上下游产生了双边协同垄断效应。比如滴滴，用户因为方便、打到车可能大而都上滴滴，司机因为客户多也都用滴滴，以致其他方很难与之抗衡。因此滴滴 App 因故被下架一年多，市场地位依然牢固。

2. 熟人社交中，用户的人际关系一旦进入微信就很难单独退出，从而形成牢固的垄断效应。

3. 长视频平台由于上游资源方的话语权大而导致了很难垄断供给，从而难以形成一家独大。但是因为形成规模效应需要巨大投入，且在形成一定规模之前要持续亏损，再加上用户时间有限也不需要太多平台，从而形成少数几个共同瓜分市场的局面。

4. 餐饮市场，以中餐为例，由于用户口味多变，可选择性多，对食材来源和新鲜度等要求高，制作不够标准化，依赖厨师导致管理难度大，跨地域可复制性差等原因，市场极度分散。但是看肯德基、麦当劳，以及连锁咖啡市场，由于企业对上游供应和生产环节形成了很强的控制力，在消费端又解决了全市场的饱和供应（到处都有店），形成了极少数巨头做大，其余一盘散沙的现象。

接下来我们将本书要重点分析的科技产业方向的多个赛道按照本节的分析进行总结，见表 2 - 4。

表 2 - 4 　　　　　　　　高科技产业各赛道发展趋势分析

产业方向	赛道	天花板	发展阶段	长期竞争格局
移动互联网	社交应用	全球每天数十亿日均活跃用户数（以下简称日活）	成熟期，用户数见顶，时长和变现尚有潜力	熟人社交垄断；非熟人社交相对集中
	搜索	全球总搜索用户超过 50 亿，仅 google 每天就处理超过 800 亿次搜索量	独立搜索格局稳定，用户数见顶，应用内搜索封闭生态	7/2/1 格局已定，AI 是可能的颠覆因素
	短视频	全球每天数十亿日活	国内日活见顶，海外依然快速发展中	预估 7/2/1 格局，目前第一名确定，其他选手份额待定

续表

产业方向	赛道	天花板	发展阶段	长期竞争格局
移动互联网	电商	预计到 2030 年将达到 47.73 万亿美元的规模，CAGR 为 12.22%	竞争格局基本确定，市场还有较大的增长空间	国内头部玩家格局基本确定，海外竞争者众多，还有不确定性
	O2O	全中国餐饮市场规模超过 5 万亿元/年，外卖市场规模破万亿	国内格局基本确定，但用户渗透率和复购率还有较大提升空间	7/2/1 格局已定，跨界竞争对手的影响有限
	旅游 OTA	全球旅游市场规模有望达到全球年 GDP 的 10%	竞争基本结束，旅游市场未来发展向好	国内外第一名玩家确定
产业互联网	云计算	2030 年预计全球规模 2 万亿美元	头部玩家确定，但市场份额还在变化中	少数几家占据主要市场份额，没有垄断效应
人工智能	AI PC	预计 2029 年整体规模 3 154 亿美元，CAGR 9.1%	全球市场竞争格局已定，AI 是刺激客户更新换代的核心因素	少数几家瓜分市场，没有垄断效应
	AI 手机	2024 年全球规模预计突破 5 000 亿美元	全球市场竞争格局已定，AI 是刺激客户更新换代的核心因素	苹果一家吃掉市场大部分利润，安卓以国内厂商为主，竞争激烈
汽车	新能源汽车	2032 年预计全球将达到 1.9 万亿美元规模，CAGR13.8%	新能源汽车尚处在蓬勃发展期，市场格局未定	预计全球主要厂商将不超过 10 家
芯片	AI 芯片	2032 年预计达到 7 700 亿美元	第一名阶段性确定，但潜在竞争者众多，且有颠覆性技术出现可行性	少数几家占据大部分市场份额
	芯片代工	2030 年全球预计破万亿美元	第一名地位稳固，中国和西方市场割裂	分为海外和中国大陆两个市场。第一名台积电地位稳固，大陆市场格局尚未确定
元宇宙	XR 设备	有千亿美元销售规模的潜力	处于类似 iPhone1.0 的阶段，还处于很早期	预计苹果单独成体系，其他少数几家瓜分剩余市场份额

2.3.2 如何分析企业

一旦确定某个赛道值得投资，就可以对目标企业进行分析了。分析一个企业，主要分析 4 个方面：成功的要素、市场的检验、企业发展阶段以及面临的风险，如表 2 - 5 所示。这里面并不包括无法预知的宏观风险。为了方便筛选企业，最好把几个企业放在一起比较，只要信息准确，结果会一目了然。

表 2 - 5 企业分析因素

维度		评估因素	评估方法	说明
成功要素	企业自身	1. 团队能力与稳定性； 2. 文化价值观； 3. 组织管理能力； 4. 核心技术、产品、服务能力； 5. 对上下游的影响力； 6. 盈利能力； 7. 资产与负债	1. 对于个人投资者而言，借鉴专业机构的评估报告，再根据自己所能获得信息和判断进行修正是比较简单的实施办法； 2. 想办法去感受企业的产品/技术/服务也是至关重要的评估办法	在任何企业，创始人和核心团队都是成功的最关键力量之一，尤其早期阶段，一般情况下都是最关键因素
成功要素	横向竞争	1. 领先优势； 2. 竞争壁垒	1. 通过对企业能力构建进展的判断，加上市场反馈和业务数据来判断领先与否，领先多少； 2. 对赛道核心驱动力的判断对了解竞争壁垒至关重要，需要个人对赛道有很强的洞察力，是人与人之间最核心的能力差异之一	需要从指导实践的目的出发，除了人以外，再挖掘其他竞争壁垒
市场检验		1. 用户/客户口碑； 2. 用户/客户发展规模与增速； 3. 销售规模与增速； 4. 利润规模与增速	1. 亲身体验； 2. 看数据； 3. 看网上口碑	要甄别是否只是"昙花一现"
发展阶段		是否已过估值高峰	1. 长期从赛道规模和企业份额入手，或者从横向对标来估算企业发展天花板； 2. 短期核心看后续是否还有进一步超市场预期扩大销售规模、提高利润的强烈驱动因素	要争取在早期买入

续表

维度	评估因素	评估方法	说明
面临风险	1. 被超越的风险； 2. 被颠覆的风险； 3. 可判断的宏观风险	1. 替代性产品或技术； 2. 跨界巨头进入； 3. 跨行业业务整合； 4. 政策风险； 5. 政治风险	风险不可能完全被预测，做我们能做的

表 2-5 已经对如何评估企业进行了比较详细的说明，我们再做一点补充：

对企业的完整评估点比较多，对个人投资者而言，所有事情都自己做比较困难。这种情况下我们要抓大放小＋目标导向。"大"是判断赛道内最终脱颖而出的企业，他们的核心壁垒（"护城河"）会体现在哪里，他们可能会发展到多大规模，以及成长道路上可能会面临的核心风险会在哪里。其他都可以尽可能借助他人和网络，能拿来主义最好，加上根据自己判断的修正。

在分析企业成功关键或竞争壁垒的时候，讲人是成功的关键似乎永远都是正确的，但很多时候这样的答案无法指导实践，对我们判断投资机会并不足够，需要在人以外，再去挖掘由人带来的，以及人以外的其他核心成功要素。例如，汽车行业到底什么是核心竞争壁垒？从指导我们判断一个已经上市的汽车企业是否值得投资这一目的而言，核心技术往往是竞争壁垒之一，技术壁垒带来产品能力壁垒，带来盈利空间和用户附加体验等的差异，最终还会带来品牌差异。当然这并不意味着企业从一开始就需要一切以技术创新为核心构建竞争差异，赛道的不同发展阶段会有不同的竞争核心，我们会在后续进一步展开说明。

在看企业竞争力是否能转化为实实在在的生产力的时候，实践是检验真理的最终标准。但这里面要防止一个"坑"：短期市场数据很好，但如果其驱动力不符合长期竞争壁垒的需要，也可能只是"昙花一现"。这种情况经常会发生，对这种现象，数学有一种说法：局部最优不等于全局最优。

接下来，我们针对本书要展开研究的几大高科技产业方向，从中挑选了多个赛道，将和企业评估方法相关的实用技巧梳理出来，见表 2-6，供大家参考。

表 2-6　　　　　　　　　　分析不同赛道内企业的具体方法汇总

产业方向	赛道	成功要素	市场检验	发展阶段	面临风险
移动互联网	社交应用	1. 了解企业的后续重要布局，尤其是AI的布局； 2. 亲自体验产品，和竞品比较； 3. 研究企业的护城河	1. 通过第三方统计了解用户端市场份额与竞争情况； 2. 通过财报了解企业营收趋势	用户数见顶，但市场和商业化还有空间	核心关注主要竞争对手的进展，短视频尤为重要
	电商	1. 每一家都必须要有跟自身优势特别密切的发展策略； 2. 用户心智很重要	1. 通过第三方统计了解用户端市场份额与竞争情况； 2. 通过财报了解企业营收趋势	市场还有增长空间，但竞争激烈	1. 竞争对手的策略生效了，压制了自身发展； 2. 海外政策限制
	O2O	要很清楚效率和地面部队是核心门槛	密切关注美团财报，以及抖音的策略变化	格局已定，市场规模潜力大	国家监管政策，竞争对手加大投入
	旅游OTA	最核心是要了解团购生意和旅游、商旅是两个生意，用户需求、商家需求都不一样	1. 关注整个旅游市场的表现和预期； 2. 关注企业营收和利润变化	格局已定，但市场发展谨慎乐观	因为收入原因，消费者旅游花费意愿不符合预期
产业互联网	云计算	Iaas和Paas不是核心，AI+Saas才是，关注企业在这两个方面的规划和成果	市场份额变化，但头部企业不会出局，都会受益	稳定发展期，盘子足够大	1. 自研大模型不符合预期； 2. 企业软件应用客户接受度不及预期
人工智能	AI PC	1. 要意识到AI这一波红利，大家都会受益； 2. 学习企业对外公布的发展策略和利好信息； 3. 亲自去体验产品； 4. 学习网上专业分析	1. 通过财报或第三方报告掌握销售进展和预期数据； 2. 注意了解网上的评价	2024年是元年，明年开始才会加速	1. 客户更新换代意愿是否符合预期； 2. 国内市场因为海外模型不可用，Windows如何解决
	AI手机	同上	跟AI PC基本一致，但要清楚苹果将会是这一波浪潮最大的受益者	同上	同上

续表

产业方向	赛道	成功要素	市场检验	发展阶段	面临风险
汽车	新能源汽车	1. 作为一把手都要当网红的赛道，注意学习一把手在网上的发言； 2. 学习网上公众号的专业分析； 3. 总结出企业的打法和优缺点	1. 关注新车发布，亲自去店里看车试驾； 2. 注重每周、每月发布的销量数据变化； 3. 关注微博上 KOL 的分析数据，尤其是"车 fans"这类有权威性数据来源的 KOL	除了特斯拉、比亚迪，都在发展早期	1. 关注竞争对手完全对标自家产品的进展和影响，例如问界对理想的对标； 2. 关注海外市场对中国的限制，评估影响
芯片	AI 芯片	1. 因为赛道发展预期空间还比较大，只看最头部，减少研究压力； 2. 总体市场规模的进展决定了企业天花板	1. 了解市场份额变化和营收利润变化； 2. 紧跟新产品发布和反响	蓬勃发展期，市值可能已经过高	1. 客户自研芯片的风险； 2. 客户需求放缓的风险； 3. 竞品发布的新算力产品的市场反响
元宇宙	XR 设备	1. 亲自去体验产品； 2. 跟行业专家去聊，明确发展方向	要清楚苹果 vision pro 是设备天花板，还要至少几代更新，几年时间后才会成熟	很早期	XR 设备的进展特别缓慢

2.3.3　如何估算企业长期市值空间

对股票价格的测算是基于预测，所以从某种意义上来说，股市交易要求我们拥有预测未来的能力。对预测而言，有两个规律。

1. 赛道发展越早期，越难以预测；竞争越激烈，越难以预测。赛道发展越晚，格局越确定，越容易预测。潜在收益空间跟难度大小成正比。

2. 企业发展越早期，越难以预测，到越成熟期，越容易预测。但由于股市本来就是基于对未来的预判，判断得越晚市场给留出来的盈利空间就越小。

对企业股价的 2 个测算比较重要：长期目标价格（例如基于五年后预测业绩表现的目标股价）和短期目标价格（例如基于半年内预测业绩表现的目标股价）。长期目标价格决定长期收益空间，短期目标价格和安全边界决定买入价格的安全性。出于选择投资标的需要，我们先测算长期目标价格。

根据公式 $V = PI1 \times P2 \times P3 \times I$，按照巴菲特们的长期经验，我们相信好的企业可以穿越牛熊市，我们需要预测的核心是长期市场规模以及企业的长期生存发展能力，其他因素可以先放下不管。

因此，我们重新修改一下公式，将 V = PE × E（长期要以利润为基准来计算）更改为 V = PE × MR × MS × PM，其中 MR 为赛道的长期市场规模（Market Revenue），MS（Market Share）为企业的预期市场份额，PM（Profit Margin）为企业的预期净利润率。PE（Price Earning Ratio）和 PM 通常都是参照企业当前实际数据，再加上我们对其未来竞争力的判断来估算，一般保守一点比较好。这种计算非常聚焦，但需要对赛道和企业拥有深刻的洞察力，另外误差可能会是比较大的。为了进一步提高数据可用性，需要在如何计算 MR 等数据上尽可能细化和探索多种计算逻辑，交叉验证。我们在后续章节中对微软、英伟达、台积电等的预测使用的就是这种方法。

此外，在相近赛道找对标或者找预期要被替代的赛道内曾经领先的公司做对标也是很重要的方法。对普通投资者来说，这种方法更简单，也具有很好的参照价值。笔者举特斯拉为例。因为之前的从业经历和多方求证分析，2018 年在特斯拉资金链最困难的阶段，笔者相信特斯拉将在电动车领域占据全球领导地位。笔者觉得特斯拉的市值早晚能超过当时全球市值第一的丰田（当时 2 000 多亿美元市值），甚至能超过苹果（当时 1.3 万亿美元左右）。之所以能超过丰田的市值，是基于两个判断：一是特斯拉将获得至少像丰田这样的市场地位；二是它的自动驾驶及其他业务将有望获得更高的利润回报。所以笔者当时认为 2 000 亿美元是特斯拉长期目标股价的下限，而上限是有可能比苹果当时的 1.3 万亿美元还要高。因为汽车行业的规模要比手机行业大得多，苹果靠软件生态赚钱的模式在自动驾驶时代也有可能实现，因为光一个自动驾驶的年订阅费就可以抵得上，更不用提未来可能的 Robotaxi 等更多的商业模式的落地。

实际上，我们认为，做这类预测没有完全通用的计算公式，需要对行业长期趋势和目标企业长期竞争力有无与伦比的洞察能力。因此，找自己熟悉的行业切入是提高成功概率的很重要的投资方法之一。这种高误差的测算模式决定了需要给股价留足够大的成长空间，根据对长期目标股价的信心程度来判断当前股价即使保守判断还有多大成长空间。

第3章 护城河是科技企业最大的安全边际

3.1 护城河双环模型

企业的产品或者服务能够从众多竞争者中脱颖而出，一定是它的价值存在独特性，且这种独特性对企业的目标客户来说又很重要，被普遍接受。所谓的护城河，笔者理解指的就是市场地位领先的企业围绕形成这种独特性而建立起来的，让竞争对手难以突破的竞争壁垒。企业有了护城河，竞争者就难以撼动它的市场份额和收益。所以我们在选择股票的时候，对企业是否存在护城河的判断，显得至关重要。一个很重要的投资建议是只从已经构建了护城河或者有很大可能能够构建自身护城河的企业之中去寻找有市值增长空间的投资标的。可以这样说：护城河是科技型企业最大的安全边际。

为了更好地理解护城河，我们先跳出科技行业，从二级市场投资者都耳熟能详的两个投资案例开始：茅台和可口可乐。

白酒覆盖人群广、复购率高，且价格弹性大（尤其因为商务宴请），是个利润天花板很高的好赛道，出现了一批赚得盆满钵满的企业。其中茅台又是鹤立鸡群般的存在，为什么？最根本的是因为茅台酒独特的口感。而围绕这种口感建立起来的护城河，是茅台酒核心产区的酿酒酵母类群随着时间与环境的进化以及酿造工艺的"驯化"，呈现出多样性、独特性，构成茅台酒独一无二的标志。

那葡萄酒行业，不同产地的葡萄酒往往相互之间有明显的口感差异，为什么没有能出现像茅台这样的巨头？这是因为葡萄酒跟白酒不同，消费者难以对口感形成普遍共识，甚至难以形成标准化的评价打分体系，因此市场分散，没有哪家能获得像茅台那样的市场地位。

其实不光是白酒，饮料、食品也是完全一样的道理。可以这么说，对于饮料、酒水、休闲食品类从嘴巴进去的普通消费品，口感往往是最重要的因素。可口可乐之所以能脱颖而出，是因为糖水能给人带来幸福感，且可口可乐独特的口味得到了广大消费者一致的接受。一个很有趣的真实发生的故事是，1984年，可口可乐为了应对百事可乐的攻势，根据广泛的用户调研，研发了一款全新的可乐，并且在各种测试中都表明新的可乐能取得成功。结果等可口可乐公司正式用新可乐取代旧可乐的时候，出现了完全意想不到的翻车，收到铺天盖地的投诉和抗议，结果又不得不退回到旧的口味。通过这个例子，我们也完全能理解为什么娃哈哈推出的"非常可乐"在国内也无法跟可口可乐竞争了。巴菲特收购喜诗糖果也是一样的逻辑。

图 3-1 显示的是我们对企业护城河的理解。经典的护城河理论说明了企业的竞争优势来源于供给侧、需求侧和规模效应这 3 个方向，我们将其中的具体因素拆开重组。这里强调了所有能称之为护城河的因素，都必须是为了实现企业对目标客户的独特价值而存在的。此外，图中将企业的护城河分为内外两层，内层比外层对实现独特价值更重要，因而是更有力的竞争门槛。同时，将护城河进行分层，意味着我们认可护城河是相对的，不是绝对的，其实也不存在完全坚不可摧的护城河。例如燃油车时代的奔驰、宝马和奥迪（以下简称BBA），今天一样被特斯拉（Tesla）和中国的电动车企业吊打。

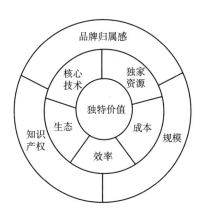

图 3-1　护城河双环模型

需要说明的是，品牌比较特殊。品牌知名度本身不是一个护城河选项，这跟很多人的直觉判断有冲突。实际上，品牌知名度往往是企业的客户达到一定规模以后的结果，它起到的核心作用是节省企业的销售和市场费用，让潜在客户更容易产生购买的意愿。从这个方面来说，品牌知名度当然也是非常重要的资产，但跟护城河是两码事。而品牌归属感可以被认为是护城河的一部分，例如保时捷、古驰（Gucci）代表尊贵的身份，特斯拉（Tesla）代表科技创新，苹果代表时尚＋科技的生活方式，等等。因为这时候哪怕竞品有同样甚至更好的使用价值，用户的迁移成本也会因此而增加。

让我们快速回到高科技产业。围绕本书要展开分析的几大高科技产业方向，对每一个赛道来说，我们要回答赛道内排名领先企业的价值独特性在哪里，护城河是如何建立的。

需要说明的是，元宇宙（空间计算）目前还在早期阶段，可以说还没有明确的胜出者，因此还不到谈论护城河的阶段。

3.2 移动互联网

首先从移动互联网企业开始。互联网是个典型的"赢者通吃"产业。跟线下不同的是，因为用户迁移的成本很低，通过点击不同的链接或下载一个 App 就可以，所以一个企业如果没有独特的价值，是很难生存的，并且大部分的细分赛道只能存活一家或少数几家。这里面不同类型的赛道，情况也不同。

像微信这样的熟人社交产品，一个市场只能存活一家。小米公司的米聊做得比微信更早，最终也完全无法抗衡。原因是，用户需要把他/她全部的熟人关系链导进去，从而获得交流和分享的各种便利。但问题也来了，用户从此很难迁移出去，因为全国人民都把人脉关系链导进了微信里，人与人之间的人脉环环相扣。而腾讯之所以能让用户相信在微信里面建立人脉关系链是最好的，并且采取行动，源自它一直以来建立起来的 QQ 关系链，庞大的社交用户群，以及用户喜欢的内容生态。从整个腾讯集团来说，微信本身已经成为了集团的护城河。现在腾讯的互联网新业务（视频号、小程序游戏等）和商业拓展（视频流广告、电商等）大部分都在依托微信进行。

非熟人关系的社交平台，则丰富得多。总结起来，基本上都是提供有独特价值的人脉（兴趣小组、意见领袖 KOL 等）＋内容，且通过建立自己的生态来打造护城河。例如微博是追随大 V 的平台，小红书是种草的平台，哔哩哔哩是满足年轻用户的二次元社区，陌陌是陌生人交友平台，等等。美国市场也一样，存在脸书（Facebook）、Instagram、X（原 Twitter）、Snapchat 等多家。

短视频平台这个赛道和搜索很像，正常来说会是一个 7/2/1 的格局，即第一名占 70% 的市场份额，第二名占 20%，最后一名占 10%。抖音作为一个在国内已经达到近 8 亿日活的 App，能为用户提供的独特价值，一方面在内容的丰富性和高质量上，另一方面在个性化推荐能力上，此外是围绕抖音的消费生态（电商、线上到线下 O2O 等）。抖音建立的护城河，一是通过用户规模和超强的变现能力吸引创作者来建立最好的内容生态，二是通过不断的技术投入，尤其是 AI 技术给用户提供最优异的产品体验能力。

有意思的是，短视频是快手最先做大的，结果抖音后来居上且越跑越远。腾讯在这两年尝试在微信里面推短视频（视频号），结果也成功了。这种情况给了快手很大的压力，最终它的市场份额能维持到多少，是个值得跟踪研究的课题。

接下来看一下电商。零售电商，决定消费者购买意愿的主要有多、快、好、省，以及消费决策体验和服务这 6 个方面，而电商平台的竞争主要围绕"6 + 1"（"1"指商业模式）来进行。中国目前已经形成了"3 + 3"的竞争格局，3 个货架电商：阿里、京东、拼多多，3 个短视频电商：抖音、快手、腾讯的视频号。前面 4 个企业规模更大，相互之间的竞争相对也比较激烈。

1. 淘宝是一站式购物平台，品类应有尽有。对很多人来说，"淘宝"是购物的代名词。阿里通过打造淘宝和天猫两个不同的平台来满足用户差异化的购物需求。阿里的护城河是在最大商品交易总额（GMV）规模下的最庞大的供应链生态，以及能提供给消费者最丰富的网上内容，包括购物、旅游、理财、外卖、观看影视内容，等等。

2. 京东是送货快（最快当日送达）和正品行货（高价商品用户更在意），为此京东完全自建物流，核心商品自营（先采购再出售给用户），建立了自己的护城河。

3. 拼多多是为用户提供全网最低价。为了做到这一点，在供应链上，以价格竞争力作为最核心的目标，打造极致的效率机器，将供需两端进行高效匹配，包括将货源源头和用户之间的中间环节全部打掉，把零散供需的匹配尽可能往规模化的供需匹配引导，包括引入残酷的竞价机制，等等。拼多多在效率上面建立的护城河至今无人能敌。

4. 抖音是将用户的打发时间和购物结合到一起，满足用户边看边买的需求，以及在用户浏览过程中给用户惊喜好货，解决用户的选择困难。为此，抖音借力平台的用户规模优势和视频消费场景优势，大力发展直播电商生态，以及加强推荐引擎的精准性来实现差异化的用户价值，实现降维打击，构建独特的护城河。

再看一下 O2O 场景。美团是给全国的消费者提供覆盖日常几乎所有 O2O 消费相关的预订、上门送货等服务，并给用户提供最多的低价和折扣。它建设了覆盖全国的地面部队，打造了极致的效率机器，并构建了商家、骑手、用户和平台之间的紧密生态关系。

携程作为中国最大的在线旅游 OTA 平台，它给用户提供的是预订酒店、票务（机票、火车票等）和旅游产品最可靠的服务和实实在在的优惠。为此，携程通过自身业务发展，以及通过资本实现合纵连横，实现了最广泛的商家资源覆盖和牢固的合作关系，并在差旅领域和全国的企业形成了广泛的合作关系，形成了自己的生态护城河。

3.3　人工智能（AI）

自从大语言模型（LLM）被发明以来，人工智能的发展日新月异。从我们对市场的观察来看，整个 AI 赛道的二级市场投资机会，首选是以英伟达为代表的算力芯片的爆发；伴随而来的是以超微电脑为代表的 AI 服务器和以微软为代表的云计算 + AI 赛道的爆发；接下来是以苹果、联想为代表的 AI 手机、AI PC 这样的 AI 设备赛道的爆发；再往后会是诸如智能语音助手、AI 游戏、无人驾驶等各应用的百花齐放。具身智能相关产品（机器人等）难度偏高一些，预计会再晚一些。

AI 手机的最重要代表是苹果。苹果给消费者提供的是全球最卓越的产品软硬件设计和体验，最安全的保障，丰富的应用生态，以及跨设备的无缝衔接体验。为了实现这些独特用户价值，首先，苹果形成了令人不可思议的可持续的基于洞察人性的产品定义能力，以及积累了把产品体验做到最好所必需的各项核心技术和资源储备。用最通俗的话来说，别人想不明白的苹果能想明白，别人造不出来的苹果能造出来。其次，苹果构建了围绕 AppStore 的开发应用生态。再次，苹果通过产品组合矩阵以及实现跨产品的无缝衔接体验将客户牢牢地吸引在苹果生态里面。

AI PC 的领导者联想建立的护城河则相对没有这么强。联想提供的独特价值主要是面向企业的，以 ThinkPad 和企业服务器为代表的联想产品矩阵，应用场景覆盖最全，稳定可靠，成本可控，易维护，服务好。联想的客户遍布全球，供应链和生产也遍布全球。联想构建的护城河主要是围绕效率和供应链生态。可惜的是，联想在核心技术方面还有待提高，否则企业的发展天花板会更高。作为全球 PC 份额的第一名，AI PC 这一波浪潮中联想注定会是受益者。

AI 应用方面，目前最大的受益者是微软。在桌面办公领域，微软向客户提供最强大也最完善的办公应用软件组合，和 Windows 形成最好的协同体验。再加上 OpenAI 的助力之后，所有的应用又通过 AI 升级帮助客户大幅提升了使用效率；在云端，以完善的 Iaas 和 Paas 为基础，依靠全套成熟的办公云应用，加上 OpenAI 的加持而帮助客户便捷高效地将云 AI 能力为业务赋能。再加上云和端的相互加持，让微软的业绩持续攀升，一跃而成为全球市值龙头。微软的护城河比较坚固，Windows 在 PC 市场的地位已经牢不可破，Office 等一系列办公软件的强大能力和生态效应也让客户难以转换。但美中不足的是微软自身的 AI 大模型还不够先进且随着公司规模变大效率有所下降。

3.4 新能源汽车

新能源汽车给用户提供的价值，核心就在产品定位、电动化能力、智能化能力、价格、服务、安全这 6 个方面。不同的企业有不同的价值主张，构建的护城河也各有不同。

特斯拉是一家取得极大成功的电动汽车公司，也是目前市值最高的电动汽车公司，是排名第二的比亚迪的近 7 倍。特斯拉提供给用户的，是全球最领先（灵活、安全、稳定）的智能驾驶体验，优异的驾驶操控体验，牢固耐用的汽车质量和全球五星安全的保障。并且，特斯拉通过少数爆款来满足各种预算人群的用车需求。另外，特斯拉用户往往还在成为特斯拉的一员的同时，产生了对马斯克领导下的特斯拉不断超越人类极限，推出各种前所未有产品（Cybertruck、人形机器人等）的归属感和尊荣感。而特斯拉的护城河，一是强大的技术创新能力和创新速度。二是通过核心部件自研，包括电池、电机、电控、算力芯片、汽车一体化压铸技术等，实现最好的用车体验。加上一流的成本控制能力，从而实现规模化赢利。三是品牌归属感。特斯拉的短板或者说"双刃剑"，是马斯克始终追求颠覆式创新，导致在新车型推出和更新换代等项目上缺乏资源而速度慢，和市场需求有所脱节。另外，管理层不够稳定。也正是这些原因，导致特斯拉最近业绩增长出现了问题。

而比亚迪则有所不同，它提供给用户的独特价值，是提供满足几乎所有细分市场用车人群、用车需求下的数十款特色产品，且不断迭代和推陈出新，并实现了全球最高的性价比。此外，混动车突出全球最省油，电动车突出全球最安全。比亚迪的护城河，一是技术创新能力，二是成本控制能力。比亚迪拥有业界最大规模的研发人员队伍，实现了全球最领先的磷酸铁锂电池技术，全球最领先的混动技术，且在汽车电动化和整车智能化的方方面面储存了大量的领先技术。此外，比亚迪通过全产业链自研，不仅是"三电"核心技术，也包括了冰箱等用户有广泛需求的产品，从而实现了在全世界遥遥领先的成本控制能力，践行科技平权，做到即使售价几万块钱的汽车也能实现盈利。比亚迪的短板在产品定义和设计能力，中高端品牌的打造能力，以及自动驾驶技术。比亚迪正在通过不断地试错和加大研发投入来解决这些问题。

国内其他的新能源车企虽然都在快速发展，放在世界范围内看也都是一流的企业，但以特斯拉和比亚迪的标准来说，都还没有到形成牢固的护城河的程度。但他们建立护城河的目标是明确的，举例如下：

华为希望通过持续领先的各类智能化技术，包括软硬件一体的自动驾驶技术、车身稳定控制、鸿蒙操作系统等，为多家车企赋能，不断推出引领业界的汽车产品。但到现在为止，还不能确定这种领先是否可持续，另外在产品定义、成本控制等领域也存在短板。华为与车企的合作模式是否长期可持续也尚待观察。

造车新势力中的蔚来、小鹏、理想，由于创始人都是从互联网转型而来，且都成功上市，被外界称为"蔚小理"。其中，理想是一家管理上学习华为，产品和发展模式上学习苹果的公司。理想针对多孩家庭用车需求，专注提供超出用户预期的各类 SUV 和 MPV 大空间产品。理想把车升级为一个移动的家，功能上提供了"冰箱、彩电、大沙发"三大件，还方便用户将车内空间快速改成床。在产品体验上，不管是视觉效果，还是每一个细节功能、交互体验，都精心打造。在动力选择上，非常有战略眼光地选择了一度被业界认为落后的增程技术，既能让用户感受优于燃油车的驾驶体验，又避免了里程焦虑。在重投入的自动驾驶等方向上，理想选择了跟随策略，避免重大失误导致的经济和时间成本。经过几年发展，理想成为中国市场上仅次于比亚迪，能实现新能源汽车盈利的企业。另外，市场上出现了众多对标理想的竞品，但综合体验依然无可替代。但是，理想的首款纯电 MPV——Mega 却遭遇了失败，让理想一直以来卓越的产品价值主张和产品设计能力遭到了质疑。苹果的模式是通过连续的爆款产品赢取口碑和用户规模，再逐步去补齐核心技术能力，并有意识地一步步打造自己的生态。所以，理想能否成为汽车界的苹果，尚待观察。

蔚来专注纯电动汽车，采取了类似特斯拉的策略，从高端往下拓展。到目前为止一直是国内 30 万元以上纯电动汽车的第一名。蔚来在打造的护城河，比较特别的一个是换电网络，并创新了商业模式，允许用户租用电池，通过换电来解决用户的里程焦虑。在高端产品取得初步成功前提下，蔚来又推出了低端品牌攻占 20 万元区间的市场。蔚来这样的布局，带来的代价是每年巨额的亏损。

小鹏也是只做纯电动汽车，且在产品上从一开始就对标特斯拉的 Model 3 和 Model Y。小鹏是新势力中最早把自动驾驶技术作为最核心要攻克方向的企业，力图在这方面打造自己的护城河。但带来两个问题，一是自动驾驶投入巨大，且一段时期内用户购买电动车的核心决策点也不在自动驾驶，因而回报比较低。直到 2024 年随着基于端到端大模型的方案落地，情况开始好转。二是直接对标特斯拉难度偏大，只能在价格上下沉以获取竞争优势，同样也导致了巨大的亏损压力。这两年小鹏开始重点布局更高端的车型来获得更高的毛利，并和蔚来一样推出低端品牌 MONA，双品牌运营。

3.5　AI 芯片

谈到人工智能芯片，首先需要研究的就是英伟达。1999 年，英伟达首次研发出了 GPU。如果回顾一下英伟达崛起的历史，核心是抓住了游戏、加密货币、云计算、元宇宙（空间计算）和 AI 这几波风口。经过 25 年的发展，英伟达在 GPU 领域积累了全球最领先的技术，能给客户提供算力最强、综合性价比最高的算力方案。而除了英伟达跟众多 AI 服务器公司等合作伙伴形成的良好生态关系之外，2006 年，英伟达发布了 CUDA（Compute Unified Device Architecture）架构，开创了 GPU 计算的新纪元，这被认为是英伟达最深的护城河。CUDA 能够在 GPU 上实现前所未有的并行处理能力。这种模型不仅极大地提高了计算效率，也使得 GPU 成为了解决复杂计算问题的理想平台。随着 AI 和大数据的兴起，CUDA 的市场影响力不断扩大。开发者们纷纷转向 CUDA，以利用 GPU 的强大计算能力来加速他们的应用程序。企业也认识到了 CUDA 的价值，将其作为提升产品性能和竞争力的关键技术。根据统计数据，CUDA 的下载量已经超过了 3 300 万次。

ARM 是完全不同的价值主张和业务路径，其护城河主要在 3 个方面：一是开发低功耗、高性能芯片的技术和专利壁垒；二是差异化的商业模式；三是生态。Arm 是一种架构，从一开始就致力于开发高性能、低功耗、易编程、可扩展的处理器。ARM 不生产芯片，而是向客户提供 CPU、GPU 的设计，以及系统 IP、计算平台产品和开发软件及工具，并靠收取授权费用来盈利。以前人们的刻板印象是低功耗和高算力处理器泾渭分明，x86 架构就是做高算力，ARM 架构就是做低功耗。随着各家 ARM 处理器的快速发展，人们才恍然发现，原来靠低功耗起家的 ARM 也能做高算力，可以真正做到更高性能和更低功耗。例如苹果发布的基于 ARM 架构的 M 系列处理器性能远超同等 x86 处理器。因此，在手机芯片、Iot 等对功耗有很高要求的领域，ARM 占据了绝对领导地位。后来苹果开始基于 ARM 来开发用于电脑和 Pad 的 CPU 芯片。而正在拉开序幕的 AI PC 浪潮，因为同样对功耗有更高的要求，更让 Windows on Arm（WoA）成为了一种趋势。ARM 拥有强大技术护城河，专利数超 6 800 个，全球芯片客户超过 500 家，生态合作伙伴遍布全球半导体产业链，已形成以 ARM 为核心的全球最大的技术生态体系。

ARM 的硬伤在不可替代性不够和由此带来的定价权偏弱。简单来说，ARM 不生产芯片，而对外授权的模式使它成为了一个基础设施公司，且收费低廉。下游客户中不乏各大科技巨头，拥有巨大的讨价还价权利，加上有 RISC-V 这样对部分头部客户来说同宗的选择，导致 ARM 想要提高收费面临不小的障碍。这是投资 ARM 需要考虑的最大风险。

我们再分析一下台积电。作为全球规模最大且最领先的代工企业，台积电可以给客户提供全球最先进的制程芯片生产代工服务，其 2nm 即将量产，属全球首家，1.5nm、1nm 也已经有了明确的规划。此外，台积电产能充足，响应速度快，服务好。台积电的护城河，一是其几十年以来积累的技术壁垒，二是依托中国台湾地区的产业生态优势和劳工优势，做到了优秀的成本控制能力、技术迭代效率和服务响应速度。

3.6 云计算

云计算市场需要将国内和国外分开来看。国外的市场竞争格局相对确定，亚马逊 AWS、微软的 Azure 和谷歌排名靠前。

微软的 Azure 给客户提供的最大的差异化价值是 Windows + 企业软件市场的全方面解决方案以及基于 OpenAI 大模型提供的 AI 能力。因为有端的优势，所以微软主推混合云，跟其他家专注在公有云业务上有所区别。通过 OpenAI 将自己的操作系统和全套应用软件智能化，使得微软能给客户提供更有价值的企业应用级产品和服务。这样下来，不管是云端还是客户端，微软都具有很强的竞争实力，这就是微软的护城河，也是 Azure 市场份额在持续攀升的核心原因。

AWS 则反其道而行之，侧重建立开放生态，给客户最多的选择，从而打造价值差异化。它自己投资的 Anthropic 开发的 Claude3 更是在亚马逊独家发布。再加上亚马逊是全球所有公司中研发投入经费最多的企业，它一直保持着业界最快的迭代频率。再加上拥有最大规模优势，能够实现优秀的成本控制和盈利能力。总之，亚马逊的护城河是全球最大规模的技术投入和技术迭代效率，以及规模效应下的成本优势和盈利能力。

谷歌则也有自己的打法。谷歌通过"自研算力芯片 + 自研大模型 + 自研的云端办公应用系统"来实现差异化价值。谷歌有多年自研的 TPU 算力芯片，在 AI 训练中有些数据表现比竞品更佳。从核心算力开始，且通过一系列的芯片、设备等的定制和优化，不断提升云服务的综合性能和稳定性，并在成本控制上也取得了良好的效果。再加上自己的大模型和自己的企业级应用相互加持，实现了一定程度上差异化的客户价值。在竞争策略上，谷歌还在价格上比竞争对手更低，以阶段性地争取更好的市场份额，并取得了成效。因此，谷歌的护城河是持续领先的技术研发实力，加上从芯片到云端应用等的全方位自研优势。

在国内市场则有区别，因为市场发展阶段和国情差异，我们的云计算发展速度没有那么快，且参与者中存在各大运营商等不少国有背景的企业。目前看阿里还是第一名，华为和腾讯排在其后，均以公有云为主推业务方向。

作为行业老大，阿里经过最近两三年的瓶颈期，开始将"AI 驱动，公共云优先"定为发展战略。阿里给客户提供的主要是基于自研大模型加上类似亚马逊的大模型开放生态"魔搭"，"二合一"的 AI 能力输出模式，在应用上按不同行业（新零售、智慧城市、金融等）垂直化定制，满足客户多样化的需求。而阿里的护城河，一是在 AI 领域的自研大模型"通义千问"，加上通过投资锁定的 5 大大模型独角兽，带来的国内最顶尖大模型的服务资源。二是自身企业级服务市场多年业务布局所形成的本地化拓展和深度服务能力。三是在云计算领域长期的投资带来的技术迭代效率，以及国内第一大规模优势带来的稳定性和成本优势。

第 4 章　互联网，去向何方

自从 20 世纪 90 年代互联网业务从新闻门户开始发展以来，已经经历了 PC 互联网和移动互联网两波大的浪潮，造就了一批世界级的互联网公司。但站在今天来看，移动互联网经过多年发展，已经遇到了创新瓶颈，自抖音（海外版叫 TikTok）之后，几年来几乎没有现象级的全新互联网用户产品出现，连新出现的面向 C 端用户的互联网产品都不多了。国内外各大巨头要么纷纷减员增效，要么把目光盯向别人的地盘进行内卷，要么转向产业互联网等新兴领域。除此以外，有三个看起来更具有颠覆可能性的方向也已经冒了出来，但至少有两个还没有真正形成共识，这三个方向分别叫 Web3、元宇宙和基于大语言模型的人工智能。AI 大模型将在第 5 章详细讲解，这是目前看起来确定性最强的赛道，与此相关的头部企业股价几乎都"一飞冲天"，但从长期看，其能创造价值的深度和广度还需要进一步验证。本章我们将对 Web3、产业互联网进行简要分析，元宇宙后续单独阐述。除此以外，本章的重头戏是从几个重要的互联网赛道（网服、电商、O2O）及国内外相关明星企业出发，尝试对它们进行深入分析，并对后续的业务发展路径和市值进行评估和预测。

4.1　Web3，前景有限

自中本聪在 2008 年发表《比特币：一种点对点式的电子现金系统》的论文，并在 2009 年正式推出比特币而来，以比特币为代表的极少数数字代币脱颖而出，迎合了各类躲避政府监管、突破金融封锁（例如俄罗斯被 Swift 剔除）的资金流动需求和追求暴富的投机需求，吸引了全世界不少人的关注。2024 年比特币价格创新高，一度突破了 7 万美元。

比代币本身更有真正价值的是给代币当作载体的区块链的发明。区块链通过不可篡改的公开账本制度设计，用机器共识来取代人和人的共识，再加上智能合约制度进一步保证了共识的执行。

Web3 这个词是以太坊联合创始人嘉文·伍德（Gavin Wood）在 2014 年创造的，最初它叫 Web3.0。Web3 在哲学层面追求的是老子的"无为而治"，相信去中心化＋代币激励能最大化组织效率，不依赖中心化＋自上而下的传统组织方法，让用户真正当家作主。图 4－1 是对 Web1、Web2 和 Web3 的核心区别的简要描述①，图 4－2 是 Web3 的倡导者们认为 Web3 将创造的产业价值会远高于之前的互联网阶段。与现在中心化的应用需要用手机号或者注册账号才能登录不同，Web3 世界中典型的特征之一是用户的"身份＋钱包＋资产＋数据"合而为一，且掌握在用户自己手里。大部分应用都是用钱包登录，不需要手机号、身份证、人脸这些信息。当然也有例外，例如币安交易所，其账号是中心化的，但会同步支持用户绑定自己的钱包。

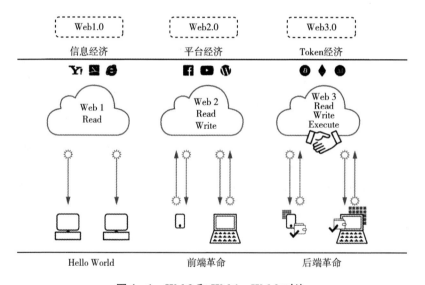

图 4－1 Web3 和 Web1、Web2 对比

从到目前为止的实际结果来看，因为前述所说的原因，极少数代币（BTC、ETH 等）的市值规模已经创新高，基本证明了其长期生存价值。NFT（Non-Fungible Token）作为一种可被炒作的数字艺术品的形态出现，以无聊猿为代表，曾经被炒到了几十万美元的高价，不过也快速回落，整个 NFT 市场除

① 肖俨衍，白洋，钱凯. Web3.0：新范式开启互联网新阶段［R］. 中金公司，2022－05.

了 PFP 头像，几乎没有其他做起来的创新。究其根本原因还是缺乏真正的实用价值，走的还是各种讲故事的炒作路线。Web3 也曾大力尝试跟各种业务的结合，称为 Defi，例如 Axie Infinity 游戏、StepN 跑步等。这些尝试都"昙花一现"。它们的基本逻辑是在应用中发币以吸引和激励用户，用户可以通过劳动获得或花钱来购买，并坐等代币升值，重复一遍比特币的暴富之路。几乎所有这些尝试都是快速吸引来一大批用户，击鼓传花到一定阶段就开始暴跌。甚至这类项目的融资逻辑都变了，投资人不再期望通过业务股权退出套现，而是直接要求通过代币的收益分成。其实，不论是拓展到 SocialFi，还是 E-commerceFi，还是什么其他 Fi，结果都是可以预见的。

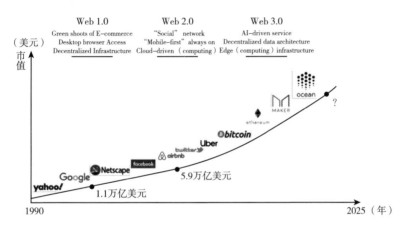

图 4 – 2　Web3 的目标产业价值曲线

　　问题到底出在哪里？究其根本原因，Web3 的出发点也许是好的，但不幸的是它的设计规则中没有充分考虑人性的弱点。

　　首先，去中心化的管理模式难免导致两个问题：一是沟通效率变低，或者很容易被其他事情所干扰，不能集中精力工作。二是人往往都会觉得自己少付出一点不会对整体结果有伤害，结果这样想的人多了，事情就不可避免地受到负面影响了。所以，即使像马斯克那样支持比特币、狗狗币的人，也还是反对去中心化管理，要求员工统一到公司办公。

　　其次，通过代币激励的模式，不可避免会激发人一夜暴富的贪念，导致的后果是不管这个应用出发点是为了娱乐、健身还是社交、购物，统统都变成了赌场。即使在允许赌场合法存在的资本主义国家或地区，我们也很难想象在任何地方都有不受限制的赌场存在，更何况是通过手机或电脑可以轻松触达的各类应用呢？想象一下网上开满赌场会是什么景象，对人类社会的影响会如何。

因此，Web3 真正有价值的除了极少数代币以外，大概就几个方面：一是区块链技术本身，用机器信用代替人的信用，带来安全和效率提升，例如各类数字资产上链管理，对供应链金融的支持等。二是基于区块链的数字主权货币，可以更好地追踪溯源，防止欺诈，以及建立更高效、经济、便捷的国际货币结算系统。数字人民币走在世界的前列。

关于 NFT，笔者倾向于认为等到 Vision Pro 这样的设备普及之后，当每个人都需要在数字世界中有自己的分身和资产的时候，还是有长期价值的，可以理解为游戏道具的升级版。

4.2　产业互联网，国内外差异不小

通过将数字化平台与生产场景结合，对传统产业进行赋能升级，产业互联网就形成了。根据测算，以中国为例，仅在航空、电力、医疗保健、铁路、油气这五个领域引入数字化支持建设产业互联网，假设只提高 1% 的效益，平均每年就能达到 200 亿美元的规模，是一片巨大的蓝海。中国的传统产业规模巨大，因此发展产业互联网的价值空间也非常大。对比中美互联网行业，美国产业互联网公司占据美股科技公司前 20 名的半壁江山，相比之下，中国的 GDP 约为美国的 2/3，但美国产业互联网科技公司的市值为中国的 30 倍，中国尚无领先的产业互联网巨头企业。

事实上，国内的各科技企业不论是老牌的用友、讯飞，还是各互联网公司，都在积极布局产业互联网。以我们接下来将要分析的网服、电商等赛道的明星互联网企业为例，大部分都在布局云计算和金融科技等领域。中国还没有出现 SAP、Oracle、Salesforce、Adobe 这样的软件企业，中国的云计算平台大部分都在亏损，是有其深层次原因的，简单来讲就是国情差异，以及发展阶段未到。我们以公有云为例来说清楚中美的差别。

全球算力市场经历了两轮变革，第一轮是云计算的兴起，第二轮是刚开始的从传统算力转向 AI 算力，而且以后很有可能 AI 算力规模会大大超过传统算力。在国际市场，公共云让算力、软件自下而上形成了连贯的产业分工生态。亚马逊 AWS、微软 Azure、谷歌云掌握了主要的算力，三家云厂商占据了全球 70% 以上的市场份额。而软件公司也在积极拥抱这样的变化。2014 年云计算普

及之初，SAP、Oracle、Salesforce、Adobe 等一批基础软件公司通过云转型而跃
升至千亿美元市值。2024 年，借助新一轮技术变革周期，这些软件公司又开启
了 AI 转型。软件公司把软件部署在云上，客户按年/月订阅软件。软件在云上
持续迭代，这形成了开放生态，创新效率高、服务成本低。

先进 AI 算力昂贵且短缺，是中国算力企业普遍遇到的挑战。理论上，此
时有限的算力资源应该更集中，进而摊薄算力成本、研发成本，建立盈利正循
环。可现实情况是国内算力资源相对分散，公共云渗透慢，私有云算力多，这
一情况近期还在加剧。算力分散加剧主要有三个原因：一是美国对中国断供先
进 AI 芯片，头部科技公司能获取的新增 AI 算力变少了；二是国内部分中小企
业通过各种非正常渠道高价格、小批量转运被断供的 AI 芯片，对外提供算力
服务；三是一批地方城市期望建立 AI 芯片为主的智算中心，以此招商引资①。

国内头部软件公司，普遍软件产品收入占比低，人力服务收入占比高。这
种人力密集型的产业形态对创新不利，缺乏长期竞争力。根据各企业 2023 年
年度财报统计，市值前十的国际软件企业总市值约 17 000 亿美元，2023 年总
营收 1 853 亿美元、总营业利润 380 亿美元、平均营业利润率 20.7%、研发总
支出 350 亿美元、平均研发支出率 18.9%、人均产值 40 万美元。而市值前十
的中国企业总市值约 4 400 亿元，2023 年总营收 893 亿元、平均营业利润率
6.8%、研发总支出 145 亿元，平均研发支出率 16.2%，人均产值 36 万元。中
国的软件公司不仅利润薄，收入中来自于云的部分普遍低于 30%，尚未实现云
转型就要开始 AI 转型。

造成这种情况的核心原因是，中国的互联网行业和其他民营企业 IT 支出增
长已停滞，政企行业（政府、金融、电信、能源、制造等）正成为 IT 支出主
力军。中国政企行业目前数字化转型进度仍在中早期，传统 IT 习惯仍有强大基
础，对比而言海外成熟市场已经走到了中后期。因此，中国 IT 支出结构中，硬
件远大于软件、服务。软件中，IaaS 又远大于 PaaS 和 SaaS。但在全球 IT 支出
结构中，软件和服务远大于硬件；软件中，代表云使用深度的 PaaS 和 SaaS 又
大于 IaaS。

政企暂时难以大规模采购公共云，它们更青睐私有云、混合云、专属云，
这背后有一系列原因。

---

① 吴俊宇. 中国公共云，堵在哪，怎么解？[J/OL]. 财经杂志，2024 - 04 - 03. https：//t. cj. sina.
com. cn/articles/view/1684012053/645ffc1501901dvck.

其一，现有预算采购、审计机制中，公共云是费用支出，无法列为固定资产。公共云在政府采购科目中一般归属维护费、租赁费，有 15% 预算比例限制。云要按年订阅付费，政企预算需要每年按项目申请。在审计流程复杂且周期长的情况下，一次性采购硬件、部署私有云最简单便捷。

其二，政企机构考虑国有资产保值增值，更倾向私有云而非公共云。在现有预算采购、审计机制下，公共云是费用支出，私有云是固定资产。对央国企来说，哪怕私有云最终摊销成本更高，报表上依旧体现为存量资产。而公共云被列为费用化支出时，会直接影响当期利润指标。

其三，公共云对地方城市的财政、税收帮助不大。公共云通常不在本地部署，企业无须在当地注册。因此，无法创造税收，更不会带来土地收入。相反，地方鼓励私有云，会带来本地投资，拉动当地就业。

其四，政企数据托管在公共云，出现事故时难以厘清权责。私有云由自己掌握，更符合监管、安全要求。

要解决这些问题离不开政府的支持。美国政府 2011 年发布"云优先"（Cloud First）战略。此后十年通过长期产业引导、国家立法、标准制定、预算调整、采购管控等举措，推动 IT 设施基于公共云现代化升级。中国也一样，国家信息中心信息化和产业发展部在 2024 年 3 月 29 日发布的《"人工智能＋"时代公共云发展模式与路径研究》报告提出了一系列方案。其中包括以下几个重点方向。

其一，发挥政府优化营商环境的主导作用，营造更公平的市场竞争环境，推动公共云产业生态培育和健康发展。

其二，在算力基础设施建设中给予网络直连、能耗、土地、税收等方面政策倾斜。

其三，优化算力资源布局，引导算力结构优化。支持以公共云服务方式提供算力服务，避免盲目上马、无序建设造成重复投资。

其四，推动区域小散数据中心资源整合，提高存量资源的综合利用率。

其五，鼓励财政资金购买公共云服务，对企业购买云服务纳入研发费用加计扣除税收优惠。

鉴于大模型训练要基于万卡规模的算力集群，小而散的算力无法承担训练需求，随着 AI 大模型的逐渐普及，出于成本和效果等考虑，只有公共云才是长期解决之道。我们相信，中国的云计算、企业级软件市场具有直接迈入 AI 阶段的后发优势，大规模突破只是个时间问题。不过这个过程不是一蹴而就的，耐心非常重要。

4.3　网服类互联网企业的发展路径

我们以腾讯、谷歌、Meta 为代表来分析一下网服类互联网企业如何突破发展瓶颈。他们各自的 C 端产品和服务各不相同，但均在前几年因为疫情或战略选择等原因经历了业绩压力，之后迅速调整，恢复了业绩的健康增长。这几家均在开发自己的 LLM 大模型，试图引领人工智能这波大的浪潮。此外，腾讯和谷歌均通过深耕云计算业务积极开拓企业级市场。

我们先简单对比一下各企业经营数据和市值情况，数据均来自 2024 年 Q1 财报，如表 4 – 1 所示。

表 4 – 1　　　　腾讯、谷歌、Meta2024 年 Q1 业绩和市值对比

维度	企业					
	腾讯		谷歌		Meta	
销售额 （亿美元）	219.43		805.39		364.55	
市值 （亿美元）	4 494.64		22 900		13 200	
市销率	5.25		7.2		9.23	
市盈率（TTM）	24.69		27.8		28.8	
毛利润率（%）	53		58.14		81.79	
经营利润率 （%）	33		31.63		37.9	
净利润率（%）	27		29.38		33.93	
主营业务及 占比（%）	增值服务	49.3	广告	76.6	App 家族	98.8
	广告	16.6	订阅/平台/设备	11.5	XR（Reality Labs）	1.2
	金融科技和云服务	32.8	云	11.9	—	
说明	增值服务营收种类较多，包含游戏、付费订阅、虚拟道具、打赏等		1. 广告，订阅/平台/设备合计称为谷歌服务，占比 87.4； 2. 其他主要是健康设备和服务		App 家族基本都是广告收入	

这几家的业绩数据都非常优秀，资本市场对于它们给出了类似的高估值倍数。从营收分布而言，在业务多元化拓展方面，腾讯做得最成功，谷歌也不错，Meta 因为元宇宙战略受挫，还需要再观察。接下来我们对各家分别展开评估。

4.3.1　企鹅帝国

腾讯公司的管理团队稳定性是堪称楷模的。在中国的互联网公司中，论产品能力，只有字节跳动可以与其比拟。马化腾先生早在 2014 年就宣称腾讯要专注在做连接人和人、人和服务、人和设备的最好的连接器①，以及内容平台这两件事情上。更具象一点说，腾讯的业务主要就是三大块：微信 + QQ 双社交应用，内容生态（游戏、视频、音乐、文学、新闻、直播等），以及新增的，也是后续发展潜力最大的金融科技和云计算业务板块。其中社交是腾讯最大的护城河，在可预见的将来很难有颠覆性的竞争对手。经过多年的发展，腾讯的多项业务在国内都取得了非常成功的行业地位，如其在 2024 年 Q1 财报介绍材料中指出：

（1）微信（含海外版 Wechat）的月活用户数（MAU）达到了 13.59 亿，国内企业第一；QQ 移动端 MAU 也达到了 5.53 亿。

（2）游戏：国内部分不管是用户数还是营收都排第一；海外游戏则做到了营收第一。

（3）微信支付不论月活（MAU）还是日活（DAU）都是第一。

（4）腾讯视频、音乐和文学的会员数全部都是第一。

（5）移动浏览器 MAU 第一，移动安全 MAU 第二。其中移动浏览器不确定是考虑了手机自带浏览器，还是只计算独立浏览器，笔者倾向于认为是后者。

（6）腾讯云的 Paas 营收第二，Saas 中独立云会议解决方案营收第一。

表 4-2 的数据来自财报数据，显示了腾讯各业务板块毛利率和年同比变化，可以说非常优秀，腾讯近期股价的快速拉升跟这个也很有关系。

---

① 马化腾：腾讯专注于做互联网的连接器［EB/OL］. 新京报，2024 - 11 - 20. https：// www. cac. gov. cn/2014 - 11/20/c_1113913815. htm.

表 4 - 2   腾讯各业务板块毛利表现

业务板块	毛利润（亿元）		同比（%）	毛利润率（%）	
	2024 年 Q1	2023 年 Q1		2024 年 Q1	2023 年 Q1
增值服务	450.22	427.39	5	57	54
网络广告	145.2	87.39	66	55	42
金融科技及企业服务	238.51	168.01	42	46	34

但腾讯也面临着不少挑战。

首先，随着移动互联网渗透率基本到顶，腾讯的用户规模已经不怎么增长了，从财报数据来看，2024 年 Q1 微信月活用户增长了 3%，QQ 下跌了 7%。图 4 - 3 显示了从各年财报数据显示的 QQ 月度活跃用户数的变化趋势。微信是因为渗透率见顶而导致的自然增长缓慢，而 QQ 的用户数下降是因为用户慢慢在往微信、抖音、小红书、哔哩哔哩、微博等迁移。

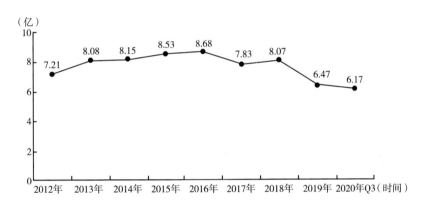

图 4 - 3　QQ 月活用户数走势

其次，以抖音为代表的短视频的崛起占据了越来越多的用户时长，且在功能和场景上对腾讯的几乎所有 2C 互联网产品带来了挑战。据统计，自 2022 年开始，短视频的用户时长占比就超过 30%，居全网第一，明显高于排第二的微信等社交软件。[①] 为了阻击抖音，腾讯陆续推出了包括微视、猫饼、速看视频等 10 款短视频应用，但这些产品最终都以失败而告终。抖音也试图在社交领域向腾讯发起进攻，目前看起来效果不大。

---

① 短视频化及中国互联网领域生态 ［EB/OL］. 高盛研究部，2022 - 10. https：//www.goldmansachs.com/worldwide/greater-china/insights/Short-form-video.html.

腾讯游戏经过了多年的发展，如何保持创新动力成了一个问题，受到了马化腾的公开质疑，国内外市场也均面临各竞争对手的压力。

在内容方面，腾讯音乐的用户规模和黏性见顶，虽然收入增长，但活跃用户数在小幅下降，这可能跟国家禁止独家采购版权带来的竞争压力等有关。长视频赛道因为有多家存在，对上游话语权不够，且持续受到短视频，包括最新的短剧的冲击。文学也是类似，受到了短视频等替代内容的影响。至于新闻，今日头条的市场地位要明显好于腾讯新闻。

在云计算业务上，在经历了早期拿总包、代理他人产品等粗放式的增长模式之后，腾讯痛定思痛转型，专注在自身产品和能力的打造和输出上面。但在市场份额上始终落后阿里、华为，并面临其他竞争对手的竞争压力。

此外，出于用户权益保护等的考虑，法律和政策上对广告投放、游戏内容质量和版号数量、青少年防沉迷等都进行了监管的加强，需要企业以更健康可持续的模式开展相关业务。

目前来看，腾讯采取的核心发展策略如下。

一是在社交大本营不断强化自身优势，根据微信和 QQ 的不同情况采取差异化发展策略。微信很可能是世界上最好的社交产品。在发展策略上，微信的重点在提供更多内容来提升用户时长和使用黏性，主要是视频号的发力，这也是对抖音发起的反击。视频号发挥了微信的社交优势，通过显示好友点赞视频来吸引用户观看，目前看效果显著，根据 2023 年年度财报、2024 年一季度财报及财报沟通会内容显示，用户使用时长年同比增长超过 80%，除了带来了广告营收的增长之外，视频号电商 2023 年 GMV 也突破了一千亿元。另外腾讯也在通过小游戏、听一听、搜一搜等进一步增加用户的时长。其中，小游戏在 2023 年全年吸引了 4 亿月活用户和 30 万游戏开发者，预计 2024 年将接近 200 亿营收。这个规模的营收如果按照一个独立游戏公司来排名，根据各公司 2023 年年度财报数据，将能够在腾讯、网易、米哈游之后排全国第 4。未来 4 年按照年均 30% 增长率有望达到 570 亿元，超过 2023 年国际游戏收入 532 亿元。

而 QQ 的重点则是在固本。QQ 的定位是打造面向年轻人的娱乐社交生态，提供给用户各种爱好社群、陌生人社交场景、优质的内容消费业态，以及满足用户学习和办公的沟通与协同需要。尽管 QQ 一直在这些道路上不断尝试创新，作出了 QQ 看点这样腾讯体系内最成功的信息流产品，也曾经短暂地实现过用户数止跌回升，但由于 QQ 毕竟已经 25 岁高龄了，微信和外界其他各种部分可替代的应用还是在不可避免蚕食它的用户。从最新的数据来看，用户下跌的趋势依然没有止住。可以说，如果腾讯未来的社交版图出现破口，风险最大的就是 QQ。不过目前还看不到完全能代替 QQ 的应用出现的可能，未来要么腾讯自己在不断尝试中发现新的重大翻身机会，要么外界各种应用继续或快或慢地蚕食 QQ 的用户基础。

二是通过加强广告、游戏等商业模式来提升变现效率。2024 年 Q1 广告同比增长了 26%，毛利率从 42% 增长到了 55%。除了在视频号、小程序、公众号、搜一搜等增加广告曝光之外，通过 AI（混元大模型等）来提升广告物料质量和投放效率成了主要亮点。正如腾讯总裁刘炽平所言："在我们现有业务中部署人工智能技术已经开始带来显著收入，这在我们的广告业务中最为明显，我们的人工智能广告技术有助于实现更准确的定位、更高的点击率，从而拉动广告收入增长。"

腾讯游戏在规模上已经是全球第二，排在索尼之后。在经历了 2023 年的增长乏力之后，2024 年 Q1 国内游戏恢复增长，海外游戏增速较快（34%）。腾讯在财报中提到，两款本土市场旗舰游戏《王者荣耀》及《和平精英》开始受益于新的商业化节奏和游戏内容设计的提升，在 2024 年 3 月的流水实现同比增长。《金铲铲之战》《穿越火线手游》《暗区突围》等多款本土市场游戏的流水创下历史新高。Supercell 的游戏实现用户量与流水的增长；《荒野乱斗》在国际市场上的日活跃账户数超过去年同期的两倍，流水超过去年同期的四倍。在游戏赛道，腾讯对擅长的手游和志在必得的全球 PC/主机游戏，采取了两种策略。

针对手游市场，腾讯主打知名 IP 的移植。如腾讯已经与育碧和 From Software 达成协议，将《全境封锁》和《艾尔登法环》带到移动端。

在 PC/主机游戏市场，腾讯则是主打开发面向西方市场的 3A 游戏。光子和天美工作室都分别建立了美国分公司——尽管腾讯已经关闭了天美在美国的 3A 游戏工作室 Team Kaiju，其正在开发的未公布游戏或已被取消，但光子洛杉矶工作室在 2023 年 TGA 中发布了其首款游戏《最后的哨兵》的宣传视频。两大王牌工作室天美和光子一直致力于开发幻兽帕鲁式的地图交互游戏，除此之外还有涉足派对游戏的《元梦之星》（目前落后于竞争对手网易的《蛋仔派对》）、进军体育游戏市场的《NBA Infinite》。最近腾讯还收购了国内顶级 MMORPG 游戏开发商网元圣唐，试图在对手领先的领域占据更多的市场份额。

总的来说，腾讯的游戏业务在好转，但由于游戏跟长视频（比如电影）类似由爆款驱动，而一个游戏是否是爆款有其不确定性，所以在全球范围内来看游戏就是充分市场竞争，难以形成一家独大的局面。腾讯在国内和全球范围内都有实力强劲的竞争对手，是否能可持续地加强其市场竞争地位，还需要观察。此外，AI 到底能否重塑游戏产业，一直是个待观察的点，需要腾讯们去解答。

三是在金融科技、云业务板块持续发力。如图 4-4 所示，这部分的营收已经连续 12 个季度占比超过 30%，随着 AI 这一波浪潮的发力，预计将是未来最大的增长动力之一。腾讯仅在 2018 年和 2019 年财报中披露了云服务收入，分别为 91 亿元和 170 亿元，由此可推算 2018 年和 2019 年金融科技业务收入分别约为 640 亿元和 844 亿元。预计目前云业务板块收入占比最多不超过 30%。腾讯高管曾表示云业务在腾讯整体盘子里的占比还不超过 10%。我们尝试分别做一下分析。

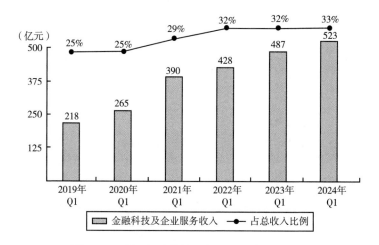

图 4-4 腾讯金融科技及企业服务收入与占比

先说云。如图 4-5 所示，国内云计算市场正在快速发展。现在产业界普遍共识是 2025 年国内云计算规模会达到 1.1 万亿元左右。考虑到全球市场未来几年的年复合增长率预计将达到约 19%，国内市场由于基数小，增速预计会明显高于全球。假设年复合增长率为 25%，则到 2030 年中国云计算市场规模将达到约 3 万亿元，对比而言，根据 Statista 的预测，2029 年全球市场规模可达到约 1.8 万亿美元（超过 13 万亿元）。可以说，这很可能是互联网企业接下来可以去争取的、高度明确且最大的蛋糕了。

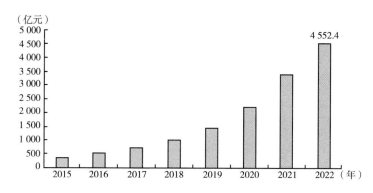

图 4-5　中国云计算市场规模走势

资料来源：云计算白皮书［R］. 中国信息通信院，2023.

　　以 Canalys2024 年上半年的统计来看，国内云市场的前三名分别是：阿里
37%，华为 16%，腾讯 16%。出于国家数据安全等考虑，预计欧美云服务商在
国内的发展空间有限。不过中国和西方国情不同，像三大运营商等央企国企的
云服务商预计也将在市场竞争中占据一席之地，此外百度等互联网和其他科技
公司也在后面追赶，所以中国的云计算市场集中度不会像西方那么高。在经历
了几年总包式粗放且不可持续的发展模式之后，包括腾讯在内的国内云厂商们
开始调整策略和打法，向欧美市场学习，重视标准化程度更高的自研产品及平
台底座型 SaaS 产品，减少在集成和转售类项目上的投入，让合作伙伴（各类
ISV、MSP 以及大的咨询公司为主）去充当集成商的角色。云业务板块的大逻
辑跟欧美市场是一样的，只不过因为前面分析过的算力限制，对中国政企的服
务和商业模式难度，以及中国企业在付费意愿、金额等方面跟上国际轨道还需
要时间，所以需要有足够的耐心。

　　总的来说，腾讯的战略方向和执行都在正确的道路上，成绩也比较突出。
过去几年，腾讯云聚焦自身优势，打造了腾讯会议、腾讯文档、腾讯企点、腾
讯乐享、腾讯电子签等通用产品。效果已经开始显现，腾讯云 SaaS 伙伴的数量
增长了 6 倍，业绩实现高速增长。以腾讯会议为例，90% 的售卖通过合作伙伴
完成，头部合作伙伴业绩呈现三位数增长。最新披露的成绩包括：腾讯混元大
模型位列国内大模型第一梯队，在基础和场景应用上均处于领先位置；腾讯云
存储位居国内厂商第一；腾讯云音视频解决方案份额连续六年获得市场冠军；
腾讯云数据库 TDSQL 整体收入同比增长位列中国云厂商第一；腾讯云大数据位
列中国数据管理解决方案市场领导者梯队；腾讯云数智人登上中国虚拟数字人

影响力指数报告；腾讯会议位列中国云会议企业级市场份额第一。

一系列产品，不断上新：腾讯云轻量应用服务器上线热门游戏模板功能，实现 3 秒开服；发布 AIGC 云存储解决方案，大模型数据清洗和训练效率提升一倍；腾讯云行业大模型通过精调服务，进一步提升解决产业问题的准确度、安全性；全部腾讯协作 SaaS 产品如企业微信、腾讯会议、腾讯文档、腾讯乐享、腾讯电子签、腾讯问卷、TAPD、腾讯云 AI 代码助手等，已接入腾讯混元，实现智能化升级；腾讯会议发布腾讯天籁 inside3.0，并推出国内首个裸眼 3D 视频会议解决方案；腾讯企点客服全面上线大模型机器人。

我们再看一下金融科技部分。国家开放互联网公司参与到金融科技创新领域中来，跟汽车领域引入特斯拉有异曲同工之妙，目的是作为鲶鱼更好地激发包括国有银行、保险公司等在内的整个金融系统的创新活力。但因为金融的重要性和敏感性，跟互联网业务快速迭代试错不同，金融的创新是要在强监管下去发展的，必须要小心谨慎。阿里、腾讯都因为不够谨慎而在 2023 年被罚以巨款，且被要求限期整改。

腾讯在这部分的业务主要包括：移动支付，如大家常用到的微信支付、QQ 支付；投资理财，如理财通、自选股；民生服务，如手机充值、信用卡还款，还有一些企业金融相关的业务；跨境支付。

腾讯金融科技的主要收费模式如下：

理财通。售卖的基金产品可以分为两大类：一类是货币型基金，另一类是非货币型基金。货币型基金只收取后端管理费分成，货币基金管理费一般在 0.3% 左右，腾讯收取其中的约 1/3；股票、固收型基金收两笔费用，一是前端认购申购费，一般费率为 0 ~ 0.15%，另一项是基金管理费分成，基金管理费的费率多处于 1.0% ~ 1.5%，腾讯通常收取其中的 1/3 ~ 1/2。

备付金。来自进行支付业务的保证金、因支付结算时间差产生的货币余额（如支付业务的 T + 1 到账、淘宝平台消费者确认收货前资金为支付宝备付金等）、消费者存储在微信账户的零钱等。2017 年 1 月，央行要求支付机构将客户备付金进行集中存管，比例由 2017 年 4 月的 20% 逐步提升至 2019 年 1 月的 100%，集中存管的备付金余额达到了 1.3 万亿元，此后持续缓慢上涨，2021 年 3 月达到 1.78 万亿元。① 央行将第三方支付机构的备付金以 0.35% 的年利率

---

① 花小伟. 金融科技专题研究报告：深度解析腾讯金融科技［EB/OL］. 德邦证券，2021 - 05 - 22. https：//baijiahao. baidu. com/s？ id = 1700430356695579038&wfr = spider&for = pc.

按季结息，从中计提 10% 作为非银行支付行业保障基金，第三方支付机构可以按季度收取 90% 的利息分成。

支付业务中，除了个人支付中发红包、转账等不收费不产生收入外，其他创造收入的主要是两部分：一是面向 C 端个人用户的信用卡还款和钱包余额提现到银行卡的服务，费率均为不足 0.1%。二是面向 B 端商户的商业支付服务，报价为实物商品、线下支付为 0.6%，虚拟物品（如游戏道具）为 1%。但报价归报价，由于对中小商户会实行一些优惠计划（绿洲计划、蓝海计划），以及监管方面的普惠要求，实际落地则要明显比报价低，行业费率综合为 0.38%。

微粒贷导流。2014 年 12 月，微众银行获得由深圳银监局颁发的金融许可证，成为国内首家开业的民营银行，腾讯出资 30%。微信为微粒贷导流促成交易完成，腾讯对此抽成收取一定费用。

腾讯没有披露各部分的详细数据。根据腾讯 2024 年 Q1 财报的官方说明，金融科技最新的进展是受益于低风险货币基金的代销，Q1 理财业务的用户数及人均投资规模均实现了快速增长。

此外，腾讯金融的分期业务已经在线测试了较长时间，预计在不远的将来也会全面推广。

我们再来看一下腾讯 AI 大模型的进展。2023 年 9 月 7 日，在 2023 腾讯全球数字生态大会上，腾讯全链路自研的腾讯混元大语言模型正式亮相，并宣布通过腾讯云对外开放。目前，混元大模型已经接入腾讯 50 多个业务，包括腾讯云、腾讯广告、腾讯游戏、腾讯金融科技、腾讯会议、腾讯文档、微信搜一搜、QQ 浏览器等。

在大模型的推进上，腾讯采取了产业优先的思路。在腾讯全球数字生态大会上，腾讯正式宣布，混元大模型将作为腾讯云 MaaS 服务的底座，客户不仅可以直接通过 API 调用，也可以将混元作为基底模型，为不同产业场景构建专属应用。

2024 年 5 月 30 日，腾讯面向 C 端的大模型应用"元宝"App 正式上线，这比其他家的动作也要慢一些。

总的来说，在大模型方面腾讯不是业界做得最快的，但因为行业发展尚在早期，影响也不大。产业优先的思路是正确的，参照微软，跟云业务，尤其是 Saas 部分的结合将可能会是创造价值的利器。

自腾讯的业绩触底反弹以来，股价快速回升。中短期看，各个业务板块都在向好发展。并且马化腾宣布 2024 年将执行千亿港币股份回购并加大股息派发，进一步加强了投资者信心。

如果我们站在当前往后看 10 年，腾讯会是什么状态？基于腾讯自身作为连接器和内容平台的定位，再结合前述分析，笔者倾向于认为：

首先，腾讯在国内熟人社交领域的地位长期都很难被撼动，但非熟人社交由于 QQ 的颓势，存在不确定性。考虑到 QQ 的困境和微信在国内渗透率的见顶，如果没有大的创新出现，或者类似向海外大规模扩张的机会，这部分的成长空间也不会再有好几倍的幅度了。

其次，在云计算领域，整个赛道在全球范围来说都是增长空间巨大，中国也一样。作为头部厂商之一，腾讯将能够长期享受市场增长带来的红利。目前看除了阿里和华为有可能长期比腾讯更强，接下来基本就排到腾讯了。

金融科技领域，腾讯通过微信支付和微信流量入口占据了互联网企业中最好的位置之一，只有阿里可以与其相媲美。所以这部分的潜在增长空间也是很可观的。但因为前面提到的金融的重要性和敏感性，所以也不能对这部分的增长预期过高，能稳定增长就很不错了。

内容领域，腾讯会长期是头部领导者之一。考虑到竞争程度较高，腾讯的发展规模更多的是看整个赛道的发展趋势，以及腾讯是否有明确的超车增长逻辑。像长视频、音乐、文学、新闻、直播这些方向，基本已经是成熟产业，未来能够每年有小幅稳定增长就已经符合预期了。

而游戏部分，腾讯也有望长期保持为国内，甚至是全球的领头羊之一。不过，小游戏作为一个相对较新，还有很大渗透空间的游戏品类，是腾讯唯一有高度确定性，能在未来几年内保持高增长的赛道了。而在其他游戏领域，考虑到腾讯在国内已经是遥遥领先的地位，因此业绩增长主要看大盘趋势，以及国际化的拓展速度。而大盘趋势主要看游戏人群渗透率，目前接近 50%，对比美日韩 65% 左右的渗透率，还有一定的空间，但从这几年的进展来看预计会比较缓慢。

接下来我们以 2027 年为目标来进行具体测算。根据腾讯 2024 年 Q1 财报，如表 4-3 所示，我们以 2023 年全年和 2024 年 Q1 业绩为基础，根据年同比数据，并基于前述对后续天花板和增长幅度的定性分析，尝试预测从 2023 年到 2027 年每一个板块的年复合增长率，从而计算得出 2027 年每一个板块的预计营收。从表 4-3 中算出，腾讯在 2027 年的预计营收总额为 9 026 亿元。假设腾讯可以维持 2024 年 Q1 最新的 27% 的净利润率，则 2027 年全年净利润总额可达到 2 437 亿元。我们以 20 倍的预期市盈率来计算，则腾讯的目标市值可达到 4.87 万亿元，比当前市值还有约 50% 的增长空间。在这个体量的公司，能有这样的预期增长已经算是不错了。

表 4 - 3　　　　　　　　　　腾讯各业务板块 2027 年营收预测

业务板块	年营收（亿元）		同比（%）	季度营收（亿元）		同比（%）	预估 CAGR（%）（2023 ~ 2027 年）	2027 年收入预估（亿元）
	2023 年	2022 年		2024 年 Q1	2023 年 Q1			
增值服务	2 983.75	2 875.65	3.76	786.29	793.37	-0.9	3	3 358.24
网络广告	1 014.82	827.29	22.67	265.06	209.64	26	20	2 104.33
金融科技及企业服务	2 037.63	1 770.64	15.08	523.02	487.01	7	15	3 563.83

4.3.2　谷歌，全球互联网科技实力翘楚

因为笔者在百度工作过多年，之前对谷歌有所了解，尤其是花时间研究过它的商业模式和广告系统。谷歌以搜索引擎而闻名于世，而搜索引擎的形态和基于竞价排名的商业模式最早是由 Overture 公司发明的。后来 Overture 去找雅虎合作通过新闻门户给搜索引擎导流，一跃而起。再后来雅虎选择收购 inktomi 公司自己做搜索，而 Overture 则被并入谷歌。接下来的结果大家都知道了，谷歌凭借自己突出的技术实力做得越来越风生水起，而以营销擅长的雅虎却越来越艰难，最终将搜索卖给了微软。举一个例子，当时百度要借鉴谷歌 Adwords 升级搜索推广系统的时候，也专门调研了雅虎的巴拿马系统，发现差距还是不小的。仅谷歌的一个点击率（CTR）预估模型就给各竞争对手带来很大的压力。

谷歌的两个联合创始人拉里·佩奇和谢尔盖·布林早在 1998 年，在斯坦福大学读书期间就在一个车库里开始了搜索引擎的研发，后来干脆放弃了学业。等谷歌做大之后他们认为在管理上需要更强的人来掌舵，便请来了埃里克·施密特。而现在，印度人桑达尔·皮查伊接管了 CEO 的位置。

谷歌的招聘要求值得一提，因为这是家公开宣称只招名校毕业生的公司。用他们自己的话来说，要把敢于招聘比自己更优秀的人作为公司的基因和文化，这对谷歌保持领先至关重要。

经过这么多年的发展，谷歌基于自身的技术基因和生态构建能力，已经形成了一个强有力的产品矩阵，主要包括：

（1）打造了谷歌搜索、地图、YouTube、Gmail 邮箱、Docs、日历等一系列技术驱动的，用来满足用户在互联网上各类需求的产品，工具类居多；其中搜索和地图都是全球份额第一且遥遥领先，YouTube 是收购的，在同类型视频内容平台也是第一。Gmail 邮箱在全球很有影响力，通过它最早解决了谷歌的用户账号体系问题。谷歌也曾经在社交领域推出 Google＋，但失败了。

（2）通过 Chrome 浏览器、安卓系统分别从 PC 和手机两种平台来给自己的用户产品矩阵构建容器和生态保护壁垒，给"外敌入侵"增加重重难度。安卓系统是最大的、份额几乎垄断的开源手机操作系统，Chrome 浏览器由于其速度和安全深受全球用户喜爱。

（3）通过谷歌云、广告联盟（Adsense、Admob、Ad Manager）等开拓 2B 市场空间，并跟 DeepMind、搜索广告 Adwords、办公套件 Docs 等业务形成进一步的生态效应。谷歌云的份额正在快速增长中。

（4）通过 Waymo 自动驾驶、Pixel 手机、智能家电 Nest、生命科学 Verily、无人机配送 Wing 等尝试进一步开拓自己的业务边界。

（5）此外，谷歌还通过 TPU 芯片和 Tensorflow 开源 AI 开发平台等进一步拓展了它的核心技术竞争力。

谷歌的几乎所有产品都是源自其无与伦比的核心技术研发能力。不过 LLM 大语言模型让谷歌跌了一跤，在自己最擅长的技术领域被一个初创企业抢占了宝贵的先机。现在谷歌正快马加鞭，努力赶上，并在 2024 年 5 月 I/O 大会上公布了最新的进展，我们将在 AI 手机部分展开介绍。实际上，训练 LLM 模型所基于的 Transformer 架构正是由谷歌最早提出并实现的。谷歌丧失先机的原因，可能跟大模型跟现有的搜索业务会有直接冲突有一定关系。

从财报数据来看，谷歌的近期业务表现非常亮眼，我们暂不展开。我们先尝试判断谷歌的长期投资价值，主要得分析几个方面。

首先，LLM 大模型的竞争实力，因为这是下一阶段技术竞争的核心，并将会决定大部分业务的天花板。

其次，作为受大模型直接冲击大，但同时也是谷歌最主要营收来源的搜索引擎，未来将何去何从。作为谷歌在视频赛道最重要的布局，YouTube 该如何应对 Tiktok 之类新兴的深受用户喜爱的平台的冲击。

安卓和 Chrome 看起来是最稳定和可预期的，目前看起来在可预见的未来很难有大的竞争对手。华为的鸿蒙主要在中国，海外市场鸿蒙要发展也得把谷歌的应用兼容进去。

云是除了大模型以外最大的想象空间。但与大模型风险与机遇并存不同，云是给头部科技企业的共同发展机会，产业互联网远未见顶，业务衰退的可能性不大，关键是能跑的多块，拿下多大的份额。

我们先分析一下谷歌在人工智能领域的竞争实力。尽管在 LLM 的研发上谷歌晚了一步，但谷歌是极个别 AI 训练可以做到完全不依赖英伟达的 GPU，而是靠自研芯片的公司，这是谷歌非同一般的长期竞争优势。其他家要么都靠外部算力，要么仅在推理端尝试推出自己的芯片。作为一家极其注重底层技术架构和能力的公司，早在 2015 年，谷歌就很有前瞻性地为了未来人工智能算力需要而推出了第一代 TPU（Tensor Processing Unit）。TPU 专为 AI 训练而生，比起 GPU 能耗更低，体积更小，但是不如 GPU 通用型强，还可以用在非 AI 训练领域。经过了多年发展，到了 2024 年，谷歌已经推出了第 6 代 TPU，称为 Trillium。TPU 早已被谷歌用在了它自己几乎所有的业务中，也通过谷歌云服务提供给外部客户使用，充分经受了考验。在 2024 年的 Cloud Next 峰会上，谷歌还推出了专为数据中心定制的，基于 Arm 的 Axion，比市场上英特尔等第三方提供的芯片具有更好的性能以及成本优势。其实不光是谷歌，包括 Meta、OpenAI、特斯拉在内的有实力的 AI 企业也在寻求在训练芯片领域的突破。

具体到大模型领域，谷歌暂时还是处于追赶 OpenAI 的状态，但追得很紧。表 4 - 4 列出了 5 月以来谷歌发布的大模型产品。

表 4 - 4　　　　　　　　　　　　谷歌近期大模型进展

类别	名称	特点	状态
大模型	Veo	高清视频生成模型，可生成超 60 妙高质量 1 080P 视频	新发布
	Imagen 3	高质量文生图模型，逼真度高，细节丰富	升级
	Gemma 2	最新开源大模型，分为 90 亿和 270 亿参数两个版本，性能超越 Llama 3	新发布
	Gemini 1.5 Pro	性能显著提升，上下文窗口扩展至 200 万个 token，适合于广泛任务	升级
	Gemini 1.5 Flash	轻量级，100 万个 token，适合于大规模高频任务	新发布
	Gemini Nano	多模态理解能力，支持文本和图像输入	升级
	PaliGemini	第一个视觉语言模型，基于 Pali - 3	新发布

续表

类别	名称	特点	状态
AI 产品	Project Astra	对标 GPT-4o 的产品，可以实现更自然的对话式人机交互体验	新发布
	Google Messages	集成了 Gemini，聊天更自然	集成
	Gemini Live	使用最先进的语音技术，对话更自然	新发布
	Search Labs	提供 GenAI 的实验产品	升级
	Gems	允许用户创建定制版的 Gemini	新发布
	Music AI Sandbox	生成音乐的 AI 套件	升级
算力	Trillium TPU	第 6 代 TPU，峰值计算性能比上一代提高了 4.7 倍	新发布

现在业界关于 OpenAI 跟谷歌的潜在竞争，到底谁胜谁负，各有说法。OpenAI 也已经明确表示要推出一个全新的搜索引擎，这确实也是 GPT 最适合去开拓或颠覆的对象。先抛开具体的某一款产品不谈，笔者倾向于认为，一家公司可以依靠技术来维持阶段性的领先，但绝大多数情况下很难单纯依靠技术形成长期竞争优势。一方面 AI 作为一个新的生产力，需要跟场景和业务结合才能发挥价值，另一方面得形成生态壁垒才能持久，而这些正是谷歌的优势。更何况谷歌并不缺乏技术能力和人才。此外，谷歌已经通过约 9 年的努力形成了自己特有的算力优势，而这不仅有利于实现个性化定制，防止被"卡脖子"，更能获得巨大的算力成本优势，在必要的时候这一点可以作为进攻的武器。接下来我们深入业务场景进行更具体的分析判断。

先谈搜索。未来不一定存在单纯的搜索引擎，可能是搜索引擎 + 基于 GenAI 的个人助手，信息 + 执行二合一。先分析信息检索部分。搜索引擎的目的是最快地帮助用户找到想要的结果。传统的搜索受限于 NLP 技术的限制，用户只能通过 query（检索词）来表达需求，搜索引擎将工作重点放在匹配、结果筛选和链接排序上，帮助用户在海量结果中去更高效率地找到自己需要的结果。所以用户需要思考该输入什么样的 query，输入后在众多链接中去点击查看，实在找不到还得更换 query，循环往复。而自从像 GPT 那样实现了更符合人类之间自然沟通的能力之后，后续搜索引擎的重点是帮助人用自然语言（不论是书面还是口语）来表达清楚自己的需求（有必要可以引导用户多轮输入以更好地定位），搜索引擎将根据需求，将匹配到的目标网页的结果直接抓取出来，通过大模型加工后形成尽可能精准的结果提供给用户，而不仅仅只是链接。如果结果不符合需求，那就鼓励用户再来一遍，或者换一种问法。目前市场上的 Perplexity 就是一个典型的挑战者。

在实现上，目前各搜索引擎都开始尝试将基于大模型得到的结果放在第一个来提升用户体验，并基于此持续打磨大模型能力。即使后续用户都是用自然语言一段话一段话地来表达需求，搜索引擎还是能够将核心的 query 提炼出来，将一部分（例如 10 ~ 20 个）传统的搜索结果排在后面，这并不会影响用户体验。即使人跟人的交互，有适当的不同答案供人比较也是有益于用户体验的。我们称之为"混合式 AI 搜索"。这种方式的额外好处是对搜索广告的冲击较小。如果要完全把广告干掉是不现实的，笔者不认为大部分用户会愿意从原本免费的搜索转变为付费搜索。混合式 AI 搜索这种方式单次检索的变现效率会下降，但人的检索需求可能会增加。

在 GenAI 方面，解决学习、工作、生活需要的场景会比较多，不论是写报告，还是画画，拍视频、美图等，这些都是可以向用户收费的。目前也看不出来哪个大模型公司能在这些方面一家独大。

鉴于此，大模型对搜索引擎的影响，很像从 PC 互联网切换到移动互联网时代对商业模式产生的阶段性冲击那样，有可能会是有惊无险。像谷歌这样拥有核心技术的搜索引擎公司虽然需要经历一段时间的转型，但也有用户、数据和广告生态优势，且已经在如此早期的阶段就在全力布局 AI 大模型，被颠覆的可能性不大。

除了 AI 的影响以外，移动互联网时代独立搜索引擎还面临一个很大的挑战：信息孤岛，很多应用都将自己生态内的内容封闭了，鼓励用户在应用内搜索，从而导致搜索入口被分散化了，且独立的搜索引擎对内容的抓取不如 PC 时代那么方便了，恶化了搜索体验。以百度为例，为了解决这个问题，通过信息流、百家号、中间页等策略全力打造自己的内容生态。这个问题谷歌是如何解决的？笔者倾向于认为答案就是我们接下来要分析的 YouTube。因为对知识的视频化讲解比图文更受用户欢迎，对独立搜索引擎分化最大的就是短视频平台的搜索。抖音就宣布过每日搜索次数已经超过百度。从这个层面来说，谷歌收购 YouTube 的意义不仅是业务边界的拓展，更是关系到巩固搜索根基的必要举措。

我们来分析一下 YouTube 所面临的挑战与机遇。国内像 YouTube 这样的横版内容为主的短视频应用，基本上都被抖音、快手整合了。可是海外完全不同，参见图 4 - 6 所示，以月活跃用户计算，Youtube 排在世界第二，与 What-sapp 一致，仅次于 Facebook。据统计，全世界互联网用户中 52% 每月至少访问一次 YouTube。其中印度用户数最多，高达 4.67 亿月活，美国次之，2.47 亿月活。如图 4-7 所示，根据 Demand Sage 的数据（下同），YouTube 的活跃用户数每年都在增长，2023 年开始进入平稳阶段。据预测，2025 年预计将达到 28.5 亿月活。所有用户中，53.9% 为男性，46.1% 为女性，主要年龄在 25~34 岁之间。

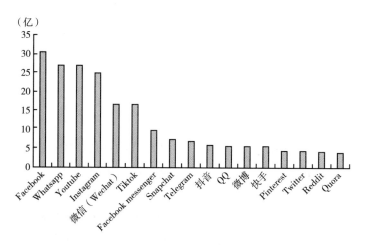

图 4-6　全球社交类应用月活跃用户数对比

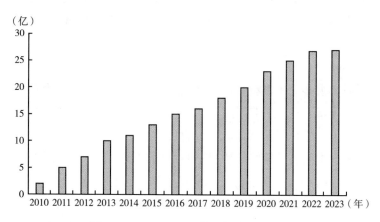

图 4-7　Youtube 月活用户数增长趋势

YouTube 的用户数为什么没受到 Tiktok 的影响？很重要的原因在于 Youtube 成功孵化了短视频业务 YouTube Shorts。该产品于 2020 年推出，直接对标 Tik-Tok，用户可以在上面发布 60 秒内竖版短视频。到了 2022 年 6 月，YouTube 表示，Shorts 的每月观看人数已经超过 15 亿，达到了 YouTube 体量的 3/4，也超过了 TikTok 在 2021 年 9 月披露的 10 亿用户量（TikTok 此后未披露过相关数据）。而到了 2024 年，YouTube 进一步表示 YouTube Shorts 视频平均每日观看次数超过 700 亿次，而 2023 年才突破 500 亿次，2022 年还仅有 300 亿次。可以发现在这几年，YouTube Shorts 正逐渐被越来越多用户所喜爱。

据悉，截至 2024 年，YouTube 合作伙伴计划汇聚了全球超过 300 万名创作者，并且据 YouTube 表示，已有超过 1/4 的创作者通过短视频实现了盈利。为了跟 TikTok 争夺创作者，YouTube 推出了创作者收入分享计划，从 2023 年 2 月 1 日起允许创作者从短视频内容的广告利润中也参与抽成，简单来说就是创作者在平台上的总观看越高，就能得到更多的钱。2021 ~ 2023 年，YouTube 累计已经分给了创作者高达 700 亿美元。

那 YouTube 的营收情况如何？图 4 - 8 显示了最近几年的营收数据。可以看出，除了 2022 年，Youtube 的营收几乎一直在处于高速增长中。2022 年的业绩增速（1.53%）不如用户数增速，这跟 Tiktok 的竞争有关系。YouTube 在 2022 年 Q3 营收下降了 2% 至 71 亿美元，远低于市场预期的 4.4% 的增长。这是自 2020 年谷歌开始单独披露 YouTube 业绩以来，这家视频巨头营收首次下滑。相比之下，TikTok 则在迅猛增长，据媒体报道，其 2022 年营收约为 100 亿美元，较上年增长 150%。

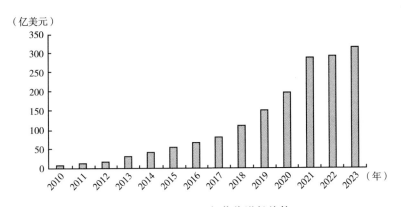

图 4 - 8　YouTube 年营收增长趋势

据市场研究机构 Omdia 预计，在线视频广告市场的体量将在 2027 年超过 3 310亿美元，而 TikTok 将占据其中的 37%。TikTok 的广告营收或将超过 Meta 和 YouTube 的视频广告营收总和。看起来，广告主认可短视频沉浸式广告的效果这一点中外是一致的。作为应对，YouTube 也已经加大短视频的广告投放。另外，在购物方面 YouTube 也在发力。2022 年 10 月，YouTube 为内容创作者推出了一系列电商功能，包括支持自动弹出商品链接的"时间戳"功能，以及批量添加商品链接的工具。2024 年 4 月，YouTube 更是宣布，未来将重点发展短视频 Shorts 的购物功能，直指 TikTok 的核心优势。近期 YouTube 与美国最大的在线杂货配送平台 Instacart 达成战略合作，将推出全新的"视频购物"功能。具体而言，包括宝洁、联合利华等知名品牌的商品广告将率先在 YouTube 平台上线。用户无论是通过手机浏览、电脑网页还是客厅大屏电视观看 YouTube 视频，都能直接看到 Instacart 精选的商品广告。根据财报显示，YouTube 2023 年的广告营收为 315.1 亿美元，比 2022 年增长了 7.75%，跟搜索广告基本一致。虽然不易，但还是在稳步增长。2024 年第一季度表现更佳，Youtube 广告年同比增长了 20.87%，搜索广告也增长了 14.36%，增速明显加快。

我们再分析一下谷歌云计算业务的前景。简单总结来说，目前市场上的竞争格局是以亚马逊、微软 Azure 和谷歌云为主在共同瓜分不断增长的云计算市场，且微软和谷歌增速更快。其核心原因是亚马逊在 AI 和企业软件方面缺乏优势，而这两点微软目前优势最大，谷歌也比亚马逊更有优势。谷歌依然是通过发挥其核心技术优势来加速追赶市场份额，目前在 11% 左右。过去几年，谷歌是增长速度最快的，但是运营利润率不到 10%，远低于亚马逊和微软。笔者判断谷歌在未来一定阶段内，云计算的核心是通过加大技术投入来扩大市场份额，所以其运营利润率将在低位运行一段时间。

谷歌云当前聚焦在从 4 个方面建立竞争优势：开发者，解决方案、生态系统和安全。

第一是开发者，谷歌云为开发者提供低代码、零代码和高级编码解决方案，让开发者能够广泛接受和获得这些解决方案，很多现在的 20 岁出头开发者都是使用 Gmail、Google Docs 和其他谷歌工具长大的，而不是 Microsoft Office 的用户，因此这些开发者对于谷歌品牌有着天然的熟悉度和正面评价。

第二是解决方案，随着生成式 AI Co-pilots 的快速进化，已经嵌入所有谷歌产品中；谷歌在计算、网络和应用解决方案方面拥有独特架构和全栈的技术和解决方案，能够在自己的云平台上一致地扩散 AI 能力，将 AI 无缝集成到自有的产品和套件中；由于谷歌高集成度的平台架构设计，谷歌云的 AI 集成优势，一定程度上要比微软的 Office 365 + OpenAI 的组合更有优势。

第三是更先进的平台化能力，谷歌提供的是高度集成的数据和 AI 平台，为市场提供以数据为中心的架构，而不是传统的 DBMS 为中心的架构。其中的一个主要原因是成本——传统 DBMS 数据库成本相对高昂。通用存储——数据湖，能处理所有结构化和非结构化的数据格式，这一点意义重大，因为它减少了数据孤岛和处理管道，包括 BigQuery、Vertex 和第三方在内的多个引擎，可以访问数据湖这单一真实数据源。DBMS 的转变，其体系架构发生了重大改变，DBMS 不再是数据的"守门人"，而仅是数据供应链中的一环，现在多个计算引擎共享一个单一存储引擎，尽管这样做将带来事务完整性方面的权衡，但它提供了灵活性和成本效益。此外谷歌云还与全球集成商 GSI 合作，鼓励全球的小型 CSP 积极采用其技术。

第四是安全性，谷歌云强调在 DevSecOps 方面的全栈能力。谷歌在 2022 年以 54 亿美元收购了网络安全领域的领导性公司 Mandiant，这也是谷歌有史以来的第二大收购案。成立于 2004 年的 Mandiant 公司，在全球网络安全领域享有盛誉，在 22 个国家及地区拥有网络安全专业人员，为 80 个国家及地区的客户提供服务。

畅想一下，10 年以后的谷歌会是什么样子？在笔者看来，一方面谷歌将通过 AI 对所有的互联网产品进行重构，不论是对营收贡献最大的搜索、YouTube 视频，还是地图、文档、Gmail 等其他产品，并通过持续不断的迭代为用户创造越来越大的价值。AI 手机的爆发将使得安卓系统通过谷歌的 AI 加码以后对用户更有价值，对手机厂商也更有话语权。Chrome 也因为同样的原因而将地位更佳稳固。谷歌云 + AI 将巩固其在全球云计算市场上的竞争地位，这部分的增长空间最大，将是市值增长空间的最大来源。

不过，互联网产品部分，搜索和 YouTube 作为谷歌最重要的用户和收入来源，都存在受到新的技术和产品冲击的长期可能性，整个企业的根基还不够牢固，无法做到让潜在竞争对手只能望洋兴叹。谷歌的 Waymo 等其他新兴业务是否能长成一棵大树也还难以预测。谷歌骨子里还是一家技术为核心驱动力的公司，除了安卓以外，其生态型的竞争壁垒构建得还不够。因此，我们对其未来市值的增长空间，要保持谨慎，保守一点会更好。

我们开始对谷歌的后续市值进行预测。表 4-5 列出了谷歌在 2024 年 Q1 和 2023 年全年财报中分业务板块列出的营收和年同比变化情况。在此基础上，结合前面对各业务板块的分析来预测 2027 年的业绩表现。我们预估得到谷歌在 2027 年的营收规模为 4 832 亿美元，考虑到云业务将阶段性的维持在低运营利润率，参照 2024 年 Q1 29% 的净利润率，我们将 2027 年的预计净利润率设定为 26%，则谷歌的净利润预计将为 1 256 亿美元。考虑到即使站在 2027 年看，云计算市场的增长潜力依然非常大，而谷歌到时候云计算业务的营收在整体中的占比预计依然不到 20%，依然还有不小的增长潜力。我们参照 2024 年 Q1 27.8 的动态市盈率，将目标市盈率设定为 26，则得出谷歌的预期市值可达到 3.27 万亿美元，对比当前 2.3 万亿美元，还有 42% 的增长空间。

表 4-5　　　　　　　　　谷歌各业务板块营收情况

业务板块	年度营收（亿美元）		同比（%）	季度营收（亿美元）		同比（%）	预估 CAGR（%）（2023～2027 年）	2027 年收入预估（亿美元）
	2023 年	2022 年		2024 年 Q1	2023 年 Q1			
——搜索及相关	1 750.33	1 624.5	7.75	461.56	403.59	14.36	10	2 562.65
——Youtube 广告	315.1	292.43	7.75	80.9	66.93	20.87	12	495.66
——网盟	313.12	327.8	-4.48	74.13	74.96	-1.11	-1	300.78
广告汇总	2 378.55	2 244.73	5.96	616.59	545.48	13.04	/	3 359.09
——订阅、平台和设备	346.88	290.55	19.39	87.39	74.13	17.89	15	606.7
服务汇总	2 725.43	2 535.28	7.50	703.98	619.61	13.62	/	3 965.79
——谷歌云	330.88	262.8	25.91	95.74	74.54	28.44	25	807.81
——创新业务	15.27	10.68	42.98	4.95	2.88	71.88	40	58.66
——对冲收益	2.36	19.6	-87.96	0.72	0.84	-14.29	/	/
合计营收	3 073.94	2 828.36	8.68	805.39	697.87	15.41	/	4 832.26

需要再次强调的是，谷歌在搜索、YouTube 和云计算领域的发展是否符合预期将是这一预测能否成立的关键。

4.3.3　Meta，社交与元宇宙

Meta 是全世界最大的社交网络公司，旗下拥有 3 个社交 + 内容平台 Facebook、Instagram、Threads（对标 X，原来的 Twitter），以及两个社交和沟通平台 Whatsapp（对标微信）和 Messenger。其中 Instagram 和 Whatsapp 都是收购进来的，当年都是花费了让外界觉得不可思议的巨资，但扎克伯克用后续结果证明了他对社交产品价值的洞察力。当然我们也可以反过来质疑，为什么这样的产品 Meta 没有自己提前布局。这一点及其影响我们在对 Meta 的估值部分会展开探讨。根据国际电联年度报告《2023 年事实与数据》，目前全球互联网用户有 54 亿人，减去目前其 App 家族没有覆盖的十几亿用户（包括中国等几个国

家), 差不多就是 40 亿人, App 家族在 2023 年的月活用户数已经达到 39.8 亿, 基本到极限了。从图 4-9 可以看出, 其日活用户数每年还在稳步增长中, 说明用户的使用黏性依然在提升中。

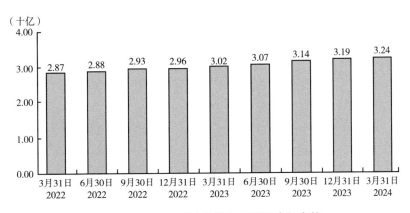

图 4-9　Meta 应用家族整体日活用户数走势

参照图 4-9, 可以发现一个现象, 跟工具类应用不同, 内容和社交领域的各个 App, 我们并不能将中国国内发展起来的各应用和美国的进行一一对应。社交应用中国有微信、微博、QQ、陌陌、探探等, 美国有 WhatsApp、Messenger、Telegram 等, 定位侧重和功能各不相同。内容＋社交领域中国有抖音、快手、小红书、B 站、微博、知乎等, 美国有 Facebook、X (原 Twitter)、Snapchat、Instagram、Pinterest、Quora 等。决定一个应用能否成功的关键, 不是它的交互方式, 而是它的定位 (价值和目标人群) 和运营能力, 以及最终能否构建出自己发展壮大的生态。只要能够覆盖足够大规模用户的某个刚需, 并把它做到极致, 就能够把应用做大, 且在此基础上做适当的边界扩展也会如鱼得水。

我们先把 Meta 这几个应用的情况简要分析一遍, 它们是 Meta 的基石, 也是后续业绩的关键。扎克伯克在 2019 年接受《连线》杂志采访时表示, 世界需要两种类型的平台, 一是偏公共的平台, 如同城镇广场的数字版本, 你可以一次与许多人交流。今天的 Facebook 和 Instagram 基本上就是这样的。二是瞄准私密空间的平台, 它相当于客厅的数字版本。WhatsApp 和 Messenger 是起点, 我们以此作为基础向这样的平台进化。看看过去 15 年我们所做的事, 先有 Facebook, 然后是 Instagram, 我们围绕这些服务打造出整个社交平台。例如, 在 Facebook 上, 你不仅可以发帖, 还可以加入不同社区, 可以为小企业创建页面，可以融资，甚至可以通过约会服务找人。它们有多种多样的功能，几乎可以做所有不同的事，这些事情是你想与其他每一个认识的人一起做的。整个平台基本上都是围绕城镇广场打造的。围绕私密和亲密交互打造整个平台，它还只是概念。这是一个真正的机会，有了 WhatsApp 和 Messenger 作为基础，我们想打造一个私密平台，从信息开始，通过端到端加密让它变得尽可能安全，然后引入各种私密、亲密交流方式，比如通话、群组、故事、支付、各种商务、分享位置，最终拥有一个更开放的系统，植入各种工具，提供各种用户想要的交互手段。这就是我们的基本愿景。

Facebook 是全球最大的开放式社交平台，从熟人社交和分享出发，逐步扩展到群聊和小组，并允许陌生人之间相互关注、私聊，把人的社交关系一步步往外拓展。Facebook 在全球几乎没有直接可对标的像样的竞争对手，这些年用户数稳步增长，到 2023 年 12 月已经达到 21.1 亿日活，30.65 亿月活。唯一一次对 Facebook 造成过大的伤害的事件是 2018～2019 年剑桥分析通过接口获取了用户隐私的公众事件，Facebook 通过关闭脸部识别功能，并删除相关用户数据等来减轻公众疑虑。从用户数走势来看，Facebook 有惊无险。

在内容丰富性方面，在新闻（News）界面，用户可以获取到个性化的新闻内容推荐、本地新闻、节日新闻和其他新闻。而在游戏（Gaming）界面，用户可以查看和获取各类游戏、观看游戏直播和视频、加入感兴趣的游戏社群。

跟中国国内一样，Tiktok 的出现对各个应用都产生了不小的影响。Meta 为了应对 Tiktok 的冲击，跟谷歌采取了类似的举动，在 Facebook 和 Instagram 中都引入了短视频板块 Reels，成功地降低了 Tiktok 产生的潜在威胁。

在商业内容方面，Facebook 上线了店铺（shop）功能，以及针对二手商品为主的市场（marketplace）。

Facebook 在全世界如此成功，在国内却没有能对标的产品。熟人社交和分享被微信牢牢占据，而陌生人社交和分享又被微博和 QQ 所卡位，并且各个应用的人群和功能也不是简单的 Facebook 的子集，只是有所交集。例如微博和 X 在大 V 这一部分很相似，微信更是无敌的存在，越来越像一个浓缩版的社会。WhatsApp 跟微信定位比较像，但产品力远不如微信。这是很有趣的现象。

Instagram 是一个上线于 2010 年的面向陌生人的分享照片和视频的社交网络平台，2012 年 4 月 Meta 以约 10 亿美元的现金和股票将其收购。Instagram 允许用户上传可编辑并按主题标签和地理位置标记的照片或视频，用户可以浏览、点赞、关注和收藏其他用户发布的内容。

　　根据市场情报公司 Sensor Tower 的数据，Instagram 的新应用程序总下载量在 2023 年同比增长 20%，达到 7.68 亿次，成为全球下载量最多的应用程序。而 TikTok 同期下载量仅小幅增长 4%，至 7.33 亿次。Sensor Tower 还披露，Instagram 的月活跃用户达到 14.7 亿，在 2023 年第四季度增加了 1 300 万。而 TikTok 的活跃用户达到 11.2 亿，减少了 1 200 万。这跟扎克伯克在 Instagram 中也增加了短视频 Reels 很有关系，成功阻止了用户流失到 Tiktok。

　　Instagram 的沉浸式内容交互方式，给品牌种草留下了巨大的发挥空间，这也是 Meta 当年愿意花费 10 亿美元代价收购的核心原因之一。

　　值得一提的是，2023 年 7 月刚上线的对标 X 的 Threads，刚开始通过从 Instagram 导流用户，在一年以后就宣布月活已经超过 1.75 亿（X 最新为 5.5 亿），由此可见 Meta 在社交领域的影响力。

　　我们再来看一下 Meta 的两个以更亲密关系为主进行社交互动的平台：WhatsApp 和 Messenger。其中 Messenger 是 Meta 自己开发的，而 WhatsApp 则是花费了高达 190 亿美元的代价收购的，据说这样的代价跟谷歌要参与竞购有关系。

　　据统计，2024 年 WhatsApp 的月活跃用户数已达到 30.31 亿，较 2023 年增长 9.02%，被认为是全球使用最广泛的消息平台之一。用户平均每天通过该应用发送约 1 500 亿条消息，这比 2023 年增加了 9.4%，即每天增加 130 亿条消息。而 Messenger 的月活也已经达到了 10 亿规模。

　　Meta 早就确定了这两个应用并行发展的策略，它们之间什么关系？简单来说，WhatsApp 更独立，且聚焦在私密社交（主要是熟人及商务）的沟通平台这个定位上，不轻易向外拓展。跟微信类似，WhatsApp 推出了企业版 WhatsApp Business，帮助企业和客户沟通。而 Messenger 则和 Meta 的产品体系关系更紧密，并依托整个 Meta 家族的资源往外拓展做大的内容和服务布局，内容方面包括增加体育、天气、新闻等，服务包括电商等。使用 Messenger 经常需要和 Facebook 之间相互跳转。从受欢迎程度来说，WhatsApp 远超过 Messenger，两者的用户数差距也越来越大。

　　Meta 的收入中广告占了 98%。在美国市场上，谷歌加 Meta 两家就占据了广告市场约 70% 的市场份额。这几年经历了一些挑战，但都化险为夷。首先全球广告市场因为新冠疫情而出现过大的下跌，但新冠疫情后很快就恢复了增长。其次最近两年 Tiktok 加入了竞争，Meta 通过 Reels 来阻止客户流失，并增加了自己和 Tiktok 可对标额广告库存。此外，苹果在 2021 年 4 月更新 iOS14.5

系统后限制广告平台通过 IDFA 数据来推送广告，这一政策使得 Meta 在 2022 年就损失了上百亿美元的广告费。Meta 逐步通过 AI 来实现个性化的广告推送，慢慢消化了这一影响。

接下来我们再来分析一下 Facebook 的几个新赛道，包括 AI 大模型、元宇宙及其他。Meta 并没有布局云计算等产业互联网相关领域。

Meta 是美国 AI 大模型赛道的"三驾马车"之一，旗下的大模型 LLaMA，全称 Large Language Model MetaAI，是世界上目前为止最大的开源大模型。Meta 希望 LLaMA 未来能够成为世界上最好的 AI 助手。之所以开源，我理解是因为 Meta 起步慢了，前面有 OpenAI 和谷歌，而开源是借助所有潜在伙伴和客户的力量帮助自己更快发展的可能有力路径。2023 年 12 月，为了对抗以 OpenAI 和谷歌为代表的闭源阵营，Meta 联合甲骨文、英特尔、AMD、IBM 等 57 家全球科技公司和研究机构成立"AI 联盟"（AI Alliance）。2024 年 2 月，AI 联盟宣布新增超过 25 名成员。此外，Meta 与各大学（斯坦福大学、南加州大学、CMU、UCSD 等）共同研究 AI 人机交互、全新的神经网络架构，与 Pure Storage 共同研发超级计算机等，跟 Intel、微软 Azure 云、高通等开展各项 AI 相关的合作。

Meta 在 2023 年 2 月首次推出了较小版本的 LLaMA，仅限研究人员使用，其参数量仅为 GPT‐3 的 10%，但性能却优于 GPT‐3。随后，Meta 公司在 2023 年 7 月发布了 LLaMA 2 的开源商用版本，这一举措标志着大模型应用进入了"免费时代"，使得初创公司能够以低廉的价格创建类似 ChatGPT 的聊天机器人。LLaMA 2 大语言模型系列是经过预训练和微调的生成式文本模型，其参数数量从 70 亿到 700 亿不等，能够与 OpenAI 的 ChatGPT 和谷歌的 Bard 聊天机器人竞争。2023 年 8 月，Meta 推出开源代码模型 Code LLaMA。

2024 年 4 月 19 日，据国外媒体报道，Meta 推出了迄今其最强大的开源大模型 LLaMA 3。Meta 首席执行官扎克伯格表示，LLaMA 3 有 8B 和 70B 两个版本，大版本的 LLaMA 3 将有超过 4 000 亿参数。由于预训练和指令微调，LLaMA 3 相比 LLaMA 2 有了极大的改进。此外，Meta 还同时发布了 AI 助手的更新版本。该助手将在 Meta 的 Facebook、Instagram、WhatsApp 和 Messenger 应用以及一个新设立的独立网站 Meta. ai 中获得更突出的地位，让 LLaMA 3 能够更直接地与微软支持的 OpenAI 的热门产品 ChatGPT 竞争。

为了更好地发展大模型业务，2022 年 6 月，Meta 发布重大 AI 战略转型公告，宣布施行"去中心化组织结构"，希望让技术深入整合到生产中去，因此不再将人工智能研究机构作为一个独立组织，而是将人工智能团队整合到各个产品组中。例如原致力于保护 Meta 平台用户、改进推荐系统并提高内容相关性，改进广告和商务服务的 AI 产品团队将转移到产品工程团队中。Meta AI 首席科学家杨立昆（Yann LeCun）领导的 AI 研究团队将并入 Reality Labs，并进一步整合到 AR/VR 部门中。2024 年 3 月，Meta 将两个关键的 AI 研究部门合并：一个是成立于 2013 年的人工智能基础研究团队 FAIR，另一个是专门为其应用程序用户提供人工智能生成体验的团队 GenAI。此次重组反映了 Meta 注重运营效率，希望能够将尖端 AI 研究转化为有形消费产品的过程进行简化。

扎克伯格称人工智能是 2024 年公司最大的投资领域。2023 年 Meta 在芯片和数据中心方面投资达 280 亿美元。2024 年 4 月，Meta 宣布将全年资本开支从 300 亿~370 亿美元上调到 350 亿~400 亿美元。

Meta 的努力获得了阶段性的回报。LLaMA 模型目前是业界和学术界最广泛使用的大模型，占据了开源大模型的顶级生态位。据天翼智库统计，截至 2024 年 4 月 25 日，HuggingFace 平台 LLaMA 2 模型的下载量超 364 万次，LLa-MA 2 版微调模型超 1.4 万个。而刚开源几天的 LLaMA 3，下载量已经接近 43 万次、微调模型达 1 424 个。预计未来 LLaMA 3 将吸引更多厂商进行微调和更多的开发者参与应用构建，最终将吸引更多的用户。

Meta 对 AI 服务货币化充满信心。To B 部分，通过赋能广告生成与投放，AI 成为收入重要动力。Meta 首席财务官 Susan Li 表示，Meta 一直在投资能够准确预测用户行为相关广告的人工智能模型，以及自动化广告创建过程的工具。2024 年一季度 Meta AI 推荐视频内容的占比提升到了 50%，使得广告精准度和 ROI 有一定程度的提升。To C 部分，通过 AI 降低内容创作成本，丰富社交媒体内容供给。Meta 旗下的 Facebook、Instagram 和 WhatsApp 等应用软件家族已集成 20 多种全新的生成式人工智能功能，覆盖搜索、广告到商业信息等多个核心应用场景。开源带来的低成本 AI 使创作者制作文本和视频等内容更便宜，能帮助 Meta 的社交网络吸引更多眼球。

近年 Meta 在 AI 硬件开发上投入重金，特别是针对 AI 模型的训练和运行所需的专用芯片。Meta 官网发布了《构建 Meta 的 GenAI 基础设施》一文，宣布推出两个 24k GPU 集群，并称到 2024 年底的目标是继续扩大其基础设施建设，其中包括 35 万台 Nvidia H100 作为产品组合的一部分，使其计算能力相当于近 60 万台 H100。另外，Meta 加强 AI 技术研发，自研 AI 芯片以降低对英伟达的依赖和采购成本。2023 年 Meta 推出首款自研 AI 芯片 MTIA（MTIA v1）。2024

年4月10日，Meta公布了全新的自研AI芯片"下一代MTIA"（MTIA v2）。MTIA v2采用了先进的5纳米工艺，拥有256MB的片上内存和1.35GHz的主频，相较于MTIA v1的128MB和800MHz实现了显著提升。密集计算性能是MTIA v1的3.5倍，稀疏计算性能则提高了7倍。目前MTIA已投入16个数据中心区域使用，主要用于训练排名和推荐算法，Meta称不会取代目前用于训练模型的GPU，而是补充运算资源。但Meta表示MTIA系列芯片将成为公司的一项长期投资，因此估计其自研芯片的最终目标还是用于训练大模型。

接下来我们分析一下Meta对其他赛道，尤其是元宇宙的投资，这部分的业务主要在Reality Labs中体现。不过在分析元宇宙之前，笔者想先提一下Libra。这两个项目加起来可以一定程度上看出扎克伯克的性格特点，有梦想，有愿景，敢于执行，愿意付出高昂代价，同时对商业模式和互联网以外的落地可行性有时候考虑又没有那么务实。

Libra是Meta在2019年推出的加密货币项目，属于Web3范畴。其愿景是建立一个简单的全球货币和金融基础设施，为数十亿人提供支持。为了解决监管疑虑和实现落地可行性，Libra和"一揽子"货币挂钩，定位为稳定币，且有实际法币资产作为储备。Meta组建了一个Libra协会，把万事达、Visa、PayPal这样链接庞大线上线下支付网络的机构，以及Uber、Lyft、Booking这些拥有庞大全球用户的出行领域独角兽都拉进来背书。即使如此，各国对Libra可能对金融体系造成的冲击，还有洗钱等风险都提出了质疑，Libra项目最终不得不取消。即使到今天，别说非国家掌控的稳定币，连国家管辖的数字美元都因为隐私问题、冲击美国现有的国内和国际金融体系（swift等）而受到各种质疑，无实质进展。

Meta前几年在元宇宙的决心和投入规模是超出外界想象的，连Meta这个名字都是因为要all in元宇宙而改的。2014年3月，Meta正式收购Oculus，踏上了元宇宙的征程。据预测，Meta2024年有望售出600万个头显。但即使如此，依然难以掩盖新一代的Quest系列头显Quest 3和Quest Pro销售情况不符合预期的现状。XR设备决定了消费级元宇宙的天花板，就跟手机的体验和普及程度决定了整个移动互联网规模一样。在XR设备上，苹果的Vision Pro已经把标准大幅度提高了，今后不支持眼球追踪、响应速度不够快而导致无法根治眩晕、显示清晰度也有待加强的头显，即使价格低廉，也难以赢得未来的市场竞争。没有足够优秀且大规模用户覆盖的设备，建立在此之上的Horizon元宇宙社交、元宇宙办公等也无从谈起，用户数和用户黏性的天花板都会比较低。

可以预见的是，苹果的 Vision Pro 后续会努力降低成本，降低重量，丰富内容；而 Meta 的头显则是从补足眼球追踪、实现更好的分辨率及更快的视觉响应速度等方面去进步。在不把更高的用户体验标准建立起来之前，设备卖得再多，以后都是负担而不是资产。

值得一提的是，除了 VR，Meta 在 AR 领域也已经开始发力。2021 年 9 月，Meta 和知名眼镜品牌雷朋联名发布第一代智能眼镜；两年后的 2023 年 10 月，Meta 又和雷朋联名发布了第二代智能眼镜。第一代虽然销量惨淡，但到了第二代，Meta 大幅提升声音和视频拍摄质量，支持了 Instagram、Facebook 等平台的第一人称视角直播，还引入 Meta AI，通过语音指令支持绝大部分功能操作。根据 Meta 在财报会上的透露，第二代智能眼镜去年第四季度发货量已经超过30 万副。为此，镜片生产商依视路陆逊梯卡（雷朋母公司）已经在寻求扩大生产。第三代预计也将会在 2024 年发布。

Meta 已经累计在元宇宙赛道亏损了 500 亿美元。2024 年 Q1 是近年来第一次亏损额年同比下降（见图 4 - 10）。考虑到元宇宙赛道 XR 设备的成熟还需要较长的时间，预计 Meta 后续依然会控制亏损，把重点放到打磨产品和技术上。

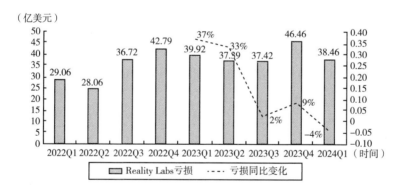

图 4 - 10 Meta 元宇宙业务亏损数据

接下来进入最关键的环节，我们开始分析 Meta 股价。过去两年，尽管经历了各种挑战，股价经历大起大落，但 Meta 的用户数始终保持增长，且通过控制对元宇宙的投入，采取大规模裁员等措施降本增效，以及果断把资源投入到人工智能赛道等措施，把 Meta 的发展重新带领到正确的发展方向。那么，同样的问题，十年后 Meta 会是什么状态呢？

要回答这个问题需要从几个方面来看。

首先扎克伯克是个怎样的领导者？他年轻，有魄力，有执行力，对社交领域有深刻的洞察力。但在元宇宙和 Libra 等项目上可以看出，在追逐梦想和确保企业经营稳健性的权衡方面还欠缺一些火候。

其次判断一下 Meta 的根基，在社交领域的优势是否能够基业长青？这里面涉及 3 个关键问题。

第一，Meta 为什么会通过收购而不是自己提前布局来获得 WhatsApp 和 Instagram 这样的业务？实际上，在进入移动互联网时代以后，Meta 自己曾经尝试过很多不同的应用，但除了 Messenger，其他都失败了。所以收购既是不得已，也是非常有智慧和有魄力的行为。这是因为 Meta 的产品能力还不够优秀吗？其实也不是。社交和内容都属于满足人的精神需求范畴，而恰恰是这类需求最难以捕捉，全世界范围内都没有哪一家互联网公司能做到全面而又精准的捕获。所以我们看到，腾讯也一样会错失信息流、短视频、哔哩哔哩、微博、小红书这样的业务。字节跳动是从今日头条起家的，但抖音能够跑出来恐怕连张一鸣都会觉得是个惊喜。可以说，运气和实力一样重要。

第二，随着一代代年轻人成长起来，他们对内容的口味、跟他人沟通、互动的方式等都是会变化的。QQ 已经 25 岁了，越来越显颓势。Facebook 也已经 20 岁了，是否能够在 10 年以后依然保持现在的行业地位，其实也是很难说的。可以说，每一个互联网产品跟人一样，都会有它的或长或短的生命周期。相对而言，熟人社交因为满足的是人和人之间最根本的沟通需要，其长期确定性要明显高于广场式社交的长期确定性，因此像 WhatsApp 这样的社交工具，其生命周期很可能会更长一些。

第三，互联网行业的特点是，一旦通过颠覆性的技术或打动人心的设计等而带来让用户心动的产品，一个小小的火苗很容易快速点燃整个草原，别的企业想要去追，往往已经来不及了。这种情况在智能手机普及之后被加剧了，因为分享太方便了。这就导致了即使像 Meta 这样的巨头，也很难在新的爆款产品的成长之路上去截胡。

当然，因为移动互联网的发展已经到了一定的瓶颈期，后续要出现类似能够颠覆 Facebook 这样的应用，其实难度还是非常大的。但因为上述分析的这三点，这个可能性即使偏小，但也会始终存在。而且越往后，随着一代代年轻人的成长，一定会有大的变化出现。

元宇宙业务的长期前景到底如何？头显能够取代手机吗？基于元宇宙的社交会不会是未来的发展方向？这些问题在后续章节会有分析。但站在今天来看，不确定性还是很大，很难将这部分的业务做过高的估值。

基于此，笔者倾向于认为，Meta 在最近几年的业务前景是相对更可预测的。基于社交和内容领域从本质上的演变规律，我们将很难对企业的长期市场地位作出一个有把握的判断。而元宇宙领域，则需要更长的时间来观察和判断，现在下结论也过早。

鉴于此，我们还是以 2027 为基准来预测业绩和市值。如果我们把表 4－6 与谷歌、腾讯对比的话，可以看出来给予 Meta 的预估广告业绩年复合增长率和腾讯一致，是要高于谷歌的，这主要是由于谷歌广告的大头是搜索，而搜索已经到了瓶颈期，不如基于内容的信息流内的广告，尤其是沉浸式广告对客户的吸引力大，因此 Meta 的广告增速会更快。另外，由于 Meta 基本以广告为主，模式比较轻，不像云计算等业务相对更重，因此它能有超过 80% 的毛利润率和34% 的净利润率。由于 Meta 上调了 2024 年的支出预期，要为人工智能加大投入，我们将目标净利润率下调到 30%，则可以得到 2027 年的年营收可达 2 812亿美元，净利润可达 843.6 亿美元。基于 2024 年 Q1 28.8 倍动态市盈率，谨慎起见，我们按 20、25 两个预期市盈率计算得到 Meta 的目标市值为 1.69 万亿 ~2.1 万亿美元之间，和当前的 1.37 万亿美元比还有 23% ~53% 的增长空间。鉴于社交产品，尤其是广场式社交产品的长期格局存在不确定性，笔者更倾向于偏保守的预期数据。

表 4－6　　　　　　　　　　　　　Meta 业绩表现与预估

业务板块	年度营收（亿美元）		同比（%）	季度营收（亿美元）		同比（%）	预估 CAGR（%）（2023 ~ 2027 年）	2027 年收入预估（亿美元）
	2023 年	2022 年		2024 年 Q1	2023 年 Q1			
——App 家族	1 330.06	1 144.5	16.21	360.15	283.06	27.23	20	2 758.01
——虚拟现实	18.96	21.59	− 12.18	44	33.9	29.79	30	54.15
合计营收	1 349.02	1 166.09	15.69	364.55	286.45	27.26	/	2 812.16
净利润	390.98	232	68.53	123.69	57.09	116.66	/	843.6
净利润率	28.98	19.90	45.67	33.93	19.93	70.24	/	30

由于 Meta 的用户数据几乎是明牌了，中短期我们要紧盯其广告变现是否符合预期。此外，这一预测没有将可能的 AI 大模型和元宇宙业务出现超预期的突破加入考虑。如果突破出现，则股价的天花板能够被进一步提升。

4.4　群雄逐鹿的电商

根据联合国贸易和发展会议发布的统计数据显示，2020 年后全球主要经济体的电商增长均十分迅速，在各自社会消费品总体零售业务中所占比重呈明显上升趋势。其中，中国的线上零售额占社会零售总额的比重从 2018 年的18.4% 上升到 2023 年的 32.7%，预计 2027 年将达到 54%。美国的线上零售额占比从 2018 年的 9.9% 增加到 2023 年的 15.6%，预计 2027 年将达到 20%（见图 4 - 11）。英国的线上零售额占比也从 2018 年的 14.9% 增长到 2022 年的 26.2%。

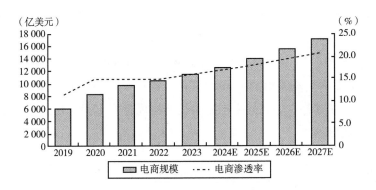

图 4 - 11　美国电商规模预测

电商的蛋糕很大，据 Statista 预测，2029 年全球电商市场规模将达到 6.48万亿美元，CAGR（年复合增长率）9.49%。以美国为例，2027 年就将达到约1.8 万亿美元。而中国的规模更大，且自 2022 年起就超过了全球的 1/3。如此大的蛋糕吸引了众多新老玩家入局，精彩纷呈，甚至有点扑朔迷离。

图 4 - 12 列出了目前海外市场上主流的电商平台[①]，玩家众多。值得一提的是，其中有 4 个来自于中国，包括了希音、TEMU（拼多多海外版）、AliExpress（阿里速卖通）和同属阿里的东南亚电商平台 Lazada。除此以外，Tiktok虽然是个短视频平台，跟国内的抖音一样，它的电商业务在最近一两年也快速崛起。而 Temu 2022 年 9 月才登陆北美，仅仅 11 个月就月活破亿！

---

① 2024 年度全球跨境电商平台深度解析：新模式下的新格局 [R]. 飞书互动，2024.

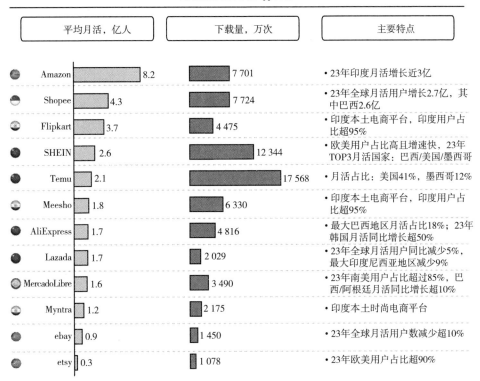

图 4 – 12　海外电商平台介绍

Source：Meet Intelligence Note，数据统计时间2023年12月~2024年5月。

　　不知是否有人有疑问，比如为什么会存在这么多不同的电商平台？未来是否会比现在更集中？零售电商，决定消费者购买意愿的主要有多、快、好、省，以及消费决策体验和服务这 6 个方面。跟搜索、社交等纯互联网虚拟经济不同，实物商品品类繁杂、涉及商品丰富性、质量、价格、配送速度、服务等各种因素，并且由丰富性带来的选择困难也日益成为一个问题。一个平台，只要能在 6 个方面中的一个或者多个产生独特价值，能够让足够大规模的用户认可，且这种独特价值不会轻易被别的平台降维打击（例如淘宝对导购平台的封杀），而且从商业模式上早晚能实现盈利，那么这个平台就有长期存在的价值。平台之间的竞争，也都是围绕这"6 + 1"（"1"指商业模式）来进行。

　　高盛研究部的报告称中国和美国是全球规模最大的电商市场，预计将在2028 年底推动全球电商 2/3 的整体增长，但中美各自增幅分别为 6% 和 7%，与其他市场相比较为缓慢，而规模较小且渗透率较低的区域电商市场将实现最高速的增长。其中，中国已经是渗透率最高的线上零售市场之一，高盛研究部预计，2024 年中国线上零售渗透率将同比上升 120 个基点，电商销售额仍将增长 8% 至 1.7 万亿美元。横向对比，中国由于渗透率超过美国，是全球规模最大的电商市场。

国内市场的竞争格局相对清晰，"3 + 3"格局：阿里、京东、拼多多这 3 家电商平台，加上抖音、快手和腾讯视频号这 3 家跨界进入电商的短视频平台，占据了超过 9 成的整体市场份额。表 4 - 7 列出了国内主要电商平台过去两年的 GMV 变化情况。需要说明的是，各平台的 GMV 包括了零售电商、生鲜等所有相关业务。

表 4 - 7　　　　　　　　　国内主要电商平台近 2 年 GMV 对比

平台属性	公司名称	2022 年 GMV（万亿元）	2023 年 GMV（万亿元）	增长率（%）
独立电商平台	阿里巴巴	8.3	7.1	- 14.46
	拼多多	3.3	4.05	22.73
	京东	3.47	3.5	0.86
	唯品会	0.1752	0.208	18.72
短视频平台	抖音	1.5	2.2	46.7
	快手	0.7	1.1	57.14
	腾讯（视频号）	0.05	0.15	200.00

其中，拼多多和抖音的崛起，都堪称奇迹。自淘宝通过免费入驻的 C2C 模式打败进入中国的 eBay 之后，京东用类似亚马逊的 B2C 自营模式成功打造出了另一极。而为了应对京东模式的威胁，阿里集团硬生生地培育出了天猫。腾讯的拍拍、百度的有啊等都尝试从 C2C 切入去抢夺淘宝的蛋糕，最终都铩羽而归。美团、大众点评的商品团购从来都没有成为重要的业务方向。从此，中国主流的电商格局就确定为阿里和京东双寡头了。在这个环境下，拼多多从一个看起来在"炒冷饭"的商品团购出发，聚焦满足所谓"五环外"的下沉人群的极致性价比的需求，通过"砍一刀"和微信裂变的社交 + 娱乐化运营模式，异军突起。今天，从拼多多的整体用户规模、利润、市值来看，它都已经成为了中国最大的电商平台。此外，拼多多推出了面向国际市场的 Temu，上线 11 个月就月活破亿，又给了市场一个奇迹。

　　抖音也类似，开创了直播带货模式，实现了不可思议的规模增长。在直播以外，抖音的货架电商模式也在迅速崛起之中。拼多多和抖音这两家的崛起给阿里和京东带来了极大的挑战，至今还在想尽办法夺回市场份额。

　　我们选取亚马逊、拼多多、阿里、京东这几家国内外主流的上市公司进行对比分析，并希望借此把整个赛道的投资框架梳理清楚，以便捕获今后十年的潜在投资机会。

　　表 4 - 8 是几家企业在 2024 年 Q1 的财报数据。

表 4 - 8　　拼多多、亚马逊、阿里、京东 2024 年 Q1 业绩和市值对比

维度	企业							
	亚马逊		拼多多		阿里巴巴		京东	
销售额（亿美元）	1 433.13		120.23		333.58		358.69	
市值（亿美元）	20 300		1 986		1 892		430	
市销率	3.43		4.86		1.46		0.28	
市盈率（TTM）	54		18.06		17.2		12.4	
毛利润率（%）	49.32		62.34		33		15.3	
经营利润率（%）	10.68		30		6.1		3.41	
净利润率（%）	7.28		32.25		0.38		3.42	
主营业务及占比（%）	北美	61.38	在线营销及其他	48.9	淘宝天猫	38.54	京东零售	86.89
	海外	22.83	交易费用	51.1	云计算	10.58	物流	11.72
	AWS	15.79	—	—	国际电商	11.35	新业务	1.39
	—	—	—	—	菜鸟物流	10.15	—	—
	—	—	—	—	本地生活	6.05	—	—
	—	—	—	—	数字娱乐	2.04	—	—
	—	—	—	—	其他	18.92	—	—

　　对业务分类说明如下：

　　亚马逊的业务可以从两个维度分类，一是产品和服务：产品部分包括自营商品销售和内容（流媒体）销售；而服务部分包括了第三方商品代销、广告、AWS 云服务、Prime 会员收费等。二是将 AWS 单独列出，其余部分以北美和海外来区分。为简便及突出云业务重要性考虑，我们采用后者。

　　京东的新业务包括达达快递、京东到家、京喜（对标拼多多）、京东产发和京东国际，总体占比很小，还没有做起来。

我们注意到，作为国内云计算的龙头，阿里的云计算业务的占比是10.58%，腾讯的占比不到10%，亚马逊是15.79%，考虑到云计算未来的增长潜力，对企业来说都有巨大的增长空间。国内由于发展阶段和环境不同，发展速度相对更慢一些。

谈到电商，不得不提到一个著名的投资失败案例：芒格投资阿里。芒格最后总结说他没想明白，阿里归根到底还是个零售商。另外，段永平曾经发文说想不明白拼多多长期的护城河到底在哪里，它成功的那些手段为什么其他家学不来。

阿里当然不是零售商，是家货真价实的互联网平台公司。如果一定要说哪家更符合零售商的定义，京东以自营为基础，可能更符合一些。这就让我们不得不思考一个问题：电商平台的护城河到底在哪里？

如果要现在来回答，笔者会倾向于认为：因为前述总结的"6+1"价值要素，电商领域的颠覆机会永远都存在。电商平台公司之间的竞争，是看谁能在这6个要素中尽可能多占据优势，尽可能减少短板，且能够在"1"商业模式这里构建好的模式，并且通过规模优势构建强大的生态和品牌认知度，从而形成相对稳固的护城河。从这个角度来说，电商领域要看10年以后的竞争格局，并不是一件容易的事情。

芒格之所以投资阿里失败，大概率还是因为对这个阶段中国电商快速多变的竞争格局缺乏足够的了解。

4.4.1 亚马逊，全球电商和云计算龙头

1994年，贝索斯在西雅图成立了亚马逊公司，开启了用互联网模式来对线下零售降维打击的征程。总结亚马逊的发展历程，可以分为4个阶段。从营收重要性来说，站在今天来看，亚马逊两大主营业务分别是零售电商与云计算（AWS）业务。

第一阶段是从自营且是打透图书这单一品类做起，建立用户消费心智。因为图书是标品，市场空间大，仓储和配送的难度相对来说也不大，适合开展电商业务。传统线下书店面积有限，图书摆放种类受到限制，而电商则可以不受场地面积限制，实现无限选择。传统的线下书店一般都是把包装精美和名家推荐的书摆在显眼的位置上，而书籍内容质量缺乏读者的真实反馈，而在亚马逊则可以通过用户评价反馈和个性化推荐功能轻松实现消费者时间成本的节约。

后续国内的当当也是这个思路，京东在家电之后也选择把图书作为一个单独打透的品类。

　　第二阶段是实现自营品类扩张，打造线上的 shopping mall，除了各类实物商品，还包括音乐、影片、电子商品等多个品类，此外通过投资并购切入了医药、宠物、金融服务、汽车、红酒等多个领域。亚马逊在 2005 年推出了 Prime 会员服务（2 天到货包邮服务），并通过规模优势和技术优势，为客户提供了更优的选择，更低的价格，更便捷的服务。

　　第三阶段是从自营扩展到平台模式，允许第三方卖家入驻。提供履约物流服务和智能管理工具，促使亚马逊形成了互联网零售平台。著名的亚马逊飞轮理论（见图 4 – 13）很好地解释了这一模式的价值。

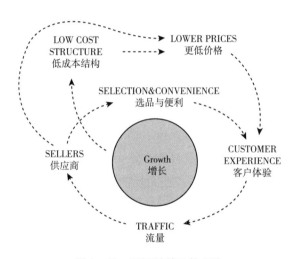

图 4 – 13　亚马逊的飞轮理论

　　第四阶段是进一步开拓业务边界，并加强物流等基础设施建设。包括收购了全时线下门店，进入生鲜领域。此外，开辟了金融服务（支付与小额贷款）、本地服务（维修与保洁）、智能硬件（电子阅读器 Kindle、智能音箱 Echo、机器人等）等新业务，还涉足了游戏、影视等多个行业。亚马逊旗下的视频点播服务 Prime Video 在美国收视率排名第四。到 2021 年，亚马逊已经是美国第三大物流公司。亚马逊的 FBA（Fulfillment by Amazon）、FBM 等服务将自己的仓储物流配送能力提供给入驻商家，进一步优化了消费者的购物体验。亚马逊还开启了增长的第二极：AWS（Amazon Web Service），并一跃而成为全球最大的云计算服务商。

亚马逊的核心竞争力是什么？

作为全球最大的电商平台，亚马逊始终以消费者为中心，在消费者心中是质量好、性价比高、物流快、服务好的代名词。而这一切中最重要的一点，是在保证商品质量前提下的低价竞争力。贝索斯说过，亚马逊不会让消费者为亚马逊的低效而买单，售卖一款商品的定价不是根据自己的成本和目标利润来定，而是要确保商品售价足够有市场竞争力，即使短期亏损也不要紧。如果长期做不到盈利，那就停止售卖这款产品。所以亚马逊的核心竞争力，是建立了一套通过不断提升运营效率，能够给消费者带来足够有竞争力价格的体系。在这套体系下，有竞争力的价格 + 方便快捷的物流体系 + 好的服务带来了更多的客户，而更多的客户又带来了更大的规模效应，供应商愿意给更有优势的价格，更方便扩充品类，物流的边际成本更低，亚马逊也更有资源打造更佳的服务。如此循环往复，竞争对手想要超越会越来越困难。

这套体系中技术研发占了很重要的比重。从图 4 - 14 中可以看出，对比世界上几乎所有其他公司，亚马逊的研发投入可以说遥遥领先。无论是零售电商的底层技术架构、云服务稳定性和性能支撑（尤其是支撑黑色星期五的访问量和订单量暴增）、个性化商品推荐系统、广告系统、智能物流、智能仓储、无人配送、无人零售，还是 AWS 云计算、算力芯片、智能硬件，以及最近大热的 LLM 大模型等，亚马逊都坚持长期大规模投入。

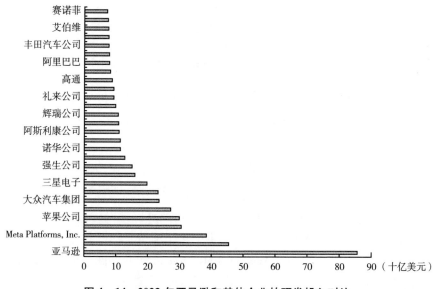

图 4 - 14　2023 年亚马逊和其他企业的研发投入对比

接下来我们对亚马逊几个重点方向进一步分析，包括电商、云计算和 AI 大模型。

由于亚马逊已经成立了 30 年，电商业务已经比较平稳。在商业模式上，亚马逊非常聪明地采取了商品低毛利定价，以此锁住消费者，给竞争者设置高门槛，但同时通过 Prime 会员服务及广告来获得高利润。截至 2023 年底，亚马逊共有 1.76 亿个 Prime 会员。以一个会员一年 119 美元计算，一年就是 209.44 亿美元的收入。2023 年亚马逊的广告营收为 469 亿美元，是谷歌和 Meta 之后美国第三大广告平台。

再强的企业也无法做到完美无缺，亚马逊近来电商份额还是遇到了挑战。亚马逊的月访问量从 2023 年 Q1 的 22.49 亿次下降到 2024 年 Q1 的 21.83 亿次，下跌了 3%。而同一时期，仅 Temu、Shein、AliExpress 这 3 家的月访问量在 2024 年 Q1 就已经上涨到接近亚马逊的一半。而从卖家角度来看，因为亚马逊平台的用户规模不增反降，生意没以前好做，从 2023 年看一方面有更多的商家在布局 ebay、沃尔玛、shopify、etsy、Shein、AliExpress 等其他电商平台，另一方面越来越多的卖家布局 Tiktok、Instagram、Facebook 等社交平台。

这里面 Temu 的潜在影响最大，和亚马逊的平台模式（商家自己负责运营）不同，Temu 依托中国国内的供应商，提供了托管模式（分为全托管和半托管）。比如全托管模式下，供应商只需要供货就可以，其他所有的事情都由 Temu 来搞定，包括定价、仓储物流配送、服务等。同样的产品，其在 Temu 的价格往往只有在亚马逊的 1/3 到 1/2。再加上 Temu 2023 年一年 30 亿美元的营销投入，迅速吸引了大规模的用户，上线后 11 个月就月活破亿。这和拼多多在国内从阿里巴巴手里快速抢夺市场份额的逻辑一样。

早在 2023 年 6 月，亚马逊就宣布将 Temu 排除在其搜索算法之外，暗示不会与 Temu 比价。几乎同时，亚马逊推出平台补贴等运营活动。同年 8 月，宣布对 10 美元以下商品推出更低的物流费率，同时提供更快的配送时效。

但考虑到亚马逊上 1/4 的销售额是由中国卖家贡献的，如果不从商品源头去解决，消费者将会经常发现同样的商品亚马逊明显更贵。为了更好地解决这一威胁，亚马逊在 2024 年 6 月宣布要启动"低价商店"，对标的就是 Temu 模式，商品也是来自于中国。这是正确的一步，预计也会有一定的效果。但坦率说，要在拼多多的优势领域去 PK，还是会有不小的挑战。

在云计算领域，亚马逊也面临类似的困境，而主要原因是亚马逊在企业服务软件和 AI 方面缺乏先发优势，因此虽然 IaaS 基础牢固，但最重要的 SaaS 部分出现了一定的短板。从市场份额来说，亚马逊、微软、谷歌从 2022 年 Q1 的 33%、22%、10% 变化为 2023 年 Q4 的 31%、24%、11%。营收方面，在 2024 年 Q1，亚马逊云科技收入为 250.37 亿美元，同比增长 17%，而微软智能云业务和谷歌云业务的增幅分别达 21% 和 28%。

是亚马逊犯错了吗？其实也称不上，更多是因为企业的传统优势与产业发展需要不一定能始终匹配。作为最早的云计算厂商，2006 年 3 月 14 日，存储服务 Amazon S3 正式上线，标志着亚马逊云科技的诞生。同年，亚马逊云科技又发布了知名的虚拟服务器产品 Amazon EC2。此后，亚马逊通过快速、持续的迭代，一直引领行业发展。单单是 2018 年，亚马逊云科技就推出了 1 957 项新的服务和功能，平均下来每天都有 5 个新功能或服务上线。目前，亚马逊云科技提供了超过 200 项全功能的服务，涵盖计算、存储、数据库、联网、分析、机器人、机器学习与人工智能、物联网、移动、安全、混合云、虚拟现实与增强现实、媒体、以及应用开发、部署与管理等方面。亚马逊云科技也秉持着飞轮理论，遵循着这样一套模型：更大收入规模—更优成本结构—更低价格—更好的用户体验—更大的收入规模。从 2006 年上线起到 2020 年 5 月，亚马逊云科技累积主动降价 82 次。

为了进一步优化效果，降低成本，亚马逊在硬件尤其是芯片领域也大举投资。亚马逊自 2015 年初以来就有一个专注于 AWS 的芯片定制团队，从最开始的定制化服务器，到定制化网络设计，最后开始定制化芯片。定制化芯片包括 NitroIPU/DPU 芯片、Graviton CPU、Inferentia 机器学习推理芯片，以及在 2021 年推出 Trainium 机器学习训练芯片。

在 AI 大模型和应用方面，亚马逊更是铆足了劲冲刺。当前阶段最重要的就是云计算这块最大的蛋糕，而 AI + Saas 是目前各家竞争的关键所在。

首先，具体到大模型，亚马逊采取的是自研 + 投资 + 建设生态 3 步并行策略。2023 年 12 月 1 日，在 re：Invent 大会中，亚马逊推出 Titan 系列 AI 模型。具体有三款 Titan 系列生成式 AI 模型，其中包含亚马逊旗下首个图像生成模型 "Titan Image Generator"、文字生成模型 "Amazon Titan Text Express" 及 "Titan Text Lite"。可能由于时间短，市场影响力尚未彰显。

2024 年 3 月 4 日，亚马逊投资的 AI 创业公司 Anthropic 发布了新一代 AI 大模型 Claude 3，模型独家发布在亚马逊 AWS 上。Anthropic 公司在美国市场备受瞩目，因为它是 OpenAI 最主要的竞争对手。亚马逊、谷歌和微软均向其投资了数十亿美元。不过，亚马逊 2023 年 9 月投资 Anthropic 时，一个重要协议是，Anthropic 未来"大部分算力工作负载在 AWS 上运行"。这也是 Anthropic 的 Claude 3 模型独家发布在亚马逊 AWS 上的重要原因之一。可以这么说，亚马逊通过投资 Anthropic 和微软、谷歌站在了同一起跑线上。

Claude 3 实际包含三个模型，分别是 Haiku、Sonnet、Opus。三者定位不同，Haiku 是一款轻量级模型；Sonnet 是一款强调性价比的重型模型；性能最强的是 Opus，被认为可以对标 OpenAI 公司的 GPT - 4。Anthropic 公司公布的技术文档显示，在性能测试中 Opus 多项能力超过了 OpenAI 旗下的 GPT - 4 和谷歌的 Gemini。但从时间上来看，这比 OpenAI 还是晚了一年左右。

其次，2023 年 4 月，AWS 发布生成式 AI 全托管服务——Amazon Bedrock，它提供亚马逊自研基础模型、第三方基础模型，以及构建生成式 AI 应用所需的一系列功能，使用户能够轻松访问和利用来自领先 AI 公司，包括 AI21 Labs、Anthropic、Cohere、Meta、Mistral AI、Stability AI 以及亚马逊等公司的领先基础模型（FMs），同时满足了开发和部署生成式 AI 应用所需的功能性和企业级安全性需求。Amazon Bedrock 专有模型导入功能现已推出预览版并支持三种最受欢迎的开放模型架构：Flan-T5、Llama 和 Mistral，并计划未来支持更多模型。

最后，针对应用层面，亚马逊分别在电商、办公和消费电子等领域推出了新的 AI 能力。我们重点谈一下办公领域。亚马逊除了集成 Salesforce 等各第三方应用，2024 年 5 月，AWS 宣布企业应用助手 Amazon Q 正式可用。Amazon Q Developer 能够帮助开发人员完成从编码、测试和升级应用程序，到故障排除、执行安全扫描和修复等各种任务，极大提高开发者工作效率。Amazon Q Business 能够根据企业内部数据回答问题、生成内容并安全地执行任务，旨在提升员工的创造力、生产力。Amazon Q Apps 是 Amazon Q Business 的一个功能，使员工能够基于公司数据、通过自然语言快速且安全地定制生成式 AI 应用，帮助员工简化、自动化日常工作流程，提升工作效率。

亚马逊对外宣称，96% 的 AI 独角兽的业务跑在亚马逊云科技上；2024 福布斯 AI 50 榜单中，90% 的企业用的是亚马逊云科技。这是不错的成绩。但是总的来说，亚马逊的大模型比起微软、谷歌还是起步慢了一些，另外针对企业办公市场的各类 Saas 服务，由于微软、谷歌都有自己的一整套办公应用，其中微软几乎全面覆盖且市场份额领先，它们将 AI 和自己的应用结合起来，效果会比开放市场的好，对客户来说用起来也会方便许多。因此，在市场份额方面，预计亚马逊的云业务还是会长期承受压力。

接下来我们对亚马逊的股价进行预测。首先还是那个问题：10 年以后的亚马逊会是什么样子？基于前述分析，如果没有超预期的突破，亚马逊的电商业务和云服务都会因为竞争而损失市场份额，但因为零售电商和云计算的整体盘子会持续增长，加上亚马逊持续对研发的巨大投入，因此预计还是能保持为市场上最重要的玩家之一，且业绩会跟着大盘增长而增长。在新兴业务当中，尽管亚马逊也在取得突破，比如 Alexa 智能音箱一度全球领先，同时也在布局包括家用机器人在内的智能机器人、医疗服务等领域，但目前都还看不出这些赛道能够在业务体量上发展成为新增一极的可能性。

从公司的盈利情况来说，亚马逊执着于把绝大部分利润都投向未来。从1997 年上市以来，经常产生亏损，到 2014 年依然是亏损的。2017 年产生 30 亿美元的利润，2018 年产生 101 亿美元的利润，最高 2021 年产生了 334 亿美元利润，而从表 4 - 9 可以看出，2022 年又亏损 27 亿美元。

表 4 - 9   亚马逊的业绩预估

业务板块	年度营收（亿美元）		同比（%）	季度营收（亿美元）		同比（%）	预估 CAGR（%）（2023 ~ 2027 年）	2027 年收入预估（亿美元）
	2023 年	2022 年		2024 年 Q1	2023 年 Q1			
北美	3 528.28	3 158.8	11.70	863.41	768.81	12.30	12	5 551.82
国际	1 312	1 180.07	11.18	319.35	291.23	9.66	10	1 920.9
AWS	907.57	800.96	13.31	250.37	213.54	17.25	15	1 587.35
合计营收	5 747.85	5 139.83	11.83	1 433.13	1 273.58	12.53	/	9 060.07
净利润	304.25	- 27.22	/	104.31	31.72	228.85	/	/

鉴于此，我们还是以 2027 年为基准进行市值预测。其中云计算的 CAGR 设定为 15%，是低于谷歌、微软的，这也符合我们对竞争态势的判断。另外，预计在接下来几年，亚马逊面临的竞争压力不小，合理预计公司将加大各项支出以提高竞争力，所以从净利润角度来看不容易给出一个合理的预估。因此我们改为以预期市销率为依据来预估目标市值。以 2024 年 Q1 的 3.44 倍 PS 为基础，考虑到竞争因素，我们将预期市销率设定至 3，得到亚马逊的目标市值为 2.72 万亿美元，还有约 34% 的增长空间。后续亚马逊能否在电商和云计算的竞争中保持市场地位是关键点所在。

4.4.2　异军突起的拼多多

要理解拼多多，要先看一下黄峥在自己的博客上发布的一篇文章《把资本主义倒过来》：他认为巴菲特的"保险＋投资"的模式本质上是让穷人掏钱向富人购买抗风险资源，富人再用穷人拿出来的钱投到能够产生复利的资产果园里，整个结构确保了财富从穷人向富人的转移。当然巴菲特们又通过慈善捐赠等的方式将一部分财富重新回馈给社会。而拼多多模式的核心出发点是要设计一种反向保险产品，让富人向穷人买"保险"，让穷人得利。其基本实现方式是穷人联合起来向富人承诺采购量，换取富人对商品大幅降价。这是我第一次看到有人对团购等集采模式给出如此深刻的解读。

拼多多不像其他电商平台实施多元化发展，它始终聚焦在电商主业上，持续往纵深发展。在国内实现了第一，开始往全世界拓展。

因为从目前来看，拼多多的业绩表现持续领先，对拼多多的评估主要回答两个问题：一是拼多多为什么能够崛起，长期会如何发展？二是横向对比，它的业绩增长太凶猛了，如何合理预估它未来的市值？

外界对拼多多印象比较深刻的，是拼多多为下沉人群提供极致性价比的产品，以"拼购＋砍一刀＋微信裂变"的方式进行用户拓展这些举措。其实我们更应该关注的，是"供应链—商品结构—用户"三大环节的运营和互相推动的模式，揭示其背后的体系化因素。

拼多多目前，无论国内还是国外，就是以用户为核心，在商品上提供最有竞争力的价格，再通过将消费者的消费心理和人性的弱点琢磨到极致，以购物与社交娱乐挂钩的方式，将用户黏性和复购欲望激发出来。其他的要么依赖第三方（物流），要么舍弃掉（配送机器人、非核心业务的横向扩张等）。

下面对此展开描述，共分为 4 个阶段①。

第一阶段：2015～2018 年，依托低端供应链，主打低价，从刚需生活小商品和农产品差异化崛起。

在当时消费升级的大背景以及社会面的打假呼声下，淘宝天猫和京东对低

---

① 张晓峰. 白牌、供应链白牌到产业带白牌，拼多多的供应链三级跳［EB/OL］. 腾讯网，2023－12. https：//mp. weixin. qq. com/s/m4apKyLdJkztXGDYT6guIg.

端供应链进行打击和淘汰。大量曾经依托于淘宝和京东的低端供应链企业被清退，而拼多多这时给了他们容身之地。结果，对供（低端供应链）和需（"五环外用户"需求）两端的匹配，成就了拼多多从 0 到 1 的崛起。

拼多多初期的商品结构以不强调品牌调性的刚需生活用品（例如纸巾）和低端食品为主，这些也恰好是淘宝天猫和京东不重视的板块。另外拼多多还找到了因两者当时聚焦争夺消费品大品牌商家而忽视了的农业生鲜板块。拼多多着力打造"拼购＋产地直发"模式，形成了一块差异化于主流电商消费品的"低价农产品"板块并不断壮大。

另外，当时腾讯一直在扶持其他平台抗衡阿里，先后投资了京东和拼多多，成就了后者社交电商模式的成功。拼多多借微信巨大流量，通过"拼团""拼单"社交模式，用户迅速增长。

第二阶段：2018～2021 年，"供应链白牌＋品牌"夯实市场地位；百亿补贴开拓高消费人群。一方面，以"供应链白牌＋品牌"为主的"361"架构和社区电商业务覆盖全阶层人群、加强高线优质人群渗透和黏性。另一方面，利用全网比价机制加强供应链白牌内部竞争和淘汰。

2018 年、2020 年，拼多多先后 2 次发布"新品牌计划"，招募头肩部代工企业，并开展代工企业自主品牌培育、知名品牌子品牌打造、新锐品牌扶持、国货老品牌再造等四种发展模式。

平台新品牌计划的目标，从 2018 年底规划的 1 000 家放大到了 2025 年之前扶持 100 个产业带，订制 10 万款新品牌产品，带动 1 万亿销售额。扶持的方式包括：第一，推广支持。店铺流量扶持之外，还加入了百亿补贴、秒拼事业群等平台只开放给 TOP 商家的资源位，以及平台重点促销活动报名资格。第二，店铺运营支持。主要是小二的店铺服务和流量推广、营销活动方面指导和协助。第三，消费洞察和新品开发支持：研发建议、大数据支持。第四，科研创新支持。包括对白牌企业产品、生产科研项目的补贴投入和曝光，比如坚持至今的"拼多多科技小院活动"。

截至 2021 年，拼多多的供应商体系已经包含了三禾、凯琴等国内顶级且具国际竞争力的供应链白牌企业。前者是包括双立人、LE CREUSET、膳魔师等国际一线品牌在内的代工厂。后者的母公司新宝股份，是伊莱克斯、飞利浦、松下、西门子等国际品牌的生产商。此外，平台还通过下架疑似侵权商品、关停违规商户来强化普通白牌商品、白牌企业的淘汰，为供应链白牌清理了竞争环境。仅 2018 年就关停超过 6 万家涉嫌违规店铺。

　　2019 年，拼多多开始推行全网比价体系。供应链实力不足的，价格一旦掉出排名之外，就无法获得平台流量曝光，结果就自然清退了。到后来所有能拿到类目 top 销量、在拼多多上持久经营下去的白牌商家，无一不是拥有自建或深度合作工厂的供应链白牌企业。另外，比价机制和算法也强化了供应链白牌商家之间的价格竞争，加快了优胜劣汰，也保证了对其他电商平台（包括"闲鱼"等二手电商）的价格竞争力。这一分发逻辑，直到现在在拼多多主站和 TEMU 平台上还在不断进化、加强；拼多多在"平台—商家—消费者"的三角关系中的权力掌控者地位不断巩固，一直保持对生态的控制力。

　　同时，自 2019 年起，拼多多开始打造品牌商品板块，向高线城市人群渗透。平台在家电、快消食品、个护美妆、洗护等品类引进大量品牌商家，并专门为品牌商品推出"百亿补贴"计划。其吸引品牌商家主要有 3 个手段：第一，为品牌商家提供价格补贴，以便抹平品牌和白牌之间的价格差，培养用户购买品牌商品的习惯。第二，为品牌商家提供广告资源位和流量扶持，相当于为他们节省了营销费用。第三，向头部品牌商家（如欧莱雅、雅诗兰黛等）提供"黑标"商户认证。黑标商户是拼多多平台层级最高的商户，平台为这些商户向消费者强力背书，承诺为消费者提供严格的正品保证、品质保证和完善的售后服务。该阶段只有品牌商家才有资格进行"黑标"认证。

　　至此，平台供应链系统已经形成了"品牌、供应链白牌、普通白牌"并存的"361"结构：品牌商品，GMV 占比约 25% ~ 30%，作用为以品牌力渗透和留存一二线城市优质人群；供应链白牌商品，GMV 占比约 60% ~ 65%，作用为打造丰富商品力和极致性价比，巩固低价心智，维系中低端用户这一基本盘；普通白牌商品，GMV 占比 10% 左右，作为供应链白牌后备军，给其带来竞争压力。

　　2020 年 8 月，拼多多加码社区电商"多多买菜"，这是另一个万亿级赛道。拼到今天，多多买菜已经是市场上仅存的玩家中运营效率最高的那家，进一步提高了用户覆盖，以及对现有用户的需求覆盖，提升了用户黏性。但社区电商对运营效率和灵活性要求极高，加上政策导向等因素，即使多多买菜也未能实现整体盈利。

　　第三阶段：2021 年至今，重点发展产业带白牌。产业带的好处是要素集中、优质供应商聚集、上下游配套完善，且地方政府扶持政策多，如成都眉州的调味料、白沟的箱包，南通的家纺、织里的童装、中山的卫浴和灯具。另外产业带往往也会带来更大的成本优势。按拼多多 2020 年新品牌计划的目标，2025 年之前要扶持 100 个产业带，订制 10 万款新品牌产品，带动 1 万亿元销售额。"10 万款新品牌产品"，指的就是产业带白牌。拼多多扶持供应链白牌的具体措施包括：

第一，产业带黑标——最高店铺等级认证。此前"黑标"只授予国际国内大品牌，如美妆类目的雅诗兰黛、自然堂、润百颜等。2023 年 7 月，拼多多面向产业带供应链企业发布了"拼品牌扶持计划"，第一批推出 50 个名额，入选企业直接拿到黑标，降低简化了审核条件和审核流程。此外，产业带黑标企业还可获得一项关键福利：全网比价系统比对商家自有品牌价格，即排除了竞品价格竞争。

第二，平台内资源位和流量支持。包括：百亿补贴、秒杀品牌官、多多进宝、千万神券等活动资源的报名资格；专属流量支持，如"多多丰收馆"专属流量包，"寻鲜中国"落地推广、"多多新匠造"产业带品牌打造，联合央视新闻的"美好生活拼出来"系等产业带直播活动等。

第三，电商运营服务支持。获得官方小二的一对一服务，包括定制成长方案、营销方案、直通车投放方案，专属平台信息对接等。

第四，科技创新支持。以 2023 年"拼多多科技小院"活动为例，该项目覆盖了对云南褚橙、四川丹棱桔橙、宁夏滩羊、陕西眉县猕猴桃等重点产业带，加大对白牌企业的曝光与补贴投入。

在这个阶段，拼多多开始不再区分高、低线城市用户。平台一方面用"全网低价竞争力"满足低价需求，另一方面用品牌商品满足用户的中高端需求。

第四阶段：Temu 出海。Temu 即拼多多跨境电商业务，已成为拼多多的第二增长引擎。自 2022 年 9 月上线至今，Temu 已进入 50 个国家和地区，App 被下载了 2 亿次，让约 9% 的美国人在自己的平台下单，吸引到约 1.2 亿人浏览商品，平均每天发出 160 万个包裹。从图 4-15 可以看出，Temu 的月活用户数量从 2022 年 10 月的 430 万用户增长到 2024 年 5 月的 2.5 亿多（数据来自 Data. ai），这才用了短短的 1 年半的时间。

2023 年 Temu 的 GMV 在 140 亿~160 亿美元，而这一数字跟跨境电商 SHEIN 在 2022 年美国市场完成的 GMV 相当。据悉，Temu 还为 2024 年定下了翻一番的 GMV 目标：300 亿美元。而据高盛预测，2024 年会远超这一数字，达到 450 亿美元。

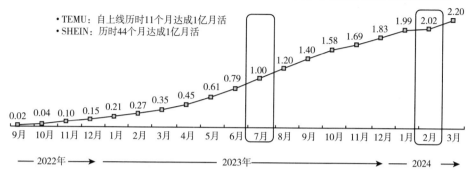

图 4-15 Temu App 月活变化趋势

如果我们看一下拼多多 2023 年的财报，在线营销服务收入主要来自于国内主站，收入为 486.8 亿元，同比增长 57%，远高于国内网上零售额 9% 的增长；拼多多交易服务收入全年为 941 亿元，同比增长 241%。而如此之大的增长，大部分都由 Temu 推动。有研究表明，Temu 在 2023 年的业绩贡献了拼多多集团收入的约 23%，这一数字在 2024 年有望提升到 43%，未来的占比可能会更大。

Temu 的管理层，主要来自之前多多买菜的团队。让我们感受一下在他们的领导下的拼多多速度：

2022 年 9 月：拼多多跨境电商平台 Temu 正式上线，首站面向北美市场。

2022 年 11 月：Temu 在美国市场超过亚马逊成为下载量第一的购物应用。

2023 年 4 月：Temu 在英国正式上线。

2023 年 7 月：Temu 在日本、韩国正式上线。

2023 年 9 月：Temu 马来西亚、泰国、越南、新加坡等东南亚国家站上线。

2023 年 10 月：Temu 在全球 40 个国家和地区建立了站点，覆盖了欧美、大洋洲、拉美和亚洲。

Temu 为什么能如此快速地取得突破？总的来说就几点。

（1）充分运用中国的供应链优势，以及拼多多之前建立的优质白牌供应商生态，运用托管模式（全托管或者半托管），最大幅度降低供应链企业的跨境电商门槛，用动态竞价系统打造低价竞争力（同类商品比亚马逊便宜一半以上），打造了境外电商的最快增速、用"全球购买力"放大了供应链企业的销售。

（2）用户运营，借鉴国内补贴＋邀请奖励的模式。这里面当然也少不了"砍一刀"了。

（3）高密度营销，一年重砸 30 亿美元。据统计刚上线两个月就花了 140 亿元。"Team Up，Price Down"，Temu 以其简短的标语风靡北美等近 50 个国家。尤其是冠名了超级碗之后快速提高了品牌知名度。

稍微展开讲一讲。用户运营方面跟拼多多早期在国内推广模式一致，但也略有一些不同。首先是对于新注册的用户，如果订单满 60 美元，就会获得一张满减 30 美元的优惠券，针对新用户，Temu 提供首单折扣商品，折扣力度高达 90％，基本上等于白送。另外在新用户购物前三单时，还可享受 30％的折扣，通过这样多重的优惠策略，有效地吸引了大批新用户进行复购，而不是买一单就卸载，实现了强有力的拉新效果。在用户的下载注册上，Temu 也想了很多办法。邀请好友进行注册，自己就可以获得 20 美元的奖励；此外，Temu 还用上了拼多多的传统技能，先后在美国和其他新市场上线"砍一刀"功能，每位"砍成"的用户都能获得一张平台八折购物券。

在供应链方面，截至 2023 年底，TEMU 已深入广东、浙江、山东、安徽等地的百余个制造业产业带，推动优质制造产品进入了北美、欧洲、亚洲等 70 个国家和地区，巴西是最新的一个进入的国家。目前，Temu 累计招募了 9 万名供应商，供应超过 100 万个 SKU。

拼多多在 Temu 业务上赚取的主要是佣金（如在供应商底价上加价销售）。Temu 首先采取"全托管模式"：供应商仅负责给平台供货，平台负责定价、销售、履约、售后等服务。平台 GMV 增长越快，收入就越高。具体而言，商家只需将通过筛选的货品发往 Temu 的国内仓库，后续的运营、物流、仓配、客服、售后服务环节都可以交给平台，极大降低了白牌商家做跨境电商的门槛。2024 年 3 月又推出了半托管模式，吸引已经在海外有仓、有备货的卖家，预期将进一步提高商品覆盖率，以及提升配送速度。

Temu 通过动态竞价系统彻底掌握定价权，把卖家的报价逼到极致。动态竞价系统，意味着长期多次核价、竞价，具体表现在：第一，全托管意味着平台掌握定价权，供应商报价高于平台定价就无法入系统、入仓。第二，动态核价，上架后仍然要竞价。商品上架后仍然在竞价系统监督之下，一旦高于动态价格标准就会被系统压价；不降价，就禁止进入后台、产品被平台判定为滞销款、责令降价促销，入仓货品还会被要求退仓。2023 年 5 月起，全新竞价规则要求商家每周一次同款商品竞价、价低者胜。未及时参与或竞价失败的商品将被平台限制上新与备货。第三，已销售商品也要"溯及既往"扣减差价。一旦平台检测到市场上存在更低的定价，那么不仅之后客单价需统一下调，此前已售产品也需要保持一致，并被从中克扣相应的差价。第四，对于平台缺乏市场和供应链数据、成本结构不透明的品类，还会采取人工干预的办法。据卖家透露，新品上架后如果销量不错，买手就会不断尝试小额压价，试探你的成本底线。

那么拼多多是否也面临一些挑战呢？答案是肯定的。主要在竞争和政策两个方面。

先说竞争。国内，阿里和京东现在腹背受敌，要同时应对拼多多和抖音对市场份额的瓜分。对拼多多，他们采取的策略是学习拼多多的打法，全面追求低价，包括对高端商品的百亿补贴，发展白牌供应商，给用户提供源头直供的符合下沉人群需求的低价商品，等等。连用户运营模式也充分借鉴了拼多多的砍一刀、复购激励等方式。通过 2024 年 618 的数据来看，GMV 重新恢复了两位数的同比增长。不过从规律来看，能打败拼多多的往往不是另一个拼多多。这样的方式更多的还是止血手段。对拼多多形成更大威胁的是抖音。抖音 2023年 GMV 已经到了 2.2 万亿，今年预估超过 3 万亿，已经要接近拼多多 2023 年的规模，而且增速明显高于拼多多。另外抖音出售的大部分商品售价都在 50元以内，跟拼多多的用户群重合度也比较高。

除了抖音惊人的用户规模和活跃度以外，直播电商作为货选人模式，在两个方面存在优势：一是它非常符合我们一直以来的消费决策体验，有人推荐，有人讲解，还能清晰地感受到商品的各项关键要素，比如衣服的弹性、上身效果等。另外观看直播对很多人来说还是一种打发时间的好选择。这种情况下用户容易冲动消费，且有黏性。二是这种情况下一部分用户对价格的敏感度降低，有利于商家获得更好的利润，这对供应链的合作意愿会产生一定的影响。所以我们越来越多地看到一些专供抖音的产品在别的地方找不到。这种模式让想比价者无法比价，同时有更好的利润空间。新冠疫情这几年，大量用户待在家里，给直播电商的发展带来了一大波发展红利。可等疫情恢复了，大家没时间守着直播了，另外也逐渐产生了审美疲劳，再加上监管也逐步收紧，整个直播带货进入了瓶颈期，2024 年以来同比增速快速回落（百分之十几到二十几的区间内）。另外，直播电商相比于货架电商，增加了达人直播相关的成本，所以想要跟拼多多们真正地去拼价格是很难做到的。所以抖音开始大力发展货架电商，回归到人选货的传统模式，双轮驱动。尽管有评论说 GMV 规模也已接近万亿，但这并非短视频平台的优势所在，天花板不会太高。

拼多多为了应对短视频的威胁，已经在 App 内重点运营了"多多视频"短视频频道，运营思路还是很拼多多，看就送钱，虽然只是一分钱或者两分三钱地送，但实时到账，视频刷得多就送得多，连看商品介绍视频都算，用户体验相当好。拼多多宣称目前已经做到了每天 1.5 亿 DAU。

至于海外部分，Temu 和 Tiktok 都在快速发展阶段，抢夺的都是亚马逊的市场份额。还有 Shein，从数据来看，Temu 在美国已经超过了 Shein。

再说政策层面。拼多多在国内的用户营销，将人性对贪小便宜的弱点利用得淋漓尽致，一直都有争议。低端供应链容易滋生的假货、劣质商品等问题，也层出不穷。这些问题，Temu 在海外都需要去面对和作出调整，甚至有可能在一些地区难以开展业务。

出于产品安全标准、隐私、地方保护主义、地缘政治等因素，中国企业出海往往会面临一些挑战。

2024 年 4 月 5 日，美国国土安全部发布通告称，今后将更加严格地审查"最低进口免税包裹"，即通常从海外直接发送给美国消费者、价值低于 800 美元的包裹，包括是否违反了美国的强迫劳动禁令，矛头直指中国跨境电商巨头 Shein 和 Temu。

据《希华时讯》报道，2024 年 5 月 16 日，电商巨头拼多多旗下跨境电商平台 Temu 收到了 17 个欧洲消费者利益团体的联合投诉，要求欧盟根据《数字服务法》（DSA）将 Temu 紧急指定为"超大在线平台（VLOP）"。欧洲消费者组织表示，《数字服务法》规定电子商务公司有义务打击其平台上的假冒伪劣产品以及虚假或不完善的信息，而 Temu 却没有遵守这些规定。

再讨论几个拼多多的其他潜在风险。

（1）不自建物流影响大吗？笔者倾向于认为影响不大。以中国为例，第三方物流完全能满足用户体验。像京东能够提供的当日达、次日达这样的消费场景，以笔者个人的消费体验来说，占比并不高。在海外部分，目前 Temu 的送货速度明显慢于亚马逊，但随着海外仓等的布局完善，也会大幅度改善。

（2）现有模式对相对高价消费品需求覆盖的影响如何？笔者觉得有影响。就跟有了淘宝，还需要一个天猫一样，拼多多可能早晚也需要考虑通过独立 App ＋差异化运营的方式来解决这一问题。但现在这种方式已经能够覆盖最大的消费人群和消费规模。

（3）研发投入跟的上吗？拼多多对研发的投入并不低，但是没有去追逐 AI 等热点，而是把钱都花在解决实际问题上。拼多多称，公司成立以来不遗余力投入技术研发，通过技术创新打磨供应链能力，推动供应链降本增效。过去两年，拼多多集团研发投入均突破百亿元大关。2024 年一季度，公司投入 29 亿元支持研发，同比增长 16%。陈磊表示，将继续加大研发投入，沉淀易用的工具和服务，进一步赋能商家，推动产业数字化升级。

瑕不掩瑜。我们还是要强调，拼多多在国内和海外的崛起，都是奇迹般的胜利，拼多多的管理层在战略和执行方面都是一等一的高手。那么问题来了，10 年以后拼多多会是什么样子的呢？

基于前面的详细分析，往后看 10 年，拼多多的模式在中低端消费中大概率还是会占据比较牢固的市场地位。海外的 Temu，为了解决前面提出的各国可能会提出的挑战，需要在商品质量、用户隐私保护、用户运营尺度、货源和物流本地化、服务等方面进行大量繁杂的工作。不过由于海外整体电商市场规模还是要比国内大不少（目前是大一半左右），想象空间巨大，再造一个国内拼多多的体量也不是不可能。

表 4－10 列出了笔者根据拼多多财报整理的经营数据。在如此体量下依然实现了不可思议的增长率，但同时我们也需要知道，Temu 这两年的发展是以亏损为代价的。2023 年 Temu 每单亏损超 30%，全年亏损 200 亿元，2024 年预估亏损率降到 10%＋，高盛预计 2025 年可以扭亏。这样的亏损下，财报还能如此亮眼，更能体现拼多多的高经营效率。

业务板块	年度营收（亿元）		同比（%）	季度营收（亿元）		同比（%）
	2023 年	2022 年		2024 年 Q1	2023 年 Q1	
在线营销及其他	1 535.41	1 029.31	49.17	424.56	272.44	55.84
交易收费	940.99	276.26	240.62	443.56	103.93	326.79
合计营收	2 476.4	1 305.57	89.68	868.12	376.37	130.66
净利润	600.27	315.38	90.33	279.98	81.01	245.61
净利润率	24.24	24.16	0.33	32.25	21.52	49.86

表 4－10　　　　　　　　　　拼多多的业绩表现

我们依然以 2027 年为基准来测算目标市值。由于企业的经营业绩处于井喷阶段，收入和利润增速快，很难准确预估后续几年各项营收的增长率。考虑到 GMV 是相对更可准确预测的数据，我们改为从 GMV 和净利润的关系来测算。以 2023 年 4.05 万亿 GMV 为基准，其中海外按 1 000 亿元（略超 130 亿美元）计算，则国内为 3.95 万亿元。收益率方面，以 2023 年为基准，净利润/总 GMV = 1.48%。其中海外 GMV 部分，参照 2024 年目标比 2023 年翻一番，且考虑到业务还在早期阶段，我们按照每年翻一番计算，则到 2027 年 GMV 为 1.6 万亿元。考虑到竞争关系，国内按照年增 20% 计算，则 2027 年可达 8.19 万亿元，总计 9.79 万亿元。考虑到佣金模式比广告模式收入空间要更大，加上持续的效率提升，我们设定对标 GMV 的净利润率从 1.48% 提升到 2%，则拼多多在 2027 年的全年净利润可达 1 958 亿元。

考虑到从 2027 年看，电商赛道大概率依然大有可为，我们按照当前 18 倍的 PE 不变来计算，拼多多的目标市值为 4 861 亿美元，还有较大的成长空间。如果发展得好这一市值也只是起点。

4.4.3 阿里巴巴，辉煌能否再续

"让天下没有难做的生意。"这是阿里巴巴的使命。

在电商业务如日中天的时候，阿里集团将业务横向扩张，逐步形成了"1 + 6 + n"布局。这几年下来：

（1）电商部分，跨境电商有不错的增长表现，但最核心的国内电商部分，先后因为拼多多和抖音电商的崛起而损失了大量份额，从遥遥领先变成一超三强的格局，且目前还很难说是否已经止血。从用户数和净利润的角度，更是被拼多多超过。

（2）蚂蚁金服在要上市敲钟临门一脚的时候发生了大的变故，因为违规而受到国家相关部门的联合调查和处罚，到现在也没有完全恢复元气。当然这部分业务目前不在阿里巴巴上市业务范围内。

（3）按营收算，菜鸟物流已经排到国内第三，超过了三通一达，且经营数据良好。但从去申请港股上市，资本市场给予的反馈来说，也并没有给予特别好的估值。

（4）饿了么等本地生活业务表现平稳，想要有大的突破也很难。

（5）大文娱业务占比很小，市场第三。再加上整个赛道受到短视频等的影响比较大，前景一般。

（6）线下零售，还有盒马等业务表现差强人意。

这里面最大的问题是阿里的根基国内电商，先后受到两个大的新玩家的冲

击而被撕开了一道口子。如果时光可以倒流，阿里可能无法阻止抖音这种短视频平台的直播带货模式，但对下沉人群和低端供应链的忽视所导致的损失是非常深刻的教训。那阿里靠什么来止血和反攻呢？

2023 年 6 月，阿里开始管理层交接，前 CFO 蔡崇信担任董事长。9 月，吴泳铭担任集团 CEO，兼任淘天和云计算的 CEO，并宣布聚焦主业，重点发展 AI 和云计算（很熟悉的配方）。前任董事长、CEO 张勇在一年前宣布的"1 + 6 + n"，出发点是通过独立经营、独立上市，解决大公司病，激发出各业务团队的狼性。不过一方面盒马、菜鸟、阿里云上市均不顺利，另一方面在应对拼多多和抖音的进攻中效果不明显。所以新的管理层放弃了这一战略，重新作了决策。此后我们看到了一系列变化。

（1）首先是阿里从一系列生态投资中撤出。2023 年 12 月，阿里巴巴曾在 3 天内退出分众传媒、千方科技、美年健康、居然之家等 7 家上市公司，后来又陆续出售了小鹏汽车和哔哩哔哩的股票。

（2）菜鸟撤回上市申请，阿里宣布回购员工和中小股东手里的股票。今后菜鸟的核心任务是支持好阿里的国内外电商业务的发展需要。

（3）阿里云作为最核心业务之一，看起来也不会再独立上市了。盒马的上市也已经暂停。

（4）电商部分，宣布"用户为先，AI 驱动"，以淘宝为主战场来作战。

从业务重要性出发，接下来我们选择对国内电商（淘天）、跨境电商、云计算和 AI 展开分析，看看阿里能否再创辉煌。

在应对拼多多和抖音的措施中，之前阿里独立开发了淘特（淘宝特价版）来对标拼多多，在淘宝 App 中开辟直播板块应对抖音。最新的情况是资源全部都集中到淘宝，淡化淘特，商家全面入驻淘宝。总结一下阿里的具体举措，目前的操作思路看起来是：集中资源，将竞争对手的打法和自己的优势相结合，从防御中寻求突破。如果我们对比一下淘宝最新的版面设计，发现和拼多多有很多相似之处。百亿补贴、淘工厂（白牌）、秒杀、淘宝直播，等等。最新的消息是原先只面向商家的 1688 也要入驻淘宝，开始面向用户销售。淘宝开始了低价拼刺刀，用户运营手段借鉴拼多多，供应链大举培育白牌产业带等一系列举措。从今年最新的 618 也能看出变化，首先各家全部取消了预售，用户不再需要等很长时间才能收货了。其次是各种卷价格。

从 2024 年 Q1 的最新数据来看，GMV 重回两位数增长，88VIP 会员增长到了 3 500 万，是有效果的，但也是有代价的，净利润率同比下跌了 96%。

这样的打法能动摇拼多多和抖音的根基吗？笔者判断止血效用多于进攻价值。从消费者的角度看，目前这几家电商平台，在消费者心目中都已经形成了心智，分别是：边看边买和意外好货（广告精准推荐）到抖音；全网最低价到拼多多，最快的物流和正品行货（用户主要在意的是高价商品）到京东，以及应有尽有到淘宝/天猫。这里面用户心智最薄弱的反而就是淘系。本来低价的标签是淘宝的，被拼多多抢走了。现在淘宝推的是"太好逛了吧"，如何重塑更清晰、更有价值的用户心智，这是阿里管理层亟须去破解的难题。

但对于阿里有利的一面是，尽管拼多多通过百亿补贴等往中高消费进行了拓展，但本质上来说，我们讲"人、货、场"，由于"场"的差异带来的用户消费心智的差异，由于"货"的差异会导致供应链运营和合作难度的差异，对拼多多来说要撼动用户在天猫内的消费需求要困难得多。

我们再分析一下阿里海外电商的打法及与其他企业的差异，以及导致的不同结果。

中国互联网企业的出海在 Tiktok 之前，一直都很艰难。这里面有几个原因。

（1）中国早期的互联网公司，业务模式是 Copy to China 的，比如搜索、社交等，等我们做大了想要往海外拓展，海外市场已经被巨头占领了。

（2）文化的差异，例如长视频，中国的内容在文化上不如美国的流行。

（3）产品体验专门面向中国用户设计，面向其他族群的出海难度较大，比如 B 站，小红书等。

而在电商领域，海外早就有了巨头亚马逊。可能是因为这个原因，阿里想到的办法是打本土化的牌，每个市场独立运营，采取精耕细作的打法。表 4－11 列出了阿里在海外不同市场推出的面向消费者（2C）的购物应用。

表 4－11　　　　　　　　　　阿里巴巴在海外的 C 端电商布局

应用/网站名称	覆盖国家/地区	创立时间	用户规模	和阿里的关系
AliExpress（速卖通）	全球	2010 年	Android App 的日活 DAU 在 3 000W 上下；iOS App 的日活在 900W 上下	阿里创立
Trendyol	土耳其	2010 年	Trendyol Android App 的日活 DAU 在 1 000W 上下；iOS App 的日活在 270W 上下	阿里 2018 年投资

应用/网站名称	覆盖国家/地区	创立时间	用户规模	和阿里的关系
Lazada	东南亚，包括印度尼西亚、泰国、菲律宾、越南、马来西亚和新加坡等	2012 年	Lazada Android App 的日活 DAU 在 3 800W 上下；iOS App 的日活在 720W 上下	2022 年被阿里收购
Daraz	孟加拉国、巴基斯坦、斯里兰卡和尼泊尔	2015 年	Daraz Android App 的日活 DAU 在 760W 上下；iOS App 的日活在 70W 上下	2018 年被阿里收购
Miravia	西班牙	2022 年	未知	阿里创立

阿里的海外电商业绩表现如何？2024 年 Q1 营收为 274.48 亿元（37.86 亿美元），同比增长 45%，是阿里旗下所有业务中增长最快的。

表 4-12 列出了中国电商出海"四小龙"的数据表现。不同于阿里和希音（Shein）已经在海外深耕多年，Temu 和 Tiktok 都是这两年才开始启动海外电商业务，但发展速度迅猛。这里面最值得称道的是 Temu，一切从 0 开始，11 个月月活破亿，一年半月活破 2 亿。跟阿里不同，Temu 用一个品牌、一套打法，把国内异军突起的核心理念和方法论搬到了国外。不光是国内其他几家出海的企业开始借鉴 Temu 的打法，连亚马逊也在最近推出了"低价商店"以应对 Temu 模式的潜在威胁。

表 4-12　　　　　阿里巴巴等企业在海外的 C 端电商布局

公司	月活用户数（亿）	2023 年 GMV（亿美元）	2024 年 GMV 目标（亿美元）	说明
阿里	3.4	400	850~900	数据以速卖通和 Lazada 为主
Tiktok	15	200	500	月活为整体，不仅包括电商部分
Temu	2.1	150	300	高盛预测 2024 年会达到 450 亿美元 GMV
Shein	2.6	400	800	

中国企业在海外电商的发展，短期更多的不是相互竞争，而是中国企业去帮助海外市场提高电商在整体零售中的比例，做大蛋糕。当然在这个过程当中，不可避免会对包括亚马逊在内的现有电商企业生态产生冲击。考虑到中国企业的竞争实力，再加上中国制造商品的质量和高性价比，我们可以相信，电商很可能是自 Tiktok 短视频之后中国互联网企业第二个能在全球市场取得重大

突破的赛道。不同于 Tiktok 存在意识形态风险，电商本身的敏感度要低一些，核心还是要符合每个市场的本地法律法规。

所以，结论是阿里巴巴的海外电商业务前景可期，现在有很好的市场地位，但要想办法发展得更快，45% 的同比增长率还是慢了一点。

我们再来看一下阿里云的情况，这是阿里未来电商以外最大的增长空间，做好了完全可以再造一个阿里。2024 年 Q1 阿里云的营收同比增长率仅 3%，为什么会这样？图 4-16 是官方披露数据，显示了阿里云自 2018 年以来的营收同比增长率变化趋势。实际上，个位数的增长率已经持续了 7 个季度了，其中还有一个季度同比下跌 2%。

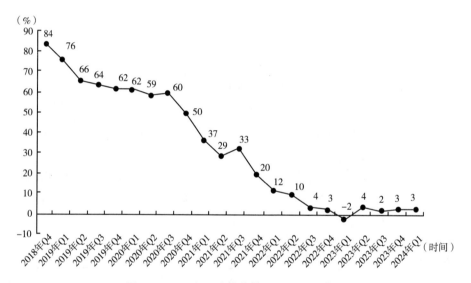

图 4-16 阿里云计算营收同比增长率走势

阿里云 2009 年靠公共云起家，此后 15 年一直是国内的云计算翘楚，并一跃而成为全球第 4，仅次于亚马逊、微软、谷歌。阿里云的基础设施已覆盖全球四大洲，在 30 个地域运营，有 89 个可用区，以及超过 3 200 个边缘节点。

阿里云 2017 年在中国公共云市场份额高达 45.5%，几乎占据半壁江山。2023 年市场份额下降到 27.1%。这里面有竞争的原因，也跟蚂蚁金服上市相关整改对潜在客户合作意愿的影响等有关。2023 年 11 月，阿里云明确了"AI 驱动、公共云优先"的战略。更具体地说，为了重新迈入快速增长轨道，阿里云提出三个核心举措——大模型、传统企业上云、中国企业出海。三大机会都建立在公共云战略上。

按照阿里云调整后的组织架构，公共云事业部、政企事业部、国际事业部在前端面向客户，包括基础设施事业部在内的多个产研部门在后端提供强有力的支撑。

2024 年 5 月初，阿里云公共云事业部总裁刘伟光解释了公共云优先的原因：生成式 AI 天然更适合公共云，这一轮 AI 技术爆发会让金融、汽车、交通、制造、零售等更多行业在未来选择公共云。上一轮中国的互联网产业创新几乎都诞生在公共云上，下一轮 AI 产业创新也会如此。阿里云要抓住这个机会。

为了促进公有云的增长，阿里云在 2024 年已经实施了两轮大的降价。2 月 29 日，阿里云宣布了历史最大力度的降价策略，据悉，此次降价覆盖了包括云服务器 ECS、数据库、存储等几乎所有核心产品，平均降幅 20%。5 月，阿里又进行了针对大模型的降价。

阿里集团 CEO、阿里云 CEO 吴泳铭在 2024 财年投资者电话会披露，2024 财年四季度，阿里云的核心公共云产品收入实现两位数增长，AI 相关收入实现三位数增长。预计 2025 财年下半年（即 2024 年 10 月 ~ 2025 年 3 月），阿里云将恢复两位数的收入增长。

该谈一谈 AI 大模型了。按照蔡崇信在美国投行摩根大通举办的第二十届全球中国峰会上所说，阿里巴巴从 3 个角度切入 AI。一是自研开源大模型"通义千问"。二是跟阿里云结合，依托强大的云计算能力输出给任何使用者。此外还依托阿里云建立了全球最大的开源 AI 社区魔搭（ModelScope），汇聚了众多其他公司的开源 AI 技术。三是深入业务，在各垂类发力，例如商品推荐、个人助理、客服代表等。

稍微展开一下。大模型领域，阿里一口气投了 5 家大模型领域头部独角兽：智谱 AI、百川智能、月之暗面、零一万物和 Minimax。而自研的通义千问，在国内也处于领先地位，还在一些榜单上有名。例如 6 月 27 日，阿里通义 Qwen - 2 再度登顶全球最权威的开源模型测评榜单 Open LLM Leaderboard，力压科技、社交巨头 Meta 的 LLaMA - 3、法国著名大模型平台 Mistralai 的 Mixtral 成为新的王者。阿里通过"自研 + 投资"，锁定国内最好的一批大模型，跟自家的云绑定，这的确是非常有效的方法，对阿里云的未来发展大有裨益。

大模型对自身业务场景的各种垂直应用属于常规操作，只要花时间，就会产生好的效果。这里不再赘述。

　　总结阿里巴巴的业务前景，一共三句话：国内电商止损有望，但要恢复往日绝对领导地位很有难度。海外电商起步早，发展态势良好，但不是国内企业中速度最快的。云计算业务已经度过最艰难的时候，"AI + 公有云"发展策略正确，业务前景向好。

　　如果要展望十年以后的阿里，"让天下没有难做的生意"始终会是这家公司的使命。作为中国 2B 基因最好的互联网公司，笔者会倾向于认为它大概率依然会是中国云计算的领导者（华为也许有挑战它的可能），也会是电商赛道最重要的玩家之一。但考虑到电商赛道难以垄断，甚至至少会是三足鼎立的竞争格局。从阿里的实力和潜力出发，估计无论国内还是国外，大概率都能稳在中国公司的前两名，国内保持第一名的概率也不低。

　　接下来我们预估目标市值。还是以 2027 年为基准，如表 4 - 13 所示考虑到"AI + 公有云"驱动下，云计算业务在 2024 年 Q4 左右就会实现两位数增长，再考虑到国内云计算市场的业务开拓难度和竞争对手众多，谨慎起见我们将云计算的年复合增长率提高为 10%。淘天集团因为竞争原因，发展用户、提高用户黏性比增收更重要，推测营收将依旧保持低增长率。国际电商部分预计今年增速会加速，但考虑到后续几年的增长压力，设为 35%。另外也是因为考虑到竞争压力下需要提高支出，因此总体净利润率设定为 7%。由此计算出 2027 年的目标营收为 13 697 亿元，净利润为 958.8 亿元。另外考虑到电商业绩恢复增长，以及云计算恢复两位数增长率，我们将目标市盈率设定为 18 倍（略高于当前动态市盈率），则算出阿里的目标市值为 2 380.5 亿美元，比当前还有不到30% 的增长空间。接下来的几年阿里主要还是把增长势头和市场地位重新打扎实为主要目标。如果电商和云计算能有超预期的突破，则阿里的市值会有更大的增长空间。

表 4 - 13　　　　　　　　　　　　阿里巴巴业绩表现和预测

业务板块	年度营收（亿元）		同比（%）	季度营收（亿元）		同比（%）	预估 CAGR（%）（2023 ~ 2027 年）	2027 年收入预估（亿元）
	2024财年	2023财年		2024 年Q1	2023 年Q1			
淘宝天猫	4 348.93	4 132.06	5.25	932.16	898.89	3.70	5	5 022.54
云计算	1 063.74	1 034.97	2.78	255.95	247.42	3.45	10	1 515.3
国际电商	1 025.98	705.06	45.52	274.48	189.15	45.11	35	2 341.9

续表

业务板块	年度营收（亿元）		同比（%）	季度营收（亿元）		同比（%）	预估 CAGR（%）（2023~2027 年）	2027 年收入预估（亿元）
	2024财年	2023财年		2024 年Q1	2023 年Q1			
菜鸟物流	990.2	775.12	27.75	245.57	189.15	29.83	25	1 892.4
本地生活	598.02	502.49	19.01	146.28	123.4	18.54	16	909.83
数字娱乐	211.45	184.44	14.64	49.45	49.89	-0.88	10	270.04
其他	1 923.31	1 971.15	-2.43	514.58	533.03	-3.46	-3	1 745.04
合计营收	9 411.68	8 686.87	8.34	2 418.47	2 230.93	8.41	/	13 697.05
净利润	713.32	655.73	8.78	9.19	219.96	-95.82	/	958.8
净利润率	7.58	7.55	/	0.38	9.86	/		7

注：阿里巴巴的 2023 财年是 2022 年 4 月到 2023 年 3 月，2024 财年是 2023 年 4 月到 2024 年 3 月。

4.5　O2O，几家欢喜几家愁

O2O 是 Online To Offline，即从线上吸引用户到线下消费的业务模式。O2O 是互联网助力实体经济发展的最重要的方式之一。这么多年以来，互联网企业在各行各业都进行了尝试，有成功有失败，成功的包括打车、餐饮、外卖、找房、酒旅、各类票务（飞机票、火车票、看电影、看演出、看展览等）等，失败的主要是互联网医疗（挂号和送药除外），以及各种非家庭场景刚需式的上门服务（例如上门洗车等，效率太低，还有合规隐患）等。

以互联网医疗为例，国内已经有了多家上市公司，包括平安健康、阿里健康、京东健康等，但即使到今天，除了互联网药房，真正的医疗 O2O 服务还是很薄弱，很难形成可持续发展的健康商业模式。究其根本原因，在于医疗服务（看病）本身就是一个以线下为主且过程复杂的服务，互联网在服务中很难发挥不可替代的作用。所以字节跳动的小荷健康在前几年大幅投资，甚至还花巨资收购线下医疗机构，从 2023 年起业务也大幅收缩了。

找房是一个被验证了的成功的 O2O 商业模式，不过不论是眼前因为经济原因导致的房市低迷，还是往长期看，随着中国每年出生人口数的下降，房子越来越供过于求，这个市场怎么看都不是一个前景诱人的投资方向。国家的政策

"房子是用来住的，不是用来炒的"，说得很清楚。

接下来我们选择餐饮和旅游这两个大的赛道，并对其中前景可期的明星公司，包括美团、携程和 Booking 等进行详细分析。

4.5.1　美团，坚韧的 O2O 王者

美团是千团大战唯一的幸存者，由此可见王兴、王慧文、干嘉伟这些创始人的能力之强。王兴被今日资本的徐新称为是认知进化能力超强的人。美团也不是王兴的第一个创业项目，他经历多次创业终获胜利。2015 年国庆节前后，在资本的推动之下，美团实现了和点评的合并，一举而定乾坤，成为了中国最大的 O2O 消费平台。当时笔者在百度糯米负责电影和演出板块的业务，目睹了百度在向 O2O 投入超百亿之后，因此而被迫战略放弃了这一赛道。有趣的是，作为当时美团股东的阿里已经重启了主打到店的口碑，并收购了外卖平台饿了么，以阿里铁军和财力的底气，与美团展开了激烈的竞争，并持续了多年。到今天来看，口碑存在感不强，饿了么基本站稳脚跟，但市场总体还是由美团一家独大。

美团以"帮大家吃得更好，生活更好"为使命，坚持"科技 + 零售"战略。业务线比较多，归纳起来分为两个部分。

（1）核心本地商业，包括到店餐饮、外卖、到店酒旅、闪购、民宿及交通票务业务等。这里面需要解释一下的是美团闪购。美团将同城代购类业务对合作伙伴统称为"美团闪购"，包括超市和便利店、药品、百货等。对消费者则是按照不同需求进入不同的入口，包括"超市便利""蔬菜水果""看病买药""品质百货"等。

（2）新业务，包括美团优选、小象超市、餐饮供应链快驴、网约车、共享单车、共享电单车、充电宝、餐厅管理系统及其他新业务。小象超市是美团的自营业务，之前叫美团买菜，因为品类越来越丰富，升级为网上超市。美团优选也是自营，主做社区团购。新业务一直在亏损，但逐年缩减。

从图 4 – 17 看出，美团的业绩始终在增长，快速地实现了规模化盈利。美团各业务的收费模式如表 4 – 14 所示。笔者尝试总结了美团核心业务线的具体收费比例，可能存在偏差，仅供参考。见表 4 – 15。这些比例美团会根据商家反馈、竞争情况等调整。

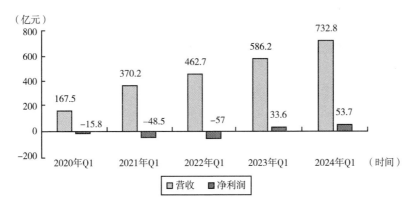

图 4-17　美团近几年业绩走势

表 4-14　　　　　　　　　　美团各业务板块收费模式

板块	业务类型	入口	收费模式
核心本地商业	到店	美团、点评	交易佣金 广告费
	外卖与闪购	美团外卖、美团、点评	配送服务费（2C） 交易佣金（2B）
	酒店、旅游、民宿、票务	美团民宿、美团、点评	交易佣金 广告费
新业务	社区团购	美团优选、美团、点评	商品差价
	网上超市	小象超市、美团、点评	商品差价
	餐饮供应链	快驴	佣金
	出行	美团打车、美团、点评	佣金
	共享充电宝	美团、点评	服务费（计时）
	共享单车	美团、点评	服务费（计时）
	餐饮管理系统	美团开店宝	服务费

表 4-15　　　　　　　　　　美团主要业务板块佣金比例

业务	佣金比例	说明
到店（商铺）	18%～22%	
酒店	8%～10%	携程 10%～15%
外卖	自配送：5%～9% 平台配送：18%～26%	

　　美团能够从千团大战中胜出，靠的是坚守低价低毛利，让利消费者，打造

出一个执行效率最高的团队和运行机制，而效率和生态是美团最大的两个护城河。美团的高管从王兴开始都是没有办公室的，跟所有员工一样在普通的办公桌上办公，这体现了公司要所有人不论层级永远站在一线的文化。靠着这样的文化和作战能力，美团一路走来，不断发展壮大，打赢了各类战役。

要深刻理解美团，一定要理解美团的高效率是如何实现的。我们参考前美团 COO 干嘉伟的分享，他从在美团的经历中总结了"科学运营三步法"。

第一步，真正理解一门生意。其科学流程是：解构—观测—对标—学习—重构，并且好的运营结构需要做到可量化、可衡量、可追溯、可控制。解构，你可以从时间、空间、业务几个维度去解构你的生意。比如美团在 2010 年左右最初杀入团购市场时如何选择城市站点，就是在时间和空间这两个维度进行了解构。美团认为一线城市竞争过于激烈，下线城市规模小，对运营效率要求更高，竞争对手会一批批死掉，不用着急。所以从投入产出性价比出发选择先夺取中腰部城市，等下线城市竞争对手垮掉的时候一个一个去"收割"，留足实力最后攻取一线城市。科学解构，设定目标，是运营开展的前提，对企业来说是生死攸关的事情。例如 2012 年，美团在竞争对手还在拼命补贴的时候就要求死守 4% 毛利，结果在行业巨亏情况下率先扭亏。观测，解构完成后，要对关键指标进行持续的观测。美团每天早晨雷打不动的晨会，要看大概 25 个日报，就是针对数据观测的及时反馈。对标，太阳底下没有新鲜事。今天的任何一个生意，扒掉它的外壳，都有一个可能并不新鲜的内核。美团去做毛利，对标的是零售业。它和美团一样面临着全国市场、复杂的品类管理，不是每个品类都盈利等问题。学习，找到对标物，然后就坐上时光穿梭机，去向人家学习。人家踩过的坑，总结的经验，都可以为你所用，依葫芦画瓢，这是科学的方法。例如其他对手搞补贴是换流水，难以换来用户忠诚度。而美团补贴的是每个品类的头部稀缺货源（例如南京最好的鸭血粉丝），这种补贴能深入消费者的心智，换来用户的忠诚度。重构，在完成了前面 4 步之后，你对自己的生意有了深刻的理解，这时候就可以把切碎的指标拼接成完整的运营策略了，这时你就完成了对业务的重构。

第二步，建立科学的组织架构。主要解决两类问题。一是职能部门负责人到业务负责人的角色转变，轮岗是一种解决方案。二是随着业务的增加，哪怕只增加了一个新业务，管理的难度会呈指数级增长。解决方案是，从本质上把业务想明白，部门该独立就独立。这会最终为公司换来高效执行，权责分明。

第三步，建设"数据＋团队"的高效运营体系。一个科学的体系包含两个部分：决策体系和团队运行效率。这里面，一把手要做三件事：组织决策团队，确定决策流程，确定决策依据。

当然，站在整个公司的角度看，通过科学系统化的组织架构、决策体系和必要的系统支撑，将技术、产品、销售、运营、市场等形成高效的协同，对最大化运营效率也至关重要。

尽管美团如此强悍，面临的考验也不少。首先是新冠疫情的冲击导致业绩下跌和亏损，但疫情结束后的 2023 年美团靠执行力快速恢复。其次是针对二选一、700 万外卖骑手的保障和对商家的分成政策等引发的舆情和政府的处罚。2021 年 10 月，国家依据反垄断法勒令美团禁止二选一，并对美团处以 2020 年销售额的 3%，共计 34.42 亿元的罚金。在这种背景下，骑手保障方面，美团开始放宽对骑手的考核，允许骑手自行设定接单上限，试点给骑手上工伤保险等。国家并没有强制要求平台必须和骑手签订劳动关系。

业务竞争也始终存在。美团的核心业务中，到店业务很久没有像样的竞争对手了，但抖音突然杀了个措手不及。外卖和饿了么竞争，酒旅和携程去哪儿、抖音竞争，社区团购和拼多多、抖音竞争。尤其是抖音这位擅长降维打击的对手，是美团目前最大的威胁所在。美团和滴滴在打车和外卖上也有些竞争。接下来我们对各项业务的竞争情况展开分析。

我们先分析抖音给美团带来的挑战，以及美团的应对，这是目前影响美团后续估值最大的变量。

我们已经很多次提到了抖音。作为一个拥有近 8 亿日活，用户每天平均时长超过 120 分钟的短视频平台的集团公司，字节跳动发起了中国互联网历史上最大力度和规模的内卷，对包括内容、社交、电商、餐饮、游戏、教育、汽车、房产、医疗、酒旅、企业服务等一系列赛道实施了降维打击，且成果颇丰。所到之处，受影响的每一家互联网公司都如临大敌，甚至包括腾讯、阿里这样中国互联网带头大哥式的公司，都必须全力应对。而之所以抖音能如此扩张，靠的就是把商业内容化（短视频和直播），再发挥抖音的精准推荐能力，把如此庞大的用户群在每天 2 个多小时的打发时间中一步步引导过去。从对用户的服务承接来看，字节不仅互联网线上业务能力强，对线下渠道、商户合作、供应链、仓储物流等新方向的学习和进化能力也很强，从而在电商、汽车、生活类 O2O 等诸多领域都取得了一定的突破。

具体到和美团有竞争的领域，首先从用户规模上来说，美团 App、美团小程序和点评 App 这 3 者加起来的日活最多估计也就是 1.5 亿，约为抖音的 1/5，这是美团面临的实实在在的压力。我们从抖音的页面布局上就能看到团购和商城的一级导航栏，另外在本地板块下则添加了"附近美食""休闲娱乐"等各二级类目，相当于给团购又增加了一个入口。商城里面的"小时达""抖音超市"也是和美团直接竞争。

抖音的核心竞争策略是"低价+货找人"，并在此基础上复制一个跟竞品类似的货架模式来承接用户的持续复购。低价跟拼多多的策略很像，这是大众消费核心中的核心。货找人则是"短视频+直播"，抖音的标准打法。美团到店业务一直以来是以POI（地点）为基础陈列商家的，原来运营的重点是在保持高运营效率前提下，保证商家覆盖率和商品（团单等）充足性，让商家自己定价，鼓励消费者用买单来投票。而抖音本地生活团队则聚焦在积极寻找低价的商家，比如去谈郊区的酒店、快餐店、茶饮店等，让商家互相PK，从而带来更多低价的产品供给，吸引更多的用户，更多的用户又刺激更多的商家参与低价供给，试图形成"低价飞轮"。

根据抖音生活服务发布的《2023年度数据报告》显示，2023年抖音生活服务平台总交易额增长256%，门店共覆盖370+城市，相比2023年，平台短视频交易额增长83%，平台直播交易额增长5.7倍。此外，有超450万家门店获得生意增长。这意味着，抖音本地生活的商家数已相当于美团的60%，1 800亿元的交易额已经相当于美团（6 000亿元）的30%。不过，这样的业绩是以亏损为代价的，且到店核销率始终偏低，因此抖音选择放慢了脚步，侧重修炼内功。

这是可以理解的，O2O跟零售电商最大的不同在于O2O高度受地域限制。一个商家的团单，哪怕再便宜，如果离用户太远或交通不方便，则用户也大概率不会愿意去消费。即使是连锁店的通用团单，也一样存在这样的问题。外卖也一样，太远了商家或平台要么不安排配送，要么运费会很贵，或者迟迟送不到而影响食物口感。因此，就O2O消费业务而言，商家的覆盖率对用户体验至关重要。这就要求抖音重建一个美团的地面部队和高效的运作体系，这谈何容易。这将是抖音和美团比拼将会面临的最大障碍。

美团是如何应对的？

首先，组织架构的调整，2024年4月18日，美团CEO王兴发布内部邮件宣布新一轮架构调整。此前整合的美团平台、到店事业群、到家事业群和基础研发平台将合并成为"核心本地商业"板块，王莆中出任核心本地商业CEO。同时，美团将不再设置到店事业群和到家事业群，两个事业群原下辖各部门调整为直属于"核心本地商业"。而张川转为负责大众点评、SaaS、骑行、充电宝等业务。有意思的是，这两位都是我原来百度的老同事。至于科技（自动配送车、无人机等）和海外业务（KeeTa）则直接汇报给王兴。通过这样的调整，解决不同业务线分头对接同一商家带来的组织效率和冲突问题，也能更好地形成生态效应，不同业务之间更好地借力，一致对外。

其次，在公司整体策略上，从 2024 年的财报电话会议内容来看，美团一方面要巩固到店业务的市场地位，抵御住竞争者的入侵，更要加大外卖和闪购业务的领先优势。另一方面，由于进展不如预期，将收缩优选业务，不再以规模为核心，控制亏损。除优选外其他新业务整体要扭亏为盈。

具体到针对抖音的应对策略上，美团采取了跟电商行业应对抖音跟拼多多类似的策略：攻守兼备，学习竞争对手，再加上发挥自身差异化优势，和对手比拼内力，做好长期抗战的准备。具体来说就是做了自己的短视频频道、发力特价团和直播，并加大力度开拓下沉市场。此外，通过组织整合，发挥美团外卖这一抖音目前还无法有效抗衡的优势，以利于和抖音争夺商家，尤其是商家的特价合作资源。笔者尝试刷了一下短视频，跟拼多多一样，看视频给钱，看起来比拼多多给得更多，但在提款环节设置了一些门槛。在视频流里面添加了广告。

我们再看一下跟其他竞争对手的对比。

先看阿里，2024 年 Q1 本地生活板块的营收为 148 亿元，同比增长 18%。对比而言，美团是 733 亿元，同比增长 25%，将近 5 倍的体量。阿里无法撼动美团的根基，笔者认为核心在几个原因。

首先是阿里一直没有找到大的用户和/或商家价值差异化，类似于拼多多对电商的价值重构。

其次在"美团 + 点评"双 App 已经占据用户心智的情况下，阿里的本地生活需要流量入口，而支付宝和高德地图虽然用户数庞大，但是作为工具，用户来 App 的目的非常明确，用完就走，除了支付宝跟支付密切相关的理财，以及高德跟出行相关的打车会好一点，很难为其他业务高效导流。这一点笔者在百度的时候就深有体会，因为百度的应用也是工具属性居多。在这样的情况下，由于业务体量差异大，除非平台愿意自己补贴，否则很难拿到足够有竞争力的商家资源。

最后是效率，美团已经是钢筋铁骨，想要超越，甚至赶上都很不容易。

饿了么是相对能拿得出手的亮点，有跟美团长期作战的潜力。尽管美团外卖市场份额超 7 成，饿了么业绩也在好转中，虽没有盈利，但持续减亏中。新任 CEO 韩鎏表态说，饿了么的长期战略赛道是"1 + 2"。其中"1"代表做好一个"健康增长、更懂消费者的到家餐饮平台"，"2"则代表饿了么的两个新赛道，作为第二增长曲线：一个是要做符合饿了么特色的即时零售，第二个就是要做面向市场价值延展的即时物流网络。这个思路，跟美团外卖大同小异。

表 4 - 16 给出了美团即时配送交易笔数，包含外卖和闪购，是非常惊人的数字。饿了么想要撼动美团外卖的市场地位，目前没有看到可能性。

表 4 - 16   美团即时配送交易笔数

季度交易比数（亿）		同比（%）	年交易笔数（亿）		同比（%）
2024 年 Q1	2023 年 Q1		2023 年	2022 年	
54. 645	42. 674	28. 1	218. 932	176. 702	23. 9

接下来我们看一下美团跟携程（含去哪儿、同城）的竞争。当年美团快速发展、攻城略地的时候，互联网界有一种说法：高频打低频。在酒旅赛道，美团的确有这个优势。简单来说，两家的竞争关系是：美团低端有优势（含酒店和民宿），从低往高打，高频打低频；携程高端有优势，从高往低打，但缺少高频场景优势。从营收来看，新冠疫情期间，以 2021 年为例，携程营收 200 亿元，而美团酒旅营收约 325 亿元。疫情后的 2023 年，携程营收快速反弹，达到 445 亿元，美团酒旅未再单独披露，但根据 2022 年 320 亿元左右营收，按照整体 29% 的年增速来测算的话，和携程的规模相当。美团的酒店，平均还是 200 元左右的售价，但间夜量远胜携程系。不过美团的整体消费的"场"，和高端酒店消费场景下酒店的定位和需求并不匹配，也和商旅类用户的需求不匹配，要进一步向上扩张存在障碍。这些年来，即使美团将佣金比例下降到比携程更低，甚至比同程、艺龙也低，高星酒店在美团的占比也始终不超过 20%。携程也尝试要下探到本地生活，但公司的优势不在这里，一样难以突破。所以两方大概就维持在这么个均衡状态。

其实不光是酒店，整个旅游市场都是如此。作为低频消费，且淡旺季明显的生意，旅游业本质上就是一个高固定成本，需要高毛利才能支撑且健康发展的市场。所以只要有的选择，商家对价格内卷都是厌恶的。从用户角度来说，攒钱去旅游本来就符合消费心智，很多时候只要在预算范围内，体验好比绝对低价更重要（看看那么多低价团游的恶性事件）。这是旅游市场跟日常消费市场最本质的区别，也是"高频打低频"往往会遇到瓶颈最本质的原因，且越是有利可图的旅游项目瓶颈会越明显。

再看一下和拼多多的竞争，这里主要指的是美团优选和多多买菜的竞争。但美团已经决定 2024 年优选要收缩，控制亏损了，预计在整体营收中的占比也会降低，没那么要紧了。不过围绕社区团购我们还是要稍微展开分析一下，它有其他的意义。

社区团购曾被认为是下一个万亿级的蓝海，除了美团、拼多多之外，京东、阿里、腾讯，再加上老牌的兴盛优选，一时间很热闹。到现在，还在坚持的所剩无几，其中做得最好的就是拼多多的"多多买菜"了。但就算是拼多多也难以实现全面盈利。究其原因，社区团购的竞争对手是本地商超，想要用一套互联网运营模式去取代或部分取代，对运营的灵活性和反应灵敏性要求很高，也容易产生社会价值的争议。拼多多能比其他家做得好，核心在几个方面：权力下放，集中 sku（1 000 个左右）以争取供应商最好的条件，员工尽量本地化以节省成本，允许做得好的地区兼并做得不好的地区。通过这种方式，多多买菜实现了行业内最高的运营效率。这对以线下运营效率为核心竞争力的美团来说，是需要深刻反思的问题。此外，未经证实的消息说拼多多内部曾决议以多多买菜为据点要启动到店模式的招商，但又暂停了。这不排除是个潜在的威胁。不过现在看多多买菜的管理团队都去做海外电商 Temu 了，所以估计拼多多也做了取舍，海外电商是个开拓业务更明智的选择。

这么看起来，美团面临的竞争压力也没有想象那么大。接下来我们来了解一下美团近期的业绩表现，预测一下它后续的发展。表 4 - 17 列出了美团最近的业绩数据，我们先把各部分收入跟业务进行一下对应。

（1）配送服务主要指外卖和闪购业务向用户收取的配送费用。

（2）佣金主要指到店、外卖、闪购、快驴（餐饮供应链）和美团打车向商家、司机收取的费用，一般按照销售出去的金额按一定比例提成。

（3）营销费用主要指商家在美团各应用内做的广告支出部分。

（4）其他包括了优选、小象超市、充电宝、共享单车、开店宝和金融相关的收入。

表 4 - 17　　　　　　　　　　美团的业绩及预测

业务类型	年度营收（亿元）		同比（%）	季度营收（亿元）		同比（%）	预估 CAGR（%）（2023～2027 年）	2027 年收入预估（亿元）
	2023 年	2022 年		2024 年 Q1	2023 年 Q1			
配送服务	821.91	700.64	17.31	210.65	169.05	24.61	17	1 540.17
佣金	766.89	565.1	35.71	206.57	162.43	27.17	25	1 872.29
在线营销	405.13	307.69	31.67	103.91	77.83	33.51	25	989.09

续表

业务类型	年度营收（亿元）		同比（%）	季度营收（亿元）		同比（%）	预估 CAGR（%）（2023～2027 年）	2027 年收入预估（亿元）
	2023 年	2022 年		2024 年 Q1	2023 年 Q1			
其他	773.52	626.13	23.54	211.63	176.86	19.66	15	1 352.89
合计营收	2 767.45	2 199.55	25.82	732.76	586.17	25.01	/	5 754.44
毛利	971.91	617.53	57.39	256.97	198.17	29.67	/	/
毛利润率	35.12	28.08	25.09	35.07	33.81	3.73	/	/
经营利润	134.15	−58.2	/	52.09	35.86	45.26	/	/
经营利润率	4.85	−2.65	/	7.11	6.12	16.20	/	/
净利润	138.57	−66.85	/	53.69	33.58	59.89	/	345.27
净利润率	5.01	−3.04	/	7.33	5.73	27.90	/	6

可以看出，自 2023 年以来，美团的业绩还是相当不错的。不仅在连续亏损后，2023 年实现了规模化盈利，2024 年 Q1 业绩进一步加速。基于前面的分析，从目前的态势看，往后看 10 年，美团在中国的 O2O 地位估计还是稳固的。

因为美团覆盖了几乎所有人的基本生活需要，美团能跑多远，和中国的经济民生发展息息相关。我们来看几组宏观数据，这对我们判断美团的业绩走势会有帮助。

先看餐饮。虽然利润相对低一些，但这是美团最大的营收来源，具有规模优势。国家统计局公布的数据显示[①]，2024 年 1～5 月，全国餐饮收入 21 634 亿元，同比增长 8.4%。看起来恢复增长了，但中国烹饪协会分析指出，"与此同时，餐饮行业出现了增收不增利的现象"。价格战、同质化竞争和成本压力的不断加剧是造成这种现象的主要因素。

再来看一线城市的餐饮收入情况：北京 2024 年餐饮业 1～5 月实现收入 530.7 亿元，同比下降 2.7%；上海市统计局公布了 1～5 月社会消费品零售总额情况，其中住宿和餐饮业实现零售额 609.34 亿元，下降 3.1%。

天眼查数据显示，截至 2024 年 6 月 30 日，国内餐饮相关企业新注册量达到 134.6 万家，而注销的有 105.6 万家，注销的数字只比 2023 年全年 135 万家少不到 20 万家。

---

① 2024 年 5 月份社会消费品零售总额增长 3.7%［EB/OL］. 国家统计局，2024 − 06 − 17. https：//www. stats. gov. cn/xxgk/sjfb/zxfb2020/202406/t20240617_1954709. html.

再看酒旅，这是美团利润率较高的一个品类。2024 年第一季度，中国国内旅游总人次达到了 14.19 亿，同比增长 16.7%，国内旅游收入达到了 1.52 万亿元，同比增长 17.0%。旅游收入已经超过了 2019 年同期水平，旅游业看起来全面复苏了。铁路和航空客运市场需求在 2024 年一季度也呈现出高速增长的态势。国家铁路发送旅客首次突破 10 亿人次，航空客运量达到了历年一季度最高值。

在吸引外国游客方面，国家也下了很大的决心。2024 年接连宣布对大量国家，尤其是西方发达国家单方面免签，那些国家的公民可免签证在中国境内停留 144 个小时。国家移民管理局统计数据显示，一季度，全国移民管理机构累计查验出入境人员超 1.41 亿人次，同比上升 117.8%。其中，外籍人员 1 307.4 万人次，同比上升 305.2%。文化和旅游部数据中心客流大数据监测显示，"五一"假期入出境游客合计达 367.2 万人次，其中入境游客 177.5 万人次，出境游客 189.7 万人次。

不过，五一过后市场就传来，一些酒店就开始降价了。以三亚为例，暑期价格普遍较去年下跌 20%，高端酒店下跌 25%。

我们该怎么理解这样的现象？这两个行业后续会如何发展？

首先，新冠疫情过后，在政府和全国人民的共同努力下，经济确实在慢慢向好。但疫情毕竟元气大伤，再加上美西方对中国的非市场经济行为，我们的经济发展阻力也不小。在这种大背景下，普通百姓会从各种角度感受到一些压力，因而在花钱方面比以前谨慎。但餐饮、娱乐、旅游等本来就是老百姓最普遍的生活消费方式，疫情之后逐步恢复再正常不过。只是在这个过程中，大家对花钱性价比的追求会比以往要求更高。所以餐饮、旅游都在恢复，但人均消费下降了。商务宴请没有以前多了，也没有以前贵了。

其次，从美团的角度，因为本来平台关注的就是最一线百姓的需求，最擅长的就是给百姓找实惠，所以在这样的背景下是受益的。但即使如此，只要宏观经济有压力，只要美团的商家们有压力，在业绩增速方面就不能过于乐观，不能把短期的快速增长误以为会是常态，稳定可持续的增长才是合理的目标。

此外，从渗透率看，QuestMobile 数据显示，在本地生活服务领域，截至 2023 年 4 月，团购渗透率为 38.4%，外卖渗透率仅为 15.6%。艾瑞咨询预计在年复合增长率为 12.6% 的前提下，到 2025 年，国内本地生活服务的市场规模将增长至 35.3 万亿元。以美团的实力，增速肯定会快于平均水平。大力发展闪购，以及积极开拓下沉市场都是非常正确的战略选择，有利于美团去提高整体用户覆盖率和扩展用户需求覆盖率。

基于以上分析，我们设定了几个业务板块未来几年预计的年复合增长率。"其他"部分设定为最低的15%，主要是考虑到优选的预计业务收缩。经测算得出，美团2027年的预期营收为5 754.44亿元，净利润为345.27亿元。考虑到这一赛道天花板很高，具有长期发展空间，我们参照2024年Q1的市盈率和当季净利润情况，将2027预期市盈率设定为35，则美团的目标市值为12 084亿元，对比当前还有80%的增长空间，前景可期。决定这一目标能否达成的核心是民生经济走势，竞争关系和美团的执行力。

4.5.2　火爆的旅游赛道（Booking、携程）

我们在分析美团的时候已经简单分析过旅游市场。其实不光国内，国际旅游市场一样火爆，所以Booking公司的市值最近增长迅猛。

让我们从全球视角看一下宏观数据。自2016年开始，世界旅游城市联合会（WTCF）联合中国社会科学院旅游研究中心每年编撰《世界旅游经济趋势报告》，围绕全球旅游经济，揭示趋势特征，把握年度热点，预测未来趋势。报告显示[①]，新冠疫情过后，全球旅游正在迎来全面复苏，2024年全球旅游总收入或将达到历史最高水平。报告中的核心数据如下：

（1）2023年全球旅游总收入达到5.54万亿美元，同比增长21.5%，恢复至2019年的94.8%。全球旅游总收入相当于全球GDP的5.5%。

（2）2023年全球旅游总人次达到126.73亿人次，同比增长41.6%，恢复至2019年的87.4%。

（3）2023年全球国际旅游人次达到12.56亿人次，同比增长32.3%，国际旅游收入达到1.49万亿美元，同比增长23.1%。

（4）全球国内旅游高速增长，国内旅游人次为114.18亿人次，同比增长42.7%，国内旅游收入为4.04万亿美元，同比增长20.9%。

（5）发达经济体的恢复比新兴经济体早，但新兴经济体2023年旅游收入占全球的比重（39.7%）比10年前高出6.9%，预计将继续提升。

报告预测，2024年以基准情形看，全球旅游总人次将达到135.79亿人次，恢复至2019年的103.9%，全球旅游总收入将达到5.80万亿美元，达到2019

[①] 金准，等. 世界旅游经济趋势报告（2024）［R］. 中国社会科学院旅游研究中心，2024 – 04.

年的 139.6%，旅游产业规模将达到历史上的最高水平。

报告还指出，尽管营收开始创新高，但企业盈利水平不甚理想。展望 2024 年及未来，全球旅游格局正在经历深度调整期，除了战争与经济的"灰犀牛"以外，科技与气候将是重塑旅游业的两大变量，需要引起高度重视。

接下来我们对国内的携程和海外的 Booking、Expedia 展开分析，争取挖掘清楚这一赛道的长期潜在价值。我们先简单对比一下这几家的业绩和市值表现，如表 4 – 18 所示。旅游平台最大的收入来源一是酒店，二是交通票务（机票为主），因为足够标准化。从利润角度来说，航空公司高度集中，且机票价格透明，平台的利润偏低。酒店业态复杂，高度分散，平台利润空间更大。其中，批发模式和代理模式是 OTA（Online Travel Agency）行业常用的业务模式。批发模式指的是平台从酒店手中把间夜数先买过来，再卖给消费者，消费者把钱交给 OTA 平台。代理模式是中介服务，消费者把钱交给商家。从数据来看，资本市场给 Booking 的估值倍数要明显高于携程，Expedia 在这么好的市场环境下依然业绩亏损。我们后续的分析将覆盖这些问题。

表 4 – 18　　　　　　　　　Booking、Expedia 和携程的对比

维度	企业					
	缤客（Booking）		Expedia		携程（Trip）	
销售额（亿美元）	44. 15		28. 89		16. 44	
市值（亿美元）	1 335		180		293	
市销率	6. 07		1. 38		4. 5	
市盈率（TTM）	27. 84		22. 31		19. 62	
毛利润率（%）	84. 64		87. 61		81. 09	
经营利润率（%）	17. 92		– 3. 8		27. 8	
净利润率（%）	17. 58		– 4. 7		36. 28	
主营业务及占比（%）	批发	54. 09	B2C	68. 74	住宿预订	37. 71
	代理	39. 93	B2B	28. 83	交通票务	41. 94
	营销及其他	5. 98	第三方收入	2. 43	包价旅游	7. 41
	—	—	—	—	商务旅行	4. 29
	—	—	—	—	其他	8. 65

我们先分析一下 Booking。Booking 在股市是个神话，因为它的市值 20 年增长了 360 倍。Booking. com 母公司 Booking Holdings 的前身是于 1997 年在美国成立的 Priceline Group，它的发展堪称"买买买"的成功典范。2004 年，Priceline

收购英国酒店平台 Active Hotels，次年收购荷兰酒店预定网站 Booking. com 后将二者合并，成为如今的 Booking. com。后来，Priceline 又将东南亚酒店预订平台 Agoda、英国租车公司 Rentalcars、美国订餐平台 Opentable 等品牌纳入麾下，覆盖多个业态。如图 4 - 18 所示，Booking 通过六大平台面向全球用户提供酒店、机票、租车、包价旅游产品等的在线预定服务。

图 4 - 18　Booking 旗下的业务矩阵

尽管成立时间比 Expedia 晚一两年，Priceline 的成功受益于其独特的 C2B 商业模式：逆向拍卖（Name your own price），揽获了对价格敏感的用户群体。后来，经历一系列"买买买"之后，这家公司在国际市场的发展和平台化战略使谋求增长的重心从价格转向了效率，通过连接海量的用户和各类旅游资源，扩大规模。

除了收购五大平台之外，Booking 还收购了酒店提供数字化营销服务 Buuteeq、广告营销公司 Qlika、原型设计软件 POP 公司 Woomoo，为 Agoda 网站开发手机应用软件、酒店收益管理公司 PriceMatch、澳大利亚餐厅预订平台 AS Digitals。最引人注意的，是其 2014 ~ 2015 年多次战略投资中国最大的在线旅游网站携程。此外，Booking 还投资了美团和滴滴，并跟滴滴海外版达成了业务合作。

2018 年，Priceline Group 正式宣布公司更名为 Booking Holdings Inc，将战略中心向旗下最大品牌 Booking. com 倾斜。

我们来看一下业绩走势。在住宿预定业务上，2023 年，Booking 的总预订金额为 1 506 亿美元，Airbnb 为 733 亿美元，Expedia 为 1 040 亿美元，总计 3 280 亿美元。从市场份额来看，自 2016 年起，Booking 的市场份额从 40% 左右缓慢下跌,到 2020 年后止跌反弹,一路上升,2023 年为 45.9%,创历史新高。Expedia 的份额从近 50% 开始,一直在被 Booking 和 Expedia 抢占,2023 年已经跌至 31.7%。Airbnb 从 10% 不到一路上涨,但从 2021 年开始缓慢下降,2023 年为 22.3%。

从酒店间夜数角度来看,从 2016 年起,Booking 的市场份额一路领先,从 2016 年的近 60%,经历了下降,又逐步恢复到 2023 年的 56.8%。Aribnb 从 10% 出头开始增长,2020 年起又逐步下跌,2023 年跌至 24.2%。而 Expedia 又是其中最艰难的一个,从 2016 年的约 30% 市场份额,一路下跌至 2023 年的 19%。

从佣金比例来说,2021 年之前 Booking 遥遥领先,最高到抽佣 19.2%,自 2021 年开始下降到只比其他两家略高,2023 年三家分别为 Booking14.2%,Airbnb 13.5%,Expedia 12.3%。

再看一下机票预订情况。如图 4-19 所示,Expedia 和 Booking 也是走势完全相反,Expedia 曾经的领先优势看起来岌岌可危。

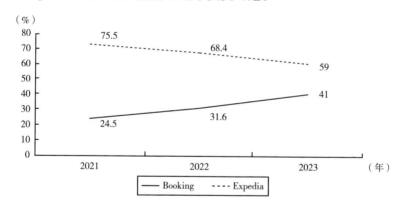

图 4-19 Booking 和 Expedia 机票预订份额走势对比

在费用支出方面,对于 OTA 平台来说一般市场营销费用占比很高,主要是网上获客费用,再加上一部分品牌推广的费用。从 2024 年 Q1 来看,Booking 市场支出占总体营收的 36.47%,加上销售费用共占 53.8%。Expedia 未单独披露市场费用,销售加上市场总体为 63.55%。携程最低,销售加市场费用仅 19.39%。根据 Fastdata 极数《2023 年中国旅游业复苏趋势报告》,2023 年一季度在线旅游渗透率从 2019Q1 的 38.8% 提升到 2023Q1 的 60.6%,携程去哪儿的全国知名度已经很高,不需要再花费过多的品牌推广费用了。而海外则比较复杂，美国 75%，欧洲市场 50% 左右。其他地区，尤其非发达地区还有很大的提高空间，所以 Booking、Expedia 出于提高渗透率和竞争的需要还得继续狠砸市场费用。

现实是残酷的，Expedia 的市值已经跟 Booking 有很大差距了。那么问题来了，为什么 Booking 能一路领先呢？笔者总结有以下几个原因：

首先，Booking 的管理层一路走来都表现出了高超的战略判断和执行能力，并且 Booking 是极少数能够持续不断地通过投资并购来夯实自己主业的公司之一。现任 Booking Holdings 集团 CEO 兼总裁格伦·D. 福格尔（Glenn D. Fogel），他之前就是 Priceline 集团全球战略与并购负责人。对于一个不断"买买买"的公司，他来管理再合适不过。

其次，在最核心的酒店业务上，Booking 通过几次业务模式升级而牢牢掌控了市场份额。自从早期从 C2B 模式起家后，Booking 采用代理模式大幅降低合作门槛，实现了规模扩张。Booking 在欧洲市场具有强势市场领导地位。北美市场是大型连锁酒店占据市场主导地位，而欧洲是以小型精品酒店为主，市场分散。Priceline 有的放矢，通过收购 ActiveHotels 和 Booking 之后，快速形成了对欧洲分散式酒店业态的全覆盖，形成用户和商家对平台的双依赖。这种情况下，竞争对手想要再去撬动市场是很困难的。所以 Expedia 只能以北美为主，但北美连锁酒店占了超过 70% 的份额，盈利空间小，竞争也更激烈。

针对 Airbnb 通过差异化的短租业务杀入市场，Booking 也早已形成了有效应对。2023 年，Booking 就增加了 30 万个短租房源，短租的业务占比就已经接近 30%，比 2019 年还略有增长。为了吸引这些差异化非标房源，Booking 创造了高效的注册模式。在该模式下，住宿合作伙伴从注册到列出、管理业务只需不到 15 分钟。在运营的层面上，平台也在其官方合作伙伴平台"Partner Hub"上推出了包括营收辅助、成本控制和权益保障在内的多种商业化解决方案。此外，Booking. com 还在房东社区页运营知识生态，提供"认证房东"的知识分享和经验讨论区域，通过内部交流，加深房东对平台的忠诚度。

对比而言，Expedia 收购的 Vrbo 最近发展情况却不理想。Expedia 也已经进行了几次裁员。Airbnb 的市场份额，也被压在 22%～23% 之间波动。

在这样的市场地位下，Booking 展现了对业绩增长的信心和抱负，将业务发展的重心又从代理模式转换到批发模式，以期获得更高的收益，并且进一步锁定优质房源，给竞争对手带来更高的门槛。从 2024 年的财报可以看出，批发模式占比已经超过一半，且比代理模式超出 14% 以上。

　　再看机票市场。早期 Booking 一直是以酒店预定为核心业务，直到收购了 Kayak。2017 年，Booking 又收购了欧洲搜索引擎 Momondo 和 Cheapflights，以及巴西的 Mundi。不同于大部分公司收购新公司后往往会产生融合问题，Booking 把收购操作得炉火纯青。如图 4 - 19 所示，Booking 的机票预订增长很快，并且在加速。图 4 - 20 显示了 Booking 公司的业绩飞轮效应。

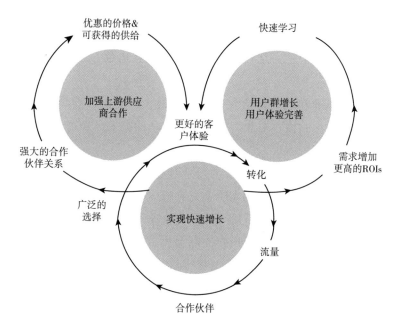

图 4 - 20　中金公司总结的 Booking 业绩飞轮

　　此外，Booking 引入了会员忠诚度计划 Genius，以加强用户黏性。如果在两年之内，通过 Booking. com 在任意时间预订了 2 晚客房，就可以获得 Genius 一级终身权益。该等级的门槛很低，权益是针对 Genius 计划里的特定酒店，可以享受 10% 的折扣。Booking 承诺，加入 Genius 计划的酒店的最低评分是 7.5/10，所以能得到品质保证。如果在两年之内预订了 5 个间夜，就可以升至 Genius 二级，可以获得以下权益：特定酒店的 10% ~ 15% 的折扣；特定酒店的免费早餐；特定酒店的免费客房升级。

　　那么，Booking 面临的风险有哪些？

　　首先是政府监管。尽管 Booking 声称只占了欧洲酒店所有营收的 13%，但作为占据欧洲 OTA 市场超过 2/3 份额的玩家，欧盟正在考虑将 Booking 列入反垄断监管清单之中。之前 Booking 被监管处罚多次，理由是 Booking 要求酒店承诺给 Booking 的价格不会高于酒店给其他任何 OTA 的价格，以及在用户界面上存在价格误导（比如没有一开始就和酒店订房价格一起列出用户需要缴纳的税费）。2022 年，Booking 再次尝试收购原本的欧洲机票业务合作伙伴 Etraveli，不过被监管以垄断嫌疑否决了。这对 Booking 的市场份额和利润产生了潜在负向影响。

其次是竞争。除了同业竞争以外，Airbnb、谷歌等跨界玩家始终对酒旅市场虎视眈眈，到目前为止 Booking 应对的很好。未来 Tiktok 等潜在玩家会不会借鉴国内的做法发力 O2O 领域也是个未知数。所以竞争压力始终存在。

最后是全球经济和地缘政治。作为全球最大、覆盖人群最广泛的 OTA 平台，决定业务天花板的核心在此。事实上，俄乌冲突等已经对业务产生了一些影响，抑制了部分预订需求。

总的来说，展望未来，Booking 的行业地位是稳固的。正如在分析美团那一节所指出的，旅游和出行行业本质上是高投入、高固定成本，因此需要高毛利来支撑的行业，想要通过超低价等来发起竞争可行性偏低，不符合商家的基本利益诉求，很多时候也不符合用户的利益诉求。潜在竞争对手要么能找到差异化的产品供给（例如 Airbnb C2C 的住宿供给），要么就要找到差异化的用户发展策略，还得有有效的商业模式支撑（大概率得经历巨大的亏损过程）才有可能去发起有效的竞争。这些要实现都很困难。

我们以 2027 年为基准来测算一下 Booking 的目标市值。根据多个国际组织的预测数据，今后几年的全球经济增长，大概每年都在 2% ~3% 之间。旅游业的发展速度，则将达到年复合增长率 10% 左右，显著高于经济发展，旅游行业占全球 GDP 的占比预计将逐步提高。同时，考虑到地缘政治、气候变暖等各方面因素，还是要以谨慎的态度来做预测为好。

我们根据 Booking 的战略重点转型，加大批发业务的增速预测，同时给 2025 ~2027 年减轻增长压力，代理业务以维持规模为基本预测逻辑。由此测算出 2027 年的预期营收为 421.8 亿美元，净利润为 71.71 亿美元，见表 4 - 19。我们以 2023 年的净利润增长 20% 来预测 2024 年净利润，得出 2024 预期市盈率为 25.94 倍。出于对酒旅行业的长期看好，我们假定 2027 年预期市盈率不变，则目标市值为 1 860 亿美元，比当前还有 39% 左右的增长空间。如果时间可以重来，2022 年底是比当前更好的投资 Booking 的时机。

表 4－19　　　　　　　　　　Booking 业绩统计与预测

业务类型	年度营收（亿美元）		同比（%）	季度营收（亿美元）		同比（%）	预估 CAGR（%）（2023～2027 年）	2027 年收入预估（亿美元）
	2023 年	2022 年		2024 年 Q1	2023 年 Q1			
批发	109.36	71.93	52	23.88	17.52	36.30	28	293.56
代理	94.14	90.03	4.6	17.63	17.82	-1.07	5	114.43
营销及其他	10.15	89.4	13.4	2.64	2.44	8.20	8	13.81
合计营收	213.65	170.9	25	44.15	37.78	16.86	/	421.8
毛利	186.21	151.04	23.29	37.37	32.08	16.49	/	/
毛利润率	87.16	88.38	-1.38	84.64	84.91	-0.32	/	/
经营利润	58.35	51.02	14.37	7.91	4.5	75.78	/	/
经营利润率	27.31	29.85	-8.52	17.92	11.91	50.42	/	/
净利润	42.89	30.58	40.26	7.76	2.66	191.73	/	71.71
净利润率	20.07	17.89	12.19	17.58	7.04	149.64	/	17

考虑到 Expedia 的市场份额处于持续下降通道，并且暂时还没有看到能突破的可能性，不是投资的好时机，我们将不对其单独进行评估。

接下来我们分析一下携程。作为国内最大的 OTA 平台，按业务划分，携程旗下主要包括携程、去哪儿、Trip.com、天巡（Skyscanner）四块业务，其中 Trip.com、天巡主要面向国际市场。按业务场景划分，携程的营收主要包括住宿预订、交通票务、打包旅游、商旅、其他业务（金融和营销等）五大类。其中打包旅游指酒店、交通和旅游项目打包在一起的跟团、半跟团或定制旅游项目。

从图 4－21 可以看出，携程经历了 2020～2023 年三年业绩将近减半的痛苦历程，但体现了极强的韧性，2022 年在对比 2021 年营收没有增长前提下通过减员增效实现了扭亏为盈，且在 2023 年实现了超预期的反弹。携程是怎么做到的？

1999 年，"携程四君子"梁建章、沈南鹏、季琦和范敏拿了 IDG 50 万美元的天使，创办了携程。2003 年 12 月就登陆纳斯达克，成为中国 OTA 第一股。这段时间携程一直坚持轻资产运营，到 2007 年已经占据中国 56% 的 OTA 市场，排名第二的艺龙为 18%。很快梁建章、沈南鹏、季琦都开始淡出，留下范敏坚守。在如何进一步发展的战略选择上，携程开始犯严重的错误。一是与互联网模式背道而驰，加大依赖传统的呼叫中心，在江苏南通成立了一个拥有超过 1.2 万个席位的呼叫中心基地。在酒店资源方面，不仅开始自营酒店，还成为了如家的第一大股东，并购买了汉庭 8% 的股份。面向台湾市场，控股了台湾最大网络旅游服务商，还收购了线下旅行社公司香港永安。在这种情况之下，虽然资源掌控能力加强了，但运营成本急剧上升，丧失了产品价格优势。再加上去哪儿这样的在线比价平台的出现，比携程的老模式明显更轻、更有效率，携程越来越被动。在2011年，携程的市场份额从高峰期的56%跌至41%，2012年净利润同比下降了34%。

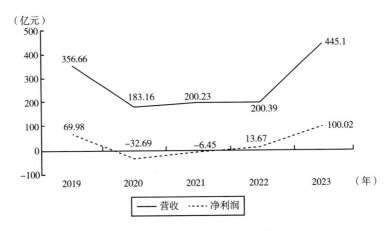

图 4 - 21　携程近几年业绩走势

这个时候，梁建章从国外回来，重新出山，开始战略调整，重新往轻资产移动互联网新模式转变，并很有魄力地在行业内持续打了几年价格战，把对手逼入财务困境，并开始用资本运作的方式合纵连横。2014～2015年，携程先后入股同程、途牛，并成为艺龙单一大股东。后来又用自身股权置换了百度手里的去哪儿股权，实现了对行业第二名去哪儿的并购，自此百度成为了携程第一大股东。通过在各个平台打通数据与用户账户，携程进一步实现市场份额的增长与资源垄断，这之后携程收入开启跳跃式增长。

至于海外市场，2015～2016年，携程相继收购英国航空整合平台 Travelfusion 公司、印度最大 OTA 公司 MakeMyTrip、英国旅游搜索网站天巡（Skyscanner）。2017年，再次出手收购了美国社交旅游网站 Trip. com。这些操作增加了携程布局海外旅游市场的筹码。

这里有一个非常值得思考的现象：无论是 Booking，还是携程，包括我们未过多展开的 Expedia，其实都是通过不断的"买买买"来夯实主业基础。说明旅游这个赛道，一旦形成规模，花钱收购远比拼刺刀抢地盘要来的划算和节省时间。这是因为，作为非高频消费场景，要做出用户知名度的代价其实是很高昂的。另外，无论是交通、酒店还是旅游相关的合作商家，大多是成规模的企业，话语权较强，减少竞争对手，会比通过业务竞争去拿到好的合作条件的代价更小。另外，从资本运作的角度，因为这个赛道的天花板很高，所以拼份额能迅速地做大蛋糕，带来估值或市值的迅速增长，无论是收购方还是被收购方，大家都是受益者。笔者倾向于认为，携程是深刻研究了海外这些玩家的发展史，尤其是并购对它们发展的重要性。所以携程除了收购，还专门设立了基金来投资海内外生态链企业。

在完成了这些以后，梁建章再次退居二线，老将孙洁上位当 CEO，一直到现在。

2019 年，携程提出了"G2 战略"，即 Great Quality（高品质）和 Globalization（全球化）。我们对携程当前在国内和国际市场的情况分别展开分析。

携程在国内的竞争力、护城河跟 Booking 在海外是类似的逻辑。所以尽管美团、抖音已经从低端酒店占据了很大的一块蛋糕，但真正属于旅游为目的的高价值的住宿和旅游产品，还有商旅，地位还是非常牢固的。再加上国内同类的玩家被梁建章通过资本运作基本都变成了自己人，相当于加了一道保险。从市场份额来看，网上只找到了 Fastdata 在 2021 年的统计数据，携程、去哪儿市场份额共计 50.2%，美团为 20.6%，同属携程系的同程占 13.9%。根据 2023 年以来的发展，预计携程系的整体市场领先地位不会有本质变化。相信也正是因为这样的原因，携程才有底气收取 15% 的佣金，明显高于竞争对手。

不过，除了竞争对手，国内连锁酒店的渠道自营，也是携程需要头疼的一件事情。酒店连锁化率提高意味着行业越来越向头部集中，这使得酒店集团与携程谈判的话语权越来越大。携程的高佣金和独家合作等要求让酒店集团下定决心发展自营。根据《2024 中国酒店业发展报告》，截至 2023 年底，我国连锁酒店数约 9.06 万家，较 2022 年 7.1 万家增长 28%。按连锁客房数量算，酒店连锁化率从去年的 38.75% 提升至 40.95%，其中中档、豪华酒店连锁率均超过 55%。以华住会为例，自营渠道（华住会 App、小程序等）订单量占比已经超过 80%。

在海外旅游市场开拓方面，围绕中国人的出境游和围绕外国人到中国的入境游是携程最乐观的机会所在。在出境游方面，携程也已经展现出了强大的竞争力。Fastdata 发布的《2023 年中国出境游行业发展报告》显示，目前国内 OTA 平台出境游市场份额中，携程旅行占比 54.7% 位居榜首。在出境跟团游和出境商旅领域，携程依靠着深厚的供应链积累依然断层领先，市占率为

63.7%。而在入境游方面，国家的 144 小时免签入境政策，给 OTA 行业很大的发挥空间。按照西方的数据，入境游的整体市场规模能达到国家 GDP 的 1%，这方面中国在 2019 年达到最高 0.5%，还有很大的增长空间。摩根士丹利发布的一份报告中，对携程 2024 年第三季度的业绩展望持积极态度，特别看好其长途及出入境旅行业务的发展前景。摩根士丹利引用携程的数据称，截至 2024 年 7 月 2 日，受益于 14 个免签证国家或地区的订单量同比增长 150%，入境订单量也实现了 100% 的同比增长。携程 CEO 孙洁在电话会上透露，携程国际版 Trip. com 一季度总收入同比增长约 80%。入境游对 Trip. com 的收入贡献达 20%，而 Trip. com 对携程集团一季度收入的贡献约 10%，其中超 70% 来自亚洲市场。

至于基于天巡等产品的面向纯海外市场的开拓工作，则任重道远。目前没有看出来有跟 Expedia、Booking 等一争高下的迹象。考虑到连 Expedia 都未能做到稳定盈利，这一步该如何走更考验携程管理层的智慧，让我们拭目以待。

所以，总的来说，携程在国内市场的地位基本稳固，围绕中国人的出入境游机会较大。但除此以外，携程缺乏真正的第二增长曲线，如何真正实现全球化（Globalization）还需要管理层慢慢给出答案。

基于上述分析，我们尝试对携程未来的发展作出预测。目前市场上的各种预测，国内旅游市场接下来几年的年复合增长率均不低于 10%。携程作为最大的 OTA 平台，其增长速度大概率会高于平均。从表 4-20 可以看出，考虑到 2024 年 Q1 净利润同比增长 28%，我们按照 2024 年的净利润比 2023 年增长 30% 计算得到 2024 年的预期市盈率为 16.34。出于对旅游行业的长期看好，假设 2027 年预期市盈率不变，则携程的目标市值为 496 亿美元，还有近 70% 的增长空间。决定这一预测是否有参考价值的关键是国内整体旅游市场的增长速度是否符合预期。

表 4-20 携程业绩统计与预测

业务类型	年度营收（亿元）		同比（%）	季度营收（亿元）		同比（%）	预估 CAGR（%）（2023~2027 年）	2027 年收入预估（亿元）
	2023 年	2022 年		2024 年 Q1	2023 年 Q1			
住宿预订	172.57	74	133.20	44.96	34.8	29.20	15	301.82
交通票务	184.43	82.53	123.47	50	41.56	20.31	12	290.2
包价旅游	31.4	7.97	293.98	8.83	3.86	128.76	30	89.68

续表

业务类型	年度营收（亿元）		同比（%）	季度营收（亿元）		同比（%）	预估 CAGR（%）（2023～2027 年）	2027 年收入预估（亿元）
	2023 年	2022 年		2024 年 Q1	2023 年 Q1			
商务旅行	22.54	10.79	108.90	5.11	4.45	14.83	10	33
其他	34.68	25.26	37.29	10.31	7.44	38.58	20	71.91
合计营收	445.1	200.39	122.12	119.21	92.11	29.42	/	786.61
毛利	363.89	155.26	134.37	96.67	75.61	27.85	/	/
毛利润率	81.75	77.48	5.52	81.09	82.09	-1.21	/	/
经营利润	113.24	8.8	1 186.82	33.15	22.41	47.93	/	/
经营利润率	25.44	4.39	479.34	27.81	24.33	14.30	/	/
净利润	100.02	13.67	631.68	43.25	33.74	28.19	/	220.25
净利润率	22.47	6.82	229.41	36.28	36.63	-0.95	/	28

第 5 章　AI 时代，新科技革命

5.1　从三个维度来理解人工智能（AI）

全世界越来越有共识，第 4 次科技革命将会是人工智能。人工智能这个概念早在 1956 年就被几个科学家提出，至今已经发展了好几十年。人和这个世界的互动，是一个感知、思考（分析、决策）和行动的闭环。如果说元宇宙是通过虚实融合来强化人与世界的互动从而发挥价值，而人工智能则是通过让机器代替或帮助人来完成和世界互动这三个环节中的部分或全部，从而发挥价值。

从人类的需要来讲，人工智能的终极目标是什么？笔者理解是帮助人类更好地实现包括生存、发展、繁衍在内的进化需要。从图 5 - 1 可以看出，每一次科技革命都给生产力带来巨大的提升，而且越往后技术进步越大，对生产力的提升幅度也越大。人工智能发展到高级阶段的时候，人类物质财富的创造将因为先进人工智能的广泛应用而实现极致效率，大量劳动力将从物质财富的创造中退出，转向精神财富创造领域。与此同时，因为效率的极致提升，社会的物质财富总量是足够的，这时候给人直接发钱成为了可行且必要的手段。但其风险一是人工智能会让很多事情变得真假难辨，二是一旦人工智能产生了自我意识，是否会走向人类的对立面。因此，在人工智能依然处于早期阶段的今天，OpenAI 的 ChatGPT 在历史上刚刚第一次让机器拥有了推理甚至决策能力，就已经有大量的权威人士号召全球应立即着手防范将来可能的风险。

接下来我们从三个维度来理解人工智能：作用机制、适用领域及组成要素。

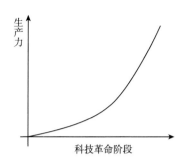

图 5 - 1　科技革命与生产力的关系

表 5 - 1 简单呈现了人工智能的作用机制。在条件允许情况下，人工智能可以在 3 个环节均代替人工，例如纯 AI 驱动的游戏 NPC（Non Player Character）。但到今天为止，更多时候人工智能还是离不开人的输入和监督。比如用微软 Office 根据人的要求自动生成一份报告。或者 AI 对 X 光片进行初步诊断，再由医生确认，以提高医生工作效率，等等。

表 5 - 1　　　　　　　　　　　　　人工智能的作用机制

维度		感知		思考		行动	说明
		增强	识别	分析	决策		
物理世界	看	摄像头	机器视觉	特征识别逻辑推理	比较方案分解规划驱动执行	表情合成	表情指机器人的表情
	听	声音传感器（麦克风阵列）	语音识别				
	闻	味觉传感器	机器嗅觉				
	说	—	—			语音合成情绪合成	
	触	测距传感器测压传感器测重传感器姿态传感器（陀螺仪）测温传感器	机器触觉			1. 姿态合成；2. 驱动机器执行器（车、机械臂、机械骨骼、机器人等）；3. 内容生成和互动	内容指的是报告等纯数字化内容；互动指的是在虚拟世界中的人机互动，例如游戏 NPC
数字世界	数据接口	分类标签	—			内容生成和互动	

在 GPT（Generative Pre-Trained Transformer）产生之前，人工智能主要还是在识别、合成等领域发挥作用，比如图像识别、人脸识别、语音识别与合成、指纹识别等，但机器一直都无法将数据转化为真正的知识，从而无法像人类那样进行推理和决策。以智能音箱为例，语音识别技术和语音合成技术早已成熟，但尽管自然语言处理技术（NLP）已经发展了几十年，还是只能像搜索引擎那样基于 query 来做匹配，无法形成知识，从而做不到像人与人那样的自然语言沟通，这导致了智能音箱一直以来都无法成为下一代人机交互的入口。但是到了 LLM 大语言模型时代，可以预见的是真正的人机自然语言交互将成为可能，传统的搜索引擎式人机交互形态也将被颠覆。

人工智能到底能在哪些领域产生价值？可以说将涵盖人类工作生活的方方面面。从人工智能对人的影响这一角度出发，可以总结为三大方向：增强（enhance）、关爱（care）、替代（replace）。增强是指帮人提高解决问题的能力，关爱是指为人的健康、情感、娱乐等需求而服务，替代是指由机器代替人来完成具体事务，如表 5-2 所示。

表 5-2　　　　　　　　　　　　人工智能适用领域

维度	子方向	2C	2B
增强	学习	AI 教育	AI 教师
	生活	AI 购物助手 AI 天气预测 AI 翻译 可人机对话的各类家用电器	智能营销 送货机器人 仓储分拣机器人
	工作	—	编程 CoPilot AI 调研 AI 报告编写 AI 法务 AI 招聘
关爱	健康	AI 就诊助理 AI 心理医生	AI 技术 + 制药 AI 医生助理 AI 医疗设备
	陪伴	聊天机器人 陪伴机器人 机器宠物	AI 护工

续表

维度	子方向	2C	2B
关爱	娱乐	AI 旅游助理 AI 游戏 AI 音乐/视频互动 智能音箱/智能屏	AI 推荐引擎 AI 内容生成（图文、视频、音频等） AI 数字人
替代	有危险	—	灾害救援机器人 巡逻机器人 作战机器人
	做不到	—	AI + 武器 深潜机器人
	提高效率	—	无人驾驶（货车、出租车等） 流水线机器人 服务机器人 智能销售/客服
	释放人力	私家车自动驾驶 家庭清洁机器人	—

未来每个人都会有一个自己的人工智能助理，可以涵盖我们工作生活的方方面面。它有以下几个特点。

（1）它可以在云，也可以在端，但相互打通，我们可以通过各种端将它唤醒，比如手机、音箱、电脑、手表等。

（2）不像现在基于应用（程序或 App 等）互相割裂的方式，它可以基于人的要求，打通不同的应用来响应需求。例如帮人安排一次旅行，包括出行、酒店、经典门票、购物安排，顺便把拜访朋友的安排也一并处理了。

（3）这个助理是完全个性化的，符合"我"个人需要的。

（4）"我"和这个助理的沟通也很像人和人的沟通方式。

每一个完整的人工智能应用都包括几大要素：算力、模型、数据和场景。这也将是我们接下来选择投资标的的时候一个最核心的筛选逻辑。这 4 个要素中，前面两个解决能力问题，后面两个解决落地问题。因为 LLM（大语言模型）是基于"大力出奇迹"而产生拐点效应的，因此一方面以芯片为核心的算力供应商现在炙手可热，另一方面海量的场景数据输入也成为了必备的条件，越丰富的数据输入，越有利于产生所谓"数据飞轮"效应。实际上，包括 OpenAI 在内的各家大语言模型的能力发展速度是惊人的，甚至超出了他们自己的预期。我们分开来说明。

先谈谈算力。现在大模型的发展，基本上每两个月对算力要求就要翻一倍，这是很恐怖的需求增长。各大芯片公司和 AI 云服务供应商在竞相争夺这一块蛋糕，尤其是英伟达因为 AI 算力芯片的爆发性需求而市值一路攀升至过万亿美元。国内华为的昇腾、鲲鹏系列 AI 芯片也取得了很大的突破。此外，云和端的协同越来越重要，除了基于云端的 AI 算力之外，各大芯片公司和终端制造商开始布局边缘和端 AI，将 CPU、GPU、NPU 等融为一体，推出 AI PC、AI 手机。例如像自动驾驶这样的场景，出于安全和响应速度等考虑，其计算必须要放在车上，像特斯拉等企业都在研制基于端的专门的自动驾驶芯片。

芯片行业现在面临一个比较大的问题：随着芯片制程即将逼近 1nm（预计 2030 年量产），如何维持摩尔定律要求的发展速度将越来越困难。在大模型出现之前，周鸿祎曾经说过，耗费一座城市的电力，也只能训练出一只老鼠的智力。尽管大模型让人工智能开始显示出推理和决策的能力，从而从根本上改变了人工智能不智能的历史，但从长远来看，芯片制造的局限将从根本上制约人工智能的发展。目前看存算一体是中短期能看到的解决这一问题的方案。更长期需要"新算力"，一种是量子计算，因为它从根本上改变了传统计算机的 0/1 运算架构，理论上可以将整个世界的机器运算能力释放出近乎无穷的增长潜力；另一种是类脑芯片，直接模拟人类的神经元和突触的运行模式。我们可以大胆推断，新算力加大模型将是超级人工智能出现的基础。我们将在芯片分析的章节展开讨论。

对于模型，有两点值得探讨。一是构建模型的算法现在层出不穷，迭代也都很快，但从长远来看，最后各家的竞争壁垒不会在算法上，可能会通过相互借鉴学习而趋同。二是抛开各国的数据安全考虑等不谈，单纯从商业角度，到底未来会是一个统一的通用大模型（Artificial General Intelligence，AGI）加上基于模型的垂直应用，还是会有多个大模型？这个问题的答案来自数据壁垒、建设成本，以及跟场景的绑定关系上。在移动互联网时代，各巨头已经将数据、服务和应用入口捆绑，在大模型时代要打破这一情况也并不容易，因此大模型很难一家独大。我们甚至可以预测，这些拥有数据、服务能力和入口优势的企业，很多将依然会是大模型时代的获益者。同时，由于打造和优化大模型，以及推出基于大模型的应用场景都是投入巨大的事情，据说 OpenAI 仅训练一次就需要上千万美元，再加上移动互联网时代形成的场景入口壁垒，新进入者想要成为最后的赢家也有很大的难度。其可能突破的方式有四种：一是作

为赋能者，将大模型能力输出给客户，并通过垂类数据和小模型打造竞争壁
垒；二是作为现有应用巨头的颠覆者（例如颠覆搜索）；三是占领新场景（例
如自动驾驶、人形机器人）；四是利用不对称优势去占领市场（例如打造面向
传统行业的大模型）。

5.2　大语言模型（LLM）的历史和发展趋势

大语言模型的发展历史可以追溯到早期的语言模型和机器翻译系统，但其
真正的起点是随着深度学习技术的兴起而开始的。语言模型的本质是对任意一
段文本序列进行建模，用一个高维向量来表示一个 Token 的全部信息。在深度
学习技术出现之前，语言模型主要基于传统的统计方法，也称为统计语言模型
（SLM）。SLMs 是基于统计语言方法开始，基本思想是基于马尔可夫假设建立
词预测模型，如根据最近的上下文预测下一个词。具有固定上下文长度 n 的
SLM 也称为 n—gram 语言模型。然而这些模型虽然简单，但在处理长文本序列
时存在着词汇稀疏性和上下文理解能力有限等问题。

随着神经网络技术的发展，本希奥等（Bengio et al.）于 2003 年提出了神
经语言模型，将语言模型建模问题转化为了一个神经网络的学习问题。循环神
经网络（RNN）和长短期记忆网络（LSTM）的提出进一步增强了神经语言模
型对文本序列的建模能力。这些模型能够捕捉到文本序列中的长程依赖关系，
从而提高了语言模型的性能。

2013 年，谷歌提出了 Word2Vec 模型，通过词嵌入（Word Embedding）的
方式将单词映射到连续的向量空间中，提高了语言模型对单词语义的理解能
力。2017 年，谷歌又首次提出了 Transformer 模型，该模型通过自注意力机制
（Self-Attention）实现了并行计算，大大提高了模型的训练速度。

在这样的背景下，GPT 诞生了。2018 年 6 月，OpenAI 推出了基于 Trans-
former 框架的 GPT－1，首次实现了使用预训练方法来实现高效的语言理解。
2019 年 GPT－2 主要采用了迁移学习技术，能在多种任务中高效应用预训练信
息，并进一步提高语言理解能力。到了 2020 年的 GPT－3，OpenAI 直接将模型
参数扩大到了 175B（即 1 750 亿），并注重泛化能力，这一举动正式意味着大
语言模型奇迹的诞生。为了训练大语言模型，人类历史上可以数字化的知识几
乎已经被用尽了。而为了能高效训练这些数据，压缩是必不可少的一步。伊利

亚·苏特斯克弗（Ilya Sutskever，OpenAI 联合创始人兼首席科学家）指出，能实现高效压缩，就说明已经获取了知识。这是大模型之所以能在人类历史上第一次产生知识输出的核心原因之一。

GPT-3.5 被广泛认为是真正意义上的大语言模型（LLM），通过指令微调和基于人类反馈的强化学习（Reinforcement Learning from Human Feedback，RL-HF），体现了 LLM 的涌现能力，LLM 开始能够解决一些复杂问题。基于此开发的 ChatGPT 聊天机器人更是让人惊艳，机器仿佛真的产生了"意识"，一经发布，在短短 2 个月的时间内用户数破亿。

2023 年发布的 GPT-4 开始支持多模态，主要是图片和视频数据的加入。大模型开始能够做更多的事情，例如生成专业视频。而 2024 年的 GPT-4o 则通过统一的端到端大模型融合文本、图片、视频和音频数据的输入和输出，展示出了更真实自然的人机对话能力，机器能够模拟人的情绪来进行表达，越来越真假难辨。

如果用跟人类的知识水平来对比，GPT-3 的综合能力已经在高中生和大学生之间，GPT-4 则已经是名牌大学优秀学生的水平。那人工智能到底有没有产生自我意识呢？萨姆·阿尔特曼（Sam Altman）在接受采访时指出，到目前为止还没有。同时，通用人工智能（AGI）的前景越来越多地被大家所讨论。阿尔特曼认为这是一个人和数字技术共同进化的过程。未来通用智能的实现需包括四大要素：涌现（emergence）+代理（agency）+功能可见性（affordence）+具象（embodiment）。

在 OpenAI 的 GPT 突飞猛进的同时，全世界各大公司和研究机构也迅速的行动起来。在美国，形成了 OpenAI 的 GPT、谷歌的 PaLM 和 Meta 的 LLaMA 三座大山，以及以 Anthropic 的 Claude 为代表的更多创业公司的大模型。微软和亚马逊也在各自研发自己的大模型。在中国，则是百度、阿里、腾讯、华为这些互联网和科技巨头领衔，再加上零一万物、月之暗面、百川智能等创业公司加入战局。这里面，开源和闭源两种模式并存。闭源的优势是算力集中，成本低，能更好地商业化，以及理论上安全性更好。开源的优势是可以借更多的开发者之力来加速大模型发展，且能更好地培育伙伴生态。图 5-2 列出了全球主要的大模型及发布节奏。①

---

① Wayne Xin Zhao, Kun Zhou, Junyi Li, etc.. A Survey of Large Language Models［J］. Cornnel University, 2023（11）.

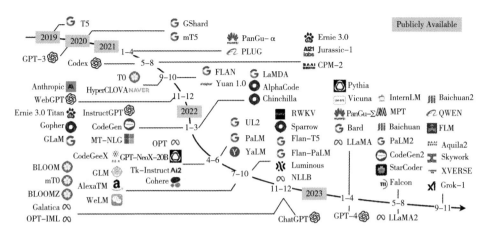

图 5-2　全球大模型一览

关于大模型后续的发展趋势，主要是以下几点。

（1）更强的对内容的理解和 AIGC 能力。未来的大语言模型将拥有更加强大的数据理解能力，可以在多模态理解方面表现更出色。例如可以理解用户拍摄的影像，感知用户需要表达的情绪，构图并提供拍摄建议，甚至自行创造特效，从而使视频内容更加真实，人机交互更为自然。从此，观众不再是单纯的内容接收者，而是故事的共同创造者。这有可能会颠覆影视创作的方式。

（2）更强大的人机交互和推理能力。智能化处理能力的不断增强使得大模型可以更好地理解和处理人类的语言、情感和行为，为机器人的大规模应用提供了智慧大脑。

（3）Agent（智能体）。由于大模型是端到端的运作方式，当要完成更复杂的任务时，需要通过 Agent 来理解、决策和规划，并在必要的时候调用大模型的能力来完成。例如预订餐厅，Agent 需要根据我们当前所在位置，了解我们用餐的偏好，多少人，计划用餐时间，有什么禁忌等，然后给出候选餐厅供我们选择，再完成预订。如果可能的话帮们把出行也安排好，并提醒我们按时出行。

（4）垂直应用。AI 和大语言模型正逐步渗透到各行各业，推动传统行业的转型和创新。举例来说，在医疗领域，AI 可以协助诊断、个性化治疗和药物研发；在教育领域，AI 可以提供个性化学习路径和智能辅导；在金融行业，AI 能够帮助风险管理、欺诈检测和算法交易；在法律行业，在学习了无数法律文本后，AI 可以展现无与伦比的逻辑性和推导能力；在科学研究中，大模型将利用其强大的模式识别和数据分析能力，帮助研究人员获得突破性发展；在气候科学领域，大模型可以分析卫星图像、历史气候数据和复杂模型来预测气候变化的影响并提出有效的缓解策略；等等。

（5）削减成本。作为"大力出奇迹"的技术，如何能降低单位计算的成本是一个重大的课题。这里面算力芯片是重点，模型本身也需要优化。比如，有研究表明，一般压缩50%的数据量只会带来约10%的准确度损失，这对AI手机、AI PC等边缘计算场景很重要。从长远来看，就跟互联网时代的搜索业务，在实现了单次搜索成本固定且足够低前提下就能爆发出巨大的用户和商业价值那样，如何能实现LLM运算的单位成本固定且足够低廉，是人工智能可以为千行百业真正带来巨大产业价值的前提。

（6）安全。大规模语言模型的安全问题几乎是大模型所面对的所有挑战之中的重中之重，机器幻觉是大模型目前还没有极佳解决方案的主要问题，大模型输出的有偏差或有害的幻觉将可能会对使用者造成严重后果。同时，随着LLMs的"公信度"越来越高，用户可能会过度依赖LLMs并相信它们能够提供准确的信息，这点可以预见的趋势增加了大模型的安全风险。这一点需要边实践边解决，逐步完善。

5.3 基于大模型的 AI 在数字经济领域的应用

人工智能要代替人类进行物质财富创造，尤其是在农业、工业和服务行业代替人进行各项工作，除了好的"大脑"，还得大规模建设采集数据的基础设施，以及设计和控制能够适应人类社会生活工作所在空间与互动方式的执行器（业界称之为具身智能），并在实践中不断迭代优化、逐步推广，这将是一个缓慢、循序渐进的过程。其中服务行业GDP占比最高，场景最为复杂，大规模替代人的难度也最大。目前的室内服务机器人（酒店送物机器人、饭店上菜机器人等）就是很好的尝试，另外由特斯拉牵头的人形机器人如能成功则将是革命性的。我们暂不对这些领域进行终局判断。

对比而言，在数字经济领域，因为基础建设好（手机、电脑、互联网、5G等），数据丰富，覆盖的产业规模足够庞大，也不需要通过驱动额外的物理执行器就能发挥价值，因此将是大模型施展拳脚的天然优势领域。我们将尝试对人工智能在数字经济领域的作用方式和长期竞争格局进行预测。

5.3.1　大模型在 2B 数字经济领域的应用

表 5 - 3 对 2B 数字经济领域内各赛道的 AI 作用方式和长期竞争格局进行了预测。之所以先讨论 2B，是因为生成式 AI（GenAI，或者叫 AIGC）最早迎来了拐点，而这对内容创作领域产生了激动人心的价值，也是大模型目前最热的投资方向之一。虽然模型输出并不完美，但专业人员可以指导 AI 反复调优以降低对 AI 输出效果的要求，这符合大部分 2B 领域的工作过程，并没有增加额外的时间成本。AI 参与文学创作、绘画到视频和音频的编辑，大模型将内容创作领域的门槛大幅度降低，效率显著提升，且不断提供各种"创意"。举 3个例子。

（1）像抖音这样的短视频平台，以后创作者将通过大模型的能力更加便捷、有创意地输出短视频内容。

（2）通过大模型实现游戏内容自动化生成，以起到降低成本、提高效率，以及大幅降低中小企业的准入门槛等作用。另外大模型还将解决游戏 NPC 在行为与交互上不自然的问题。

（3）根据人的需求和偏好，通过 AI 自动生成曲子和歌词，实现完全个性化的音乐创作。

表 5 -3　　　　　　　　　　　大模型在 2B 数字经济领域的应用

组织	赛道	AI 作用方式	预测竞争格局	说明
企业/组织	办公软件	Copilot	跟应用绑定，垄断	1. AI 根据人的指令自动生成报告、报表、文档等； 2. Copilot 跟 office 绑定决定了垄断效应
	办公硬件	AI PC、AI 工作站	相对集中	通过本地 AI 能力以大幅提升办公效率
	创作	GenAI	高度集中	GenAI，生成式 AI，根据人的指令自动生成和修改文本、视频和其他内容
	开发/研究	Copilot	高度集中	AI 按照程序员的指令自动生成和修改代码

续表

组织	赛道	AI作用方式	预测竞争格局	说明
企业/组织	广告	AI营销大模型 + 营销物料 AIGC	相对集中	1. 由于大的媒体平台掌握了流量和数据，它们天然会是营销大模型的优势一方； 2. AIGC 将在营销物料（图文、视频）制作方面显著提高效率
	销售	销售大模型 + 数字销售 + 虚拟主播等	相对集中	1. 尤其通过电商，大模型更容易发挥价值，因为全闭环在网上，数据收集门槛低； 2. 大模型的数据优势主要体现在将全网数据进行实时跟踪，并调动 AIGC 等优化整个销售链路以实现转化率提升
	PR/GR	舆情大模型	相对集中	对数据来源的掌控力决定了模型效果
	组织管理	1. 高管 AI 助理； 2. 企业经营健康诊断与优化	高度集中	1. 帮助管理人员提高时间管理效率； 2. 帮助企业在业务方案、员工状态、组织效率、激励机制等各方面智能诊断和优化
	财务	1. 基于大模型的企业风控画像； 2. 企业财务 AI 助理	高度集中	1. 基于企业大数据的金融风控大模型； 2. 企业资金管理的智能助手
行业	金融投资	基于大模型的二级市场量化交易解决方案	相对分散	由于博弈天性，市场会分散
	制药	通过大模型加速药物分子发现和优化等环节	相对分散	有实力的药企都可以做
	产品供需	分产品大模型，包括预测天气影响、上下游发展、产量、市场供需，面临的风险等	相对分散	1. 可覆盖各类 2C 商品、农业原材料、工业原材料和产品等； 2. 数据来源掌控力决定了模型效果
政府	经济	总体经济 + 分产业大模型，诊断和对策	相对集中	政府的数字经济顾问
	就业	就业大模型，诊断和对策	相对集中	

续表

组织	赛道	AI 作用方式	预测竞争格局	说明
政府	弱势群体扶持	失业/困难家庭和落后地区大模型，诊断和对策	相对集中	
	环境	环境监控和诊断大模型	相对集中	包含空气、水、土地，以及对汽车、企业排放等的监控和诊断
	灾害	灾害风险防控大模型	集中	
算力	AI 算力服务	AI 云服务	相对集中	为企业和政府机构等提供集中化的云端算力

　　有意思的是，在大模型出现之前，业界学界普遍认为体力劳动者和做重复性脑力劳动的人将是最早被人工智能取代的一批人。可没想到的是，大模型的出现首先让同样的工作量对软件研发工程师的需求大幅降低。即使没有编程经验的人，也可以通过和大模型的交互，获得大模型自动生成的代码。所以有一种说法是软件工程师是最先会被淘汰的。不过这种理解显然存在误区。真正优秀的编程并不光是机械化的编码，还需要灵感和深层次的判断能力，所以好的软件工程师更会积极拥抱大模型，因为从此以后他们的工作效率可以数倍甚至10 倍增长。另外因为今后各行各业都需要通过人工智能的改造来提升效率和价值，因而对软件开发的需求总量在持续增长，所以需要的软件工程师数目依然在持续增加。

　　像微软 Office 这样的业务，通过 Copilot 智能助手，将大幅降低调研、统计、撰写邮件和报告、准备演示材料等的门槛，从而激发了更多的使用需求，微软必然将从中受益，且依靠 Office 的垄断地位继续享有整个赛道由 Copilot 带来的绝大部分增量收益。

　　一旦将企业经营和人员的数据丰富起来，通过大模型对海量企业的数据进行消化对比，就可以实现基于大模型的企业经营智能助手，帮助企业从业务方案、组织架构、激励制度、人才的选用育留等各方面进行诊断和优化。

　　大模型对产业和政府都有很重要的作用。无论是农产品、原材料，还是各类 2C 和 2B 的商品，通过大数据加大模型，都可以实现更好的供需预测，从而达到全社会资源分配的优化效果。在量化投资、生物制药等领域，大模型在提升效率和准确性方面都能起到显著的作用。对政府来说，大模型加大数据可以实现对经济的监控、把脉和输出解决方案，也可以对就业、环保、灾害防控、弱势群体和欠发达地区的专项扶持政策等进行更有针对性的分析和优化，提高政府的决策效率和效果。

5.3.2 大模型在 2C 数字经济领域的应用

在 2C 领域，大模型可以着力的点特别多。尽管发展迅速，但从发展程度来说，目前还没有在哪些主要领域已经发展成熟，可以为用户持续输出超预期的使用价值。尽管如此，发展趋势是明确的，我们已经能够对大模型在很多领域未来的价值发挥方式和长期竞争格局尝试进行预判，如表 5-4 所示。

表 5-4 大模型在 2C 数字经济领域的应用

赛道	AI 作用方式	预测竞争格局	说明
AI 硬件	通过 AI 手机、AIPIN 等产品给用户提供基于端的 AI 应用平台	相对集中	现有的手机厂商均会受益
通用个人助理	1. 个性化； 2. 自然语言交互； 3. 助理在云端； 4. 支持多端唤醒	1. 通用（AGI）高度集中； 2. 垂直的跟应用绑定	1. 能覆盖且做透多少场景将是通用 AI 助理之间的核心竞争点； 2. 除了手机之外，智能音箱可能成为人机交互的一个主要入口
搜索	将被大模型交互取代	高度集中	搜索将升级为自然语言交互的产品形态
社交	1. 在社交应用加入数字分身、AI 社交秘书或 AINPC； 2. 通过 AI 提供更好的社交工具和内容（照片、视频等）； 3. 社交应用开放一定的接口给通用助理	跟应用绑定，垄断	开放信息转发等不伤害应用主体性，且对用户有价值的能力
新闻	1. 通过大模型进一步提升个性化能力； 2. 容易受到通用个人助理的冲击	单独应用入口作用减弱	
视频	1. 通过 AI 更高效生成视频内容，包括长视频内容； 2. 通过 AI 实现人与内容的更深层次互动，例如人作为角色进入内容	跟应用绑定，高度集中	AI 提升个性化不仅在内容推荐上，甚至可以在长视频里面低成本实现个性化的内容

续表

赛道	AI 作用方式	预测竞争格局	说明
音乐/音频	1. 通过 AI 实现更个性化的内容推荐； 2. 通过 AI 为人实现量身定制的音乐	高度集中	
游戏	1. 通过大模型实现全自主 NPC，给用户更好的互动体验； 2. 通过大模型实现量身定制的游戏内容或个性化场景	相对分散	大模型不会影响大公司的竞争格局，反而会让小企业进入游戏行业的门槛大幅降低
本地生活	1. 在应用内加入垂直个人助理； 2. 通过大模型实现更个性化的本地产品和服务推荐； 3. 本地生活应用开放一定的接口给通用个人助理	跟应用绑定，高度集中	开放预约结果等不伤害应用主体性，且对用户有价值的信息
旅游	1. 在应用内加入垂直个人助理； 2. 通过大模型实现更个性化的旅游攻略、产品和服务推荐； 3. 旅游应用开放一定的接口给通用个人助理	跟应用绑定，高度集中	开放行程、预定结果等不伤害应用主体性，且对用户有价值的信息
电商	1. 在应用内加入个人购物助理； 2. 通过大模型实现更个性化地推荐商品，以及个人穿戴效果； 3. 电商应用开放一定的数据接口给通用个人助理	跟应用绑定，高度集中	开放订单、物流等不伤害应用主体性，且对用户有价值的信息
医疗	1. AI 就诊助手； 2. AI 医生（心理医生等）	就诊助手跟通用个人助手绑定，高度集中，但价值有限	医疗由于其低频特点，加上医疗资源的封闭性，独立的应用难以做大成为入口
教育	一对一的分学科 AI 教师	相对集中	AI 教育会极大缓解教育资源不均衡问题。教育服务本身很难垄断，但基于 AI 的一对一数字教育助手由于门槛较高，会相对集中
金融	1. 基于大模型的个人风控画像； 2. 基于大模型的个人投资理财助理	相对集中	金融是强服务壁垒的领域，AI 需要跟应用绑定

我们可以预判的是，拥有 AGI（通用人工智能）打造能力的企业（典型的是像 OpenAI 这样的大模型企业，以及像谷歌这样的拥有跨行业大数据和入口优势的企业），将会对其可能颠覆的领域进行一轮狂轰滥炸。OpenAI 已经通过打造类似 AppStore 这样的方式，允许开发者基于他们的大模型来打造垂直大模型应用，谷歌百度们也必然会跟进。对其未来的发展我们拭目以待，但笔者会倾向于认为想要对诸如电商、O2O 等已经形成寡头效应，构建产业链服务能力和生态较为复杂的领域进行颠覆是非常困难的，反而像搜索、新闻这种生态薄弱的业务更容易受到冲击。此外，由于大模型的颠覆性创新带来的巨大的用户价值，腰部和长尾的应用面对大模型降维打击将更难生存。所以总的来说，可以预见以后用户所需要的应用会进一步大幅度减少。

让我们再讨论一下数字个人助理。尽管我们希望一切从用户需求出发，完全打破应用壁垒，让 AI 为我们完成尽可能多的工作。但从可预期的发展阶段来说，要打通各个不同应用之间的业务和数据壁垒是具有很大难度的，因为一旦各个应用同意把数据和服务接口完全开放出来，可能将丧失其入口地位，被个人助理提供方所控制。因此一个更可能的发展方向是通用个人助理和垂直个人助理并存的情况，垂直个人助理通过在维持主体性前提下给通用助理开放一定的数据或服务接口来一定程度上满足用户需求，并实现共赢，表中对各个相关赛道与此相关部分都进行了描述。另外，个人助理和个人助理之间通过授权也可以进行协同，比如多人一起出去旅行这样的场景。

有的赛道，诸如搜索和新闻，可以预见将受到通用个人助理较大的冲击，将成为个人助理价值输出的主要内容来源之一。这些产品的交互形式将根据个人助理与人互动方式的需要进行彻底的改变。

在社交、游戏等领域，由 AI 驱动的数字人（无论是数字分身还是 NPC）将真正展现出超越用户预期的效果，即使在手机这样的终端，也能实现不仅可以自然语言交流，还可以看到它自然的表情和肢体动作。

像音乐、教育、招聘，以及医疗服务的部分领域（如心理医生）等，人工智能可以实现一对一量身定制的服务闭环，方便快捷，大幅降低服务提供方的压力，并大规模促进用户的使用和消费需求。

像本地生活、旅游、电商、金融这些赛道，人工智能更多的作用是进一步提高人和服务的链接效率。

5.3.3　大模型的经济价值测算

大模型到底能产生多大的经济价值？根据 Bloomberg 预测，生成式 AI 在 2022 年创造的价值约为 400 亿美元，到 2032 年的预期市场规模可达 1.3 万亿美元，如表 5−5 所示（单位均为亿美元）。

相信人工智能方向的潜力充分释放之后，其商业价值最终将远不止于此。

表 5−5　　　　　　　　　Bloomberg 预测的生成式 AI 产值规模

业务板块	2022 年	2027 年	2032 年	年复合增长率（%）
硬件	379.73	2 236.15	6 417.37	33
基础设施（训练）	338.45	1 406.50	4 735.05	30
——AI 服务器	225.63	496.41	1 338.17	19
——AI 存储	90.25	330.94	926.42	26
——生成式 AIIaaS	22.56	579.15	2 470.46	60
设备（推理）	41.28	829.65	1 682.33	45
——计算机视觉 AI 产品	10.32	221.24	605.64	50
——对话式 AI 产品	30.96	608.41	1 076.69	43
软件	14.93	588.26	2 798.99	69
——专门的生成式 AI 助手	4.47	208.64	890.35	70
——编码，DevOps（研发运营）及生成式 AI 工作流	2.13	126.17	504.3	73
——生成式 AI 工作负载基础软件	4.39	134.68	716.45	66
——生成式 AI 药物研发软件	1.4	40.42	283.43	113
——生成式 AI 网络安全支出	0.09	31.65	139.46	109
——生成式 AI 教育支出	3.7	46.69	265	53
生成式 AI 游戏支出	1.9	206.68	694.14	80
生成式 AI 驱动的广告支出	0.57	643.58	1 924.92	125
基于生成式 AI 的 IT 服务	0.83	216.9	858.71	100
基于生成式 AI 的商业服务	0.38	101.88	341.38	97
合计	398.34	3 993.45	13 035.51	42

5.4　人工智能领域的投资机会分析

选择人工智能投资标的，基本还是遵循"算力、模型、数据、场景"4 要素，以及场景分为 2B 和 2C 两大方向这样的基本脉络。基于大模型的人工智能还在早期发展阶段，一级市场的投资机会很多。

我们的重点在分析二级市场，为了能集中精力找出尽可能有把握的投资机会，我们选择少数赛道深入挖掘。选择的思路是赛道的市场前景广阔，AI 为赛道井喷的核心驱动力，且中短期就可能爆发。

我们还是从算力、模型、数据和场景角度出发，其中：AI 算力以芯片为核心，我们将在分析芯片产业的时候再重点进行挖掘。有两个跟芯片直接相关的产品赛道已经在爆发初期：AI PC 和 AI 手机，我们将在本章深入挖掘。大模型部分，独立的大模型公司基本都还没有上市。已经上市的，如谷歌百度存在新搜索和旧搜索"左右互搏"的问题，或者像 Meta 决定股价核心的目前也不光是大模型，如需分析放在别的章节更合适。

数据和场景不分家，都是为应用服务，当前的上市公司中存在一些将 AI 作为后续发展核心，短期就会取得一定的商业化回报，中长期将有可能对市值产生重大影响的业务方向。比如智能汽车，它是一个完美的适合用 AI 来升级改造的物理空间，可以根据我们的需要从各个方面去进行智能化升级，尤其是人机交互和自动驾驶，但我们已经在新能源汽车的章节做过分析，不再重复。再比如办公智能化领域，微软的核心业务之一 Office 是一个典型的自闭环场景。使用 Office 是有门槛的，比如 Powerpoint 和 Excel，笔者到现在都不擅长。所以微软把 Copilot 助手向用户收费了，股价也一路上涨。在娱乐赛道，游戏作为一个纯虚拟化的闭环场景，智能化的价值发挥空间也很大，是可以跟智能汽车对标的完美的 AI 改造"空间"。且随着大语言模型、AIGC 等技术的不断成熟，其长期商业化价值也可预期。

总结一下，从笔者对市场的观察来看，整个 AI 赛道的二级市场投资机会，首选是以英伟达为代表的芯片的爆发；伴随而来的是以超微电脑为代表的 AI 服务器和以微软为代表的云计算＋AI 赛道的爆发；接下来是以苹果、联想为代表的 AI 手机、AI PC 这样的 AI 设备赛道的爆发；再往后会是诸如智能语音助手、AI 游戏、无人驾驶等各应用的百花齐放。具身智能相关产品（机器人等）难度偏高一些，会再晚一些。

5.4.1　AI PC（联想、惠普、戴尔）

AI PC 将是 AI 智能终端的第一个大风口。首先我们定义一下什么是 AI PC。除传统的 CPU 外，由 NPU、GPU 等 AI 芯片为核心 AI 驱动力，可以在端上运行基于 AI 大模型等的智能化应用的台式机或笔记本电脑。《AI PC 产业白皮书》定义 AI PC 具有以下五大特性：内嵌个人大模型，拥有个性化本地知识库；具备 CPU、GPU、NPU 本地混合 AI 算力；拥有开放的 AI 应用生态；可运用自然语言交互；拥有设备级个人数据和隐私安全保护。

谨慎起见，我们需要论证一下：AI PC 到底是不是风口？这里面最核心的问题是 AI 加持下的 PC 到底能为用户带来什么额外价值。

由于智能手机的蓬勃发展，电脑的娱乐属性重要性降低（重度游戏是个例外），核心定位为学习和生产力工具。最近几年由于没有特别的技术突破，销量逐渐下滑，看起来像是个"夕阳"产业，如图 5-3 所示。但也正是其新的属性定位，让 PC + AI 有成为下一个风口的可能性。

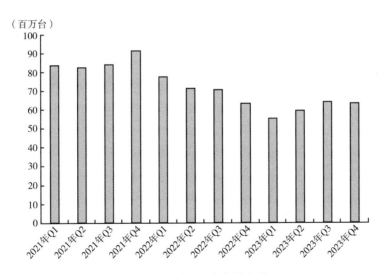

图 5-3　全球 PC 出货量走势

资料来源：statista。

总的来说，AI PC 比起传统电脑主要将在如下几个方面进行提升。

（1）早在 AI PC 概念出现之前，英伟达已经通过在电脑里加入 GPU 以满足重度游戏玩家的流畅体验，这可以说是 AI PC 满足的第一个用户刚需。

（2）在学习和办公等领域，微软的 Windows 12 已经规划把 Copilot 从云上转到端上，让用户能够借助 AI 能力更好地使用 Office，包括文档撰写、Excel 统计，以及编写基于 PPT 的展示材料等。这对于经常需要用到 Office 的用户来说简直是雪中送炭。

（3）基于个人大模型的智能个人助理（或者叫智能体，agent）。除了更好的自然语言人机交互体验，未来还能在图片、视频里面任意检索内容，帮个人做好各类计划等。

（4）基于生成式 AI 的内容创作，无论是做视频、艺术和工艺品设计、文学创作等，AI 将会帮助我们提高效率、激发创意。

这些需求都是实实在在的，且 AI PC 是能够逐步实现的。因此，AI PC 这个赛道大概率会是个靠谱的风口。实际上，从芯片角度无论是 Intel、AMD、高通等，还是从电脑角度的联想、惠普、戴尔、宏碁等，都在大举进军这一赛道。

那么为什么这些 AI 能力明明云端都能做到，还需要在端上实现呢？主要因为如下几个原因。

（1）隐私保护和安全性。用户在跟 AI 交互的时候并不希望将自己的本地内容和隐私信息都上传到云端。所以基于大模型裁剪下的本地小模型就显得很有必要。

（2）实时性。通过端上的 AI 能力可以防止因为网络问题而导致的使用问题。

（3）经济性。对云的依赖还有很现实的云使用成本问题。

基于以上的分析，再加上各主要厂商纷纷布局的现状，我们可以推测：全球的 PC 市场即将迎来一波大的增长，大多数的电脑将置换为 AI PC。后续的 PC 赛道，在很长一段时间内会跟之前的智能手机发展有点像，不管是 C 端消费者还是 B 端客户，都会为了更好的 AI 能力而持续更新换代，因为更好的 AI 能力代表更好的体验和生产力。当然产品定位不同，普及度和更换频率还是比不上手机。图 5 - 4 摘自 Canalys 的报告①，2024 年预计将有 20% 的新出售电脑为 AI PC，2025 年将超过 35%，现在参与投资恰逢其时。

AI PC 的核心是 4 个环节：AI 芯片 + AI 操作系统 + 电脑设计制造 + AI 应用开放生态，我们将分别展开分析。

---

① Now and next for AI-capable PCs ［R］. Canalys，2024 - 01.

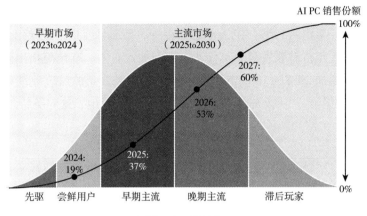

图 5 - 4　AI PC

首先分析芯片，它是一个电脑能力最核心的驱动力。为了在能耗可控前提下提供强大和高效的计算能力，现在业界基本上有共识，采用 CPU + GPU + NPU 的多核心混合架构模式的处理器，各个部分各司其职。

（1）CPU 承担指挥官角色，凭借其灵活性和广泛的适应性，可以执行各类任务，并协调各个计算单元的工作。

（2）GPU 在处理大规模并行计算方面尤为出色，在用户玩游戏、观看和制作视频等操作时会体现出它的优势。同时，GPU 对于加速深度学习和图像识别等任务时尤为关键。

（3）NPU 为加速机器学习而生，通过对基于神经网络的特定计算进行优化，它能做到比 GPU 更快，且能耗显著低于 GPU，主要应用于图像、语音识别，自然语言处理等领域。各大主流厂商近几年都陆续布局了 NPU，连之前一直都没有涉足的英伟达，也在 2024 年 2 月最新发布的 RTX 系列 Ada Generation 笔记本电脑 GPU 中集成了 NPU。

图 5 - 5 列出了苹果、英特尔、AMD 和高通在 AI PC 芯片方面近期的上市计划。基本可以确定的是，未来用户对 AI PC 的更新换代，AI 芯片的更新换代将是最大的驱动因素，因为它是决定 AI PC 端上的 AI 应用能力和响应速度等的天花板的根本决定因素。

对 CPU 芯片来说，Arm 架构和 x86 架构之争值得稍作探讨。我们知道在手机领域 Arm 架构由于其低功耗能力而全面胜出，但在 PC 领域依然还是英特尔的 x86 架构以性能优势而绝对领先。由于在电脑上运行各类大模型预计将迎来更高的功耗挑战，所以基于 Arm 架构的 CPU 因为其更低的功耗而获得了一次新的向 x86 架构发起进攻的机会。目前苹果的 M 系列 Mac 和谷歌的 Chromebook 已经采用 Arm 架构的 CPU。在 Arm 芯片市场，高通目前扮演主导角色，但分析师预计，2025 年将有联发科、英伟达等厂商加入竞争。有预测指出，未来三年内 Arm 有望增加 20% 的 CPU 市场份额。这对 Arm 公司的后续业绩将逐步带来越来越积极的影响，从投资角度来说值得关注。相反地，这对英特尔、AMD 等采用以 x86 为主芯片架构的厂商产生了一定的威胁。

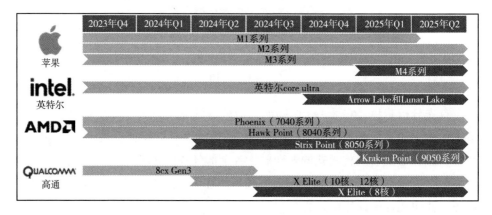

图 5-5 主要 AI PC 芯片厂商芯片上市规划

其次看操作系统。2024 年 1 月 4 日微软宣布将 AI 助手 Copilot 引入 Windows 11 PC，并将其描述为"AI PC 的第一步"，主要包括：

（1）系统级植入 Copilot，无论是在 Bing 搜索，还是 Office，还是直接调用各大模型（OpenAI 的 GPT 等），以及通过 Copilot 更自然的交互方式来控制和寻找电脑内的各类资源（例如播放歌曲）等。

（2）AI 浏览器，可以智能化跟踪我们所有的浏览轨迹，随时为用户进行网页内容提炼或信息查找等功能。

（3）更智能化的图像和视频编辑工具。

（4）AI 文件管理。

此时的操作系统 AI 能力几乎还是基于云端实现的。但随着各芯片和 PC 制造商开始投入 AI PC 的研发，微软已经确定后续（可能是 Windows12）将会支持将 Copilot 放到本地运行，据说对 PC 的要求是最低不少于 40TOPS 的 NPU 算力，以及不少于 16G 内存（最好是 32G 以上）。之所以算力要求在 NPU 上而不是 GPU 上，主要是为了节省功耗和保护电池使用寿命。目前市场上的 NPU，只有高通的 XElite 达到了 45TOPS，苹果的 M4 目前也只有 18TOPS，不过提高只是时间问题。

电脑操作系统市场上主流的就是微软的 Windows 和苹果的 MacOS。在 AI PC 时代，这两个操作系统将是什么样的竞争关系？简单看还是封闭和开放的关系，但其中一个最关键的变数是微软的 Office。大家都知道即使在 MacOS 中，微软的 Office 的体验总体来说还是要好于苹果的办公套件的。在 AI PC 时代，Office 的体验将很大程度上取决于 Copilot 智能体，但这一方面需要微软根据电脑所用的 AI 芯片做适配，有额外的工作量；另一方面更重要的是这对两方而言都是核心利益，对苹果来说 Copilot 将和 Siri 的未来定位产生直接的冲突，对微软来说也不太可能同意由 Siri 来智能化管理 Office 各类能力，如何处理将会非常考验苹果的智慧。一个最和平的处理方式是并行，苹果先基于自身的办公套件将 Siri 进行升级，同时允许微软将 Copilot 根据 M 系列芯片进行开发。苹果通过不断完善自身产品和策略引导来吸引用户多用自己的产品，跟苹果地图的策略相似。

从投资角度来说，微软和苹果都将因为 AI PC 而获益。尤其是微软，Copilot 的存在大幅度降低了广大用户对其 Office 的使用门槛，并且显著提升了使用效率，几乎是刚需，并且也进一步激发了用户对其新的搜索引擎和其他 AI 应用的青睐度。微软基于云端业务将其 Copilot 向用户额外收费且取得了成功，一跃成为了世界上最大市值的公司。由于 AI 的普及刚刚开始，不排除微软的市值还有进一步增长的空间。但考虑到其已经是一家超过 3 万亿美元的公司，空间也有限，我们先把评估的精力放在其他潜在增长空间更大、体量更小的公司身上。

我们再分析一下跟操作系统直接相关的 AI 应用生态。AI 应用有两个特点：一是都得基于特定的 AI 大模型，二是产品形态灵活，不一定需要以单独 App 或客户端的方式来存在。可以说一个 AI 应用的好坏，大模型的数据和模型能力至关重要。对这些操作系统厂商来说，无论是微软、苹果（见图 5-6），谷歌（主要是手机安卓系统，Chromebook 份额较小），还是国内的手机厂商（能控制 App Store），都已经建成了各自在 PC 和/或移动设备上的开放性应用开发生态。可以预见的是，它们都会尝试推出基于自己大模型的开放性 AI 应用生态，也不排除会兼容其他大模型及 AI 应用进入他们的生态。对于后者还包括两种情况，一是允许独立的第三方大模型将他们的应用生态引进来，二是强势应用使用自己打造了的大模型。第二种肯定可以，第一种推测也有可能，但是在操作系统厂商地盘内基于第三方大模型的应用生态谁来建设和维护会是一个需要双方 PK 的点。苹果电脑 AI 应用架构如图 5-6 所示。

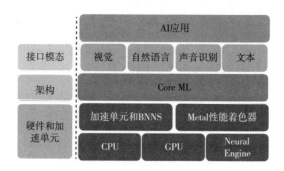

图 5-6　苹果电脑 AI 应用架构

一个更有意思的话题是：其他基于自身大模型来打造应用生态的企业，包括 Meta、国内的百度、腾讯、阿里、百川等，他们的竞争机会有多大？像 OpenAI，除了跟微软绑定以外，它已经也自建了类似于 App Store 那样的 AI 应用市场，产生了大量的 GPTs。移动互联网时代一个典型的案例是百度曾以 19 亿美元收购 91 助手，后来等手机竞争格局确定后发现独立于手机操作系统控制者的应用市场无法生存。独立的 AI 应用生态是否会像 91 助手那样未来无法生存？

实际上这两者之间存在很大的区别。如前所述，AI 应用是跟大模型绑定的，其质量很大程度取决于大模型的数据和模型能力。像 OpenAI 这样全球领先的大模型玩家，它有技术、有数据也有用户，它把自己的应用生态建起来并且获得市场成功是完全有可能的，用户会"用脚投票"。所以未来两类市场会并存，不会像移动互联网时代那样都被操作系统入口控制者所垄断。当然操作系统厂商一旦能建立起自己的高质量大模型，或者通过引入第三方的优质大模型，来建设自己的 AI 应用生态，会拥有天然的入口优势。苹果已经跟 OpenAI 谈了将 GPT 引入到苹果生态的合作模式。

最后我们再分析一下 AI PC 的设计制造。众所周知苹果的产品利润率在同行业中横向对比非常高，最新财报显示整体毛利率46.6%，净利润率26%。一个很重要的原因是苹果把算力、操作系统、产品设计制造和应用生态都全部闭环了，而且产品体验远超同类产品，用户黏性很高。对比之下微软的 Surface，谷歌的 Chromebook 都没有达到可比拟的效果。对于联想、惠普等独立的电脑制造商而言，其在芯片算力和操作系统方面受制于第三方，利润率相对就会少得多（联想集团 2024 三季报显示毛利率为 17.1%，净利润率不到 2%）。从估值角度来说，联想的市盈率（TTM）为 18 倍，而苹果的为 28 倍。但 AI PC 这一波让所有的 PC 制造商、操作系统和芯片制造商都得利，因为不仅客户的购买积极性将被普遍激发出来，另外客户会愿意为 AI PC 的新增价值而付出额外的对价，有利于各制造商提升利润率。表 5 - 6 列出了各大 PC 制造商近期已经公布的 AI PC 推出计划，可以看出来大家都在铆足了劲往前冲。

表 5 - 6　　　　　　　　　　各主要制造商 AI PC 推出计划

PC 厂商	芯片			
芯片品牌	英特尔	AMD		高通
芯片型号	酷睿系列	Phoenix	Hawk Point（8040）	骁龙 X Elite
联想	Ideapad Pro5 Yoga 9 ThinkPad x1	ThinkPad P14/P16 Legion Pro 5	小新 Pro14 2024 小新 Pro16 2024	Thinkpad T14s Yoga Slim 7 14 Yoga Air 14s
惠普	Spectre x360 Omen Transend 14 Envy x360 14	Elitebook 805/605 Victus 16	Envy x360 14	Dragonfly 14
戴尔	Alienware M16/M18 Inspiron 13 XPS 13/14/16	Alienware M16/M18 G15	Alienware M16/M18	Inspiron 14 Plus 7441 XPS 13 9345
华硕	Zenbook 14 OLED Zephyrus M16	Zephyrus G14 Zenbook S13	Zephyrus G14	—
宏碁	Swift Go 14 Predator Titan Neo 16	Swift Edge/X/Go 16 Nitro 16/17	Nitro V16	Swift 14

此外，跟手机不同，PC 需要将 2C 和 2B 分开看，因为商业客户和消费者的需求侧重点不同，产品在算力、功能、设计等方面会有较大差异。图 5 - 7 同样来自 Canalys 的报告，2024 年预计 AI PC 中商用电脑出货量就会占到一半，从 2025 年开始会超过一半。

商用电脑的出货量占比更高对于各 PC 制造商是有利的，因为商用电脑作为重要生产力工具一般配置要求更高，对 AI 算力等的诉求也更强烈，可以预计平均单价和利润会更高。

一个有意思的话题是：独立的 PC 制造商在 AI 这一波浪潮下，除了设计制造外，有没有向芯片、操作系统、应用生态等方向形成突破的可能性？苹果的全闭环思路带来的产品力和对商业价值的提升有目共睹，当然这是建立在公司实力基础上的。以联想为例，作为全球 PC 市场份额排名第一的厂商，它的业务规模是足够支撑自研的。实际上，联想在芯片、操作系统领域都尝试过自研，只是到目前为止还没有看到真正大的突破。所以不存在意愿或战略问题，核心还是企业的综合实力是否能形成突破。

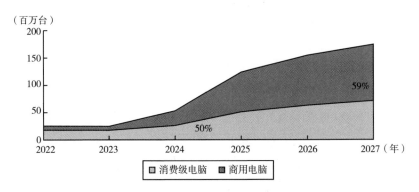

图 5-7 消费和商用电脑的出货量趋势对比

在应用领域，我们看到联想已经布局了天禧生态，并通过在电脑键盘上直接增加 AI 按键，让用户可以一键唤醒联想的小天 AI 助理。PC 制造商跟操作系统供应商在基于大模型的入口和应用之争还会持续一段时间。如果现在下结论，笔者倾向于认为 PC 制造商会比较困难，无论从技术能力、应用生态建设能力，还是对操作系统各应用、能力、用户体验和入口等的把控能力上都不具备竞争优势，所以还是要找到和操作系统方有差异化、能共赢的地方。一个可能的突破思路是针对商用电脑市场，基于自身大模型做出能超越客户预期的核心 AI 应用或应用矩阵。

不过有一个问题对微软的 AI 操作系统进入中国带来了困难：出于数据安全等考虑，境外的大模型是不允许进入中国的。所以微软在中国不能基于 OpenAI 来开发 Copilot 等 AI 能力，必须要在中国建立新的大模型或者跟国内的大模型来合作。这理论上给联想等厂商带来了机会。不过由于国内的大模型能力目前没有能跟 OpenAI 比拟的，此外算力瓶颈也是个难题，因此国内的 AI 操作系统的发展还存在一定的变数，节奏预估也会比国外要慢一些。

我们先回顾一下全球 PC 市场竞争格局。从图 5-8 看出，联想和惠普是全球 PC 市场的前两名，且 2023 年 Q4 同比实现了正增长，其他制造商都有不同幅度的下滑。另外考虑到戴尔因为云服务器业务等的增长，已经成功吸引了投资人的青睐，跟着英伟达们实现了股价的快速上升。我们把它也列入进来，本次重点分析一下联想、惠普和戴尔。需要注意的是，这几家都不是只做 PC 制造，我们需要把主要业务情况一并考虑进去。

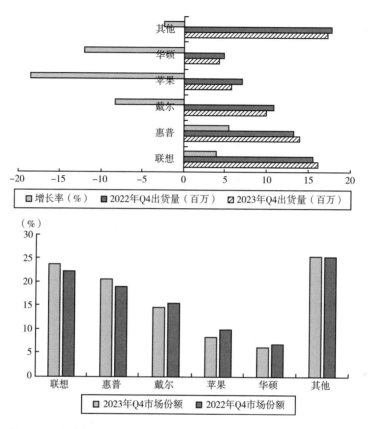

图 5−8　全球前五大 PC 制造商在 2022～2023 年出货量和份额对比

先简单对比一下各家发布的财报数据（联想为 2023 年 Q4，其他为 2023 年 11 月～2024 年 1 月）。如表 5−7 所示。

表 5−7　　　　　　　　　　　　联想、惠普、戴尔业绩对比

维度	制造商			
	联想	惠普公司（HPQ）	惠普企业（慧与，HPE）	戴尔
销售额（亿美元）	157.21	131.85	67.55	223
市值（亿美元）	164.6	306.85	233.61	1 064.7

续表

维度	制造商						
	联想		惠普公司（HPQ）		惠普企业 （慧与，HPE）		戴尔
市销率	0.29		0.58		0.83		1.2
市盈率 （TTM）	18.35		8.78		12.22		33.16
预期市盈率	10		8		13		15
毛利润率 （%）	16.5		21.9		7.77		24.5
净利润率 （%）	2.4		4.72		5.73		6.73
主营业务及 占比（%）	智能设备业务 集团 IDG	78.7	个人系统业务	66.8	服务器业务	50	客户解决方案 集团 CSG 52.5
	基础设施方案 业务集团 ISG	15.8	打印业务	33.2	智慧边缘业务	25	基础设施解决 方案集团 ISG 41.7
	方案服务业务 集团 SSG	5.5	—		—		混合云 25 其他 5.8
说明	IDG 运营利润率7.4% SSG 运营利润率20.4%		打印业务运营利 润率近 19.9%， 超过个人系统 业务的 6.1%		—		CSG 运营利润率为 6.2%

　　粗略地说，这 3 家的核心业务有两类是可对标的：PC 业务和服务器/云/存储业务。惠普这家公司比较特殊，它在 2015 年拆分为主营 PC 和打印业务的惠普公司和主营服务器、数据存储和软件的惠普企业（慧与），并分别上市。就 PC 业务规模而言，联想＞惠普＞戴尔，三家企业的运营利率相近。就服务器/云/存储业务规模而言，慧与＞戴尔＞联想，各家运营利润率也相当。

　　从数据看联想的净利润率是最低的，这直接导致了其市值被其他两家领先很多。其根本原因在于电脑及相关设备业务占比接近 80%，尽管这一部分从运营利润率来看联想比起惠普和戴尔还略微有一些优势。对比而言，戴尔的服务器/云/存储业务占比近 42%，这部分参考慧与的数据净利润率有近 6%。惠普的打印业务占 1/3，运营利润率也比较高。

　　我们预估一下各家的 AI PC 业务的预期市值。从目前的分析来看，这几家市值的增长空间主要来自整个赛道产品更新换代的普遍红利，目前没有哪家体现出能在 AI PC 这个新机遇中建立和加深竞争壁垒的明确迹象。主要因为：

1. 首先是算力芯片。不论是 CPU、GPU 还是 NPU，这几家公司都没有显示出像苹果那样能够取代第三方芯片的能力。对比而言，国内的华为有这个能力，麒麟芯片很快将适配 PC 市场。当然也幸好有麒麟，因为美国对华为又进一步加强了芯片封锁。

2. 其次是操作系统。尽管联想已经宣布要自研 AI OS，但要取代 Windows 这座大山谈何容易，更多的可能性是从 Pad 等其他更小的入口去切入。而未来 AI 大模型和其带来的各种 AI 能力只有跟操作系统深度绑定才有可能给用户带来 PC 操作中的极致体验。笔者看了多个支持联想小天的 AI PC 的开箱视频，不管是一键唤起，还是桌面应用入口，基于阿里大模型裁剪后装入本地电脑系统内的 AI 助理能提供的功能是有限的，且更多是体验价值而不是成熟的商用价值。国内目前看有可能挑战这个现状的还得是华为的鸿蒙操作系统。从 Windows 的角度来说，笔者倾向于认为一个更好的解决办法是微软在中国自己去寻找好的大模型合作伙伴，代替 OpenAI 在国外的角色，跟 Windows 深度绑定开发。

对这两部分的判断意味着这几家 PC 制造商在可预见的几年内还是很难从 PC 算力和给用户提供软件应用价值去开拓新的利润增长点，更多的还是要靠制造和售卖电脑本身来赚取利润。从好的方面来说，AI PC 带来的市场容量会增加，升级换代速度会加快，单机利润会也比传统 PC 更高一些。另外，由于预计商用 AI PC 的需求量会高于消费 PC，这对于各制造商提高售价和利润率也是有帮助的。由于联想的 ThinkPad 系列在商用电脑市场上具有长期竞争优势，再加上联想在这一波 AI PC 浪潮中是比较早投入的，我们相信这一优势会得以持续乃至被进一步加强，尽管可能并不是压倒性的。

我们预估一下几年后（以 2027 年为例）的 PC 市场，并尝试给这 3 家制造商的 PC 业务给出目标市值。从全球 PC 市场的总盘子来说，参考各家的预测，我们假设从 2024 年起总销量年均环比增长 3%，AI PC 的占比按照 Canalys 的预测从 2024 年的 19% 开始一直增长到 2027 年的 60%。从各家占比来说，假设这 3 家的占比能够有所提升（我们相信 AI PC 的综合体验要求会提高对制造商的竞争门槛）。另外关于价格，从市场调研来说，以联想为例，其新推出的 AI PC 价格普遍比之前版本的高 30%~130% 不等，核心原因是 AI PC 包括芯片、存储、面板、电池、摄像头等在内的硬件配置都显著提升。借鉴海外一些调研报告的基础，我们按照 AI PC 的售价比传统 PC 高 30%，且年均按 10% 持续增长，非 AI PC 价格年均涨 5% 来假设。经营利润方面，按照涨价幅度打对折来计算增量利润。得出表 5-8。

表 5-8　　　　　　　　联想、惠普、戴尔 PC 业务财务预测

制造商		2023 年	2024 年	2025 年	2026 年	2027 年
全球	总销量（亿台）	2.6	2.678	2.758	2.841	2.926
	AI PC 占比%	—	19	37	53	60
联想	全球销量占比	22.7	25	26.5	28	29.5
	销售额（亿美元）	439.33	568.72	692.22	848.30	1 018.43
	运营利润率（%）	7.00	7.37	7.83	8.35	8.81
	运营利润（亿美元）	30.69	41.83	54.08	70.66	89.54
	净利润	12.77	18.25	24.77	33.91	44.54
惠普	全球销量占比	20.38	21	22	23	24
	销售额（亿美元）	356.84	415.66	500.01	606.28	720.91
	运营利润率（%）	5.97	6.29	6.68	7.12	7.51
	运营利润	21.29	26.13	33.39	43.16	54.17
	净利润	12.57	16.83	21.83	28.64	36.36
戴尔	全球销量占比	16.2	16.7	17.2	17.7	18.2
	销售额（亿美元）	489.16	570.03	674.14	809.16	947.94
	运营利润率（%）	7.18	7.56	8.03	8.56	9.04
	运营利润	35.12	43.10	54.13	69.28	85.67
	净利润	14.39	26.70	34.14	44.47	55.75

表格中联想的数据是 2023 年全年数据中智能设备业务集团的部分，里面包含了摩托罗拉手机等部分业务，简单起见没有区分（手机业务也会从 AI 手机浪潮中获益）。惠普、戴尔均是 2023 年财年（到 2023 年 10 月底）的数据。假设 2027 年前后市场增长率到达高点，统一按照 10 倍预期市盈率计算，联想、惠普、戴尔仅 PC 部分的目标股价就可分别达到 440 亿美元、360 亿美元、550 亿美元，还有较大的增长空间。

其余厂商中，预计苹果和华为的销量会有明显增长，这也是联想、惠普、戴尔这 3 家最主要的竞争对手。后续这几家市场份额的增长能否符合预期，主要取决于全球人工智能可成熟商用价值的发展速度、各家自身的执行力，以及苹果、华为这种具有全闭环能力竞争对手的市场开拓能力。

需要说明的是，这种预测是用相对简单的方式给出未来几年后而不是半年

一年之内这几家公司电脑业务的大体合理预期市值，所以前面几年（2024～2026 年）的数据价值可参考性可能不如 2027 年，另外具体是 2027 年还是 2026年还是 2028 年达到预期业绩表现也没那么重要。从以企业中长期价值出发来做投资而言，这样也差不多能用了。

　　为了对这几家企业的整体股价有更好的量化评估，接下来我们再对整个 AI服务器赛道也做一个分析，其中将包括对这 3 家企业的服务器相关业务板块的市值增长空间的预测。

5.4.2　AI 服务器，你追我赶

　　AI 服务器是专门为人工智能各应用场景设计的服务器，主要用于处理大规模、复杂的计算任务，如 AI 深度学习训练、推理等，以满足各种 AI 应用的需求。

　　AI 服务器与普通服务器的不同之处主要表现在以下几个方面。

　　（1）处理能力：因为传统堆 CPU 的模式已无法满足日益增长的 AI 计算需求，AI 服务器中搭载 GPU、NPU、ASIC 等芯片的异构计算逐渐成为主流。异构模式能够大幅提升 AI 计算效率，满足各种复杂应用场景的需求。

　　（2）存储容量：AI 服务器通常拥有庞大的存储集群配合，以满足处理大规模数据需求。而普通服务器则根据应用场景进行不同的存储配置，存储容量相对有限。

　　（3）高速网络：AI 服务器对网络带宽、时延、抖动、丢包等有更高的要求。通常，AI 服务器需要采用 InfiniBand、RoCE 等形式的高速网络，以满足AI 大规模并行计算要求。而普通服务器一般采用 TCP/IP 网络即可满足业务需求。

　　（4）能源消耗：由于 AI 服务器需要处理大量的计算任务，因此其能源消耗相对较高，目前主流 AI 服务器满载时功耗甚至可达 10kW。而普通服务器在处理一般网络应用时，能源消耗相对较低，功耗大约只有 0.5kW 左右。

　　（5）应用场景：AI 服务器主要用于处理人工智能应用场景下的计算任务，如深度学习训练、推理等。而普通服务器则广泛应用于各种网络应用，如 Web应用、数据库应用等。

　　AI 应用可分为 AI 训练和 AI 推理两大应用场景。针对这两大应用场景对算力的不同需求，AI 服务器分为训练服务器、训推一体服务器、推理服务器和边

缘服务器等。

（1）AI训练服务器：主要用于训练机器学习模型，需要提供强大的智能算力来满足大模型的训练需求。

（2）AI推理服务器：主要用于运行已经训练好的AI模型，对新的输入数据进行预测或分类等任务。

（3）AI训推一体服务器：结合了训练和推理的功能，旨在提供一站式的AI智能算力解决方案。

（4）AI边缘服务器：主要用于在边缘计算场景中进行推理任务，即在离用户更近的地方进行计算，以减少数据传输延迟和提高响应速度。边缘服务器通常具有较小的体积和功耗，以适应边缘环境的限制。

从服务器制造商与采购方的合作模式角度出发，分为品牌商和ODM（Original Design Manufacturer）两种，前者服务器品牌是制造商的，后者品牌是客户的，且高度定制。传统的数据中心采购方会主要向品牌商如戴尔（Dell）和惠普（HPE）采购服务器。然而，在AI算力时代，大型云服务提供商如Google和AWS（亚马逊的云服务）等正在直接与ODM厂商合作，这主要是由于他们需要大量定制化的硬件和产品来支持他们日益增长的人工智能计算服务，里面甚至很多芯片都是由客户自己定制开发的。目前市场上超过80%的份额为ODM模式，但品牌商模式的利润率要比ODM高近一倍（大概10% vs 5%）。

AI服务器整个赛道的发展，总的来说跟AI芯片的发展趋势是一致的，因为它的作用就是把AI算力芯片变为可用的产品或服务提供给客户去训练他们的大模型。而从长期思维来看，目前的算力芯片，离实现超级人工智能的需要还差很远，在算力、计算效率、降低功耗等方面还存在巨大的提升空间，解决和提升需要很长的时间，甚至不排除有颠覆性的技术成为未来主流的可能性。具体在芯片相关章节我们会展开讨论。所以，我们可以相信不论是算力芯片还是算力服务器都将存在长期的发展空间。

接下来我们要对几家在全球服务能力较强的AI服务器厂商业务中跟AI服务器相关业务的业绩和预期市值表现进行一个对比和预测，包括了联想、慧与（HPE）、戴尔、工业富联、超微电脑（SMIC）的AI服务器相关业务。前面3家以研发自有品牌服务器为主，后面两家以ODM模式为主。需要说明的是，考虑到美国对中国的高算力芯片禁售令，我们暂没有选择对国内市场依赖度相对较高的企业。

需要说明的是，由于各家的财报数据都没有把 AI 服务器单独列出，表 5-9 中的数据是各个企业 AI 服务器所在业务板块的整体数据。戴尔和工业富联的数据中净利润和市值（带＊部分）都是根据运营利润占公司整体利润的比例折算出来的。

表 5-9　　　　　　　　　　　各家 AI 服务器业绩表现预估

分析维度		企业				
		联想	慧与（HPE）（截至 2023 年 10 月底的财年）	戴尔（截至 2024 年 2 月 2 日财年）	工业富联	超微电脑
2023 年	销售额（亿美元）	25.33	291.35	338.85	269.9	92.53
	运营利润（亿美元）	−0.97	20.89	42.86	13.7	8.7
	净利润（亿美元）	—	20.25	17.56（＊）	7.29（＊）	7.3
	市值（亿美元）	—	233	625.45（＊）	172.9（＊）	496
	市盈率（TTM）	—	11.5	35	23	68
2027 年	预期增长倍数	6	2	2	2	4
	销售额（亿美元）	151.98	582.70	677.70	539.80	370.12
	运营利润（亿美元）	15.00	41.78	85.72	27.40	34.80
	净利润（亿美元）	9.27	40.50	35.12	14.58	29.20
	市值（亿美元）	139.06	607.00	702.40	291.60	584.00
	预期市盈率	15	15	20	20	20

全球 AI 服务器市场规模在 2023 年为 720 亿美元，戴尔公司预测到 2025 年将达到 1 050 亿美元，2027 年将达到 1 520 亿美元（是 2023 年的 2.1 倍）。我们根据各家在 2023 年的销售业绩作适当调整（主要是对预期增速快于平均的企业做些调整）来预测 2027 年的业绩，并调整了预期市盈率（高估值倍数不可持续）。联想的净利润率按照慧与和戴尔的平均值（6.1%）计算。从估算结果来看，联想和慧与的增长潜力是比较大的，主要原因在于品牌方 AI 服务器市场的预期增长潜力尚未释放充分，戴尔已经跑在前面了，联想和慧与已经在快速追赶。慧与的市值增长幅度很大程度是因为 PE 倍数从 11 提高到了 15，这意味着该公司的 AI 服务器业务需要在未来几年从增长较慢转变为跟上整个行业的增长速度，且依然保持高利润率，后续需要密切观察实际业绩增长是否符合这一假设。

通过对 AI PC 和 AI 服务器相关业务的分析，我们得出联想的目标市值可达到 580 亿美元（还没有计入 SSG 业务），增长潜力较大，值得关注。惠普的打印机业务我们不做探讨，仅从 PC 业务的增长潜力来说也是个不错的投资机会。戴尔的目标市值为 1 250 亿美元，跟现在的市值 1 138 亿美元比已经没有太多增长空间了，主要还是因为现在服务器业务给的估值倍数很高，预期几年后会回落，投资需要谨慎。

5.4.3 AI 手机（苹果、小米、传音）

AI 手机将是用户规模最大的 AI 智能终端

根据美国工业协会研究结果，目前世界上的存量电脑大概是 16 亿台。而据 GSMA 统计，全球共有 43 亿人拥有手机，我们知道其中有一部分人还有不止一部手机。近几年，因为手机的创新速度变缓，很多人已经几年没有更换手机了。但我们相信，在未来的几年之内，因为人工智能，手机将像电脑一样，迎来新一轮的更新换代潮。

我们先看一下手机行业现在的全球竞争格局。根据 Canalys 的统计，三星和苹果依然是全球 TOP2 的引领者，国内的小米、传音和 OPPO 紧随其后，如图 5-9 所示。这里面没有华为，如果不是美国打压，华为可能早就是全球最大的手机制造商了。但即使如此，现在华为在国内凭借着 7nm 的 5G 麒麟芯片的突破，又重新回到了第一的位置。

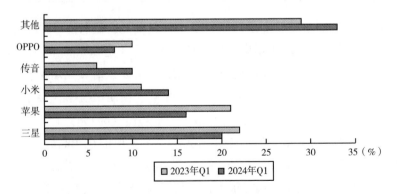

图 5-9 全球头部手机厂商市场份额变化

2024 年春节返工第一天，OPPO 创始人陈明永发布了一封《开启 AI 手机新时代》内部信，对手机行业作出一个重大判断，说"2024 年是 AI 手机元年。未来五年，AI 对手机行业的影响，完全可以比肩当年智能手机替代功能机。从行业发展阶段来看，AI 手机也将成为继功能机、智能手机之后进入的第三阶段"。可以毫不夸张地说，AI 手机这一波引发的手机更新换代，会让几乎所有市场上主流的手机厂商获益，是投资的一个绝佳的窗口期。笔者理解这其实也是为什么明明苹果公司的市值已经这么高了，销量还增长乏力，但是像巴菲特、段永平及各大投资机构依然看好且重仓的核心原因。

手机市场的大逻辑跟 AI PC 类似，都是受益于 AI 芯片和大模型的发展，可以为用户在手机这个端上实现更好的 AI 应用价值和体验。不过侧重点还是有所不同。

首先，AI PC 市场已经进入爆发的第一阶段，最标志性的应用就是微软的 Copilot。因为电脑最核心的应用是 Office，而 Office 又恰巧是微软自己的，能完全打通和改造，加入 OpenAI 的强大 AI 能力后就能实现 Copilot 的基本成熟商用。手机上的应用更多是面向 C 端用户侧需求，最核心的 AI 应用会是什么？笔者理解就是语音助手，OpenAI 的 GPT - 4o 给大家展示了未来语音助手的强大交互能力，但成熟商用还需要时间。笔者理解这就是为什么虽然 AI 手机概念是和 AI PC 几乎同时被提出和被关注的，但到目前为止 AI 手机还没有进入爆发期的核心原因。但以苹果的 Siri 即使如此不成熟，但还是在很多年前就被推向市场，加上三星刚推出了基于谷歌 Gemini 的 AI 手机来看，笔者的判断是 2024 年开始各大手机厂商陆陆续续都会推出各自的基于大模型的手机语音助手，或者称为 AI Agent，哪怕它并不成熟。尽早推出，持续迭代（包括人机交互能力，应用打通和 AI 能力提升）将是主流的做法。从目前各手机厂商的产品推出策略来看，各家最先小试牛刀的是图片相关功能，比如拍照。还有诸如对打电话和开会内容的智能摘要，写作和社交平台发布内容的 AI 辅助生成，不同母语个人之间通过 AI 翻译实时无碍的沟通等方方面面的提升，一步步都会实现。

其次，手机对控制能耗的要求会比 PC 要求更高。这么多年来，在手机端的电池技术一直没有显著突破，续航始终是一个用户痛点。如果 AI 能力的使用会导致手机续航时间变短，会是一个令人头疼的事情。这里面的关键在芯片，以及和操作系统、手机应用的协同。

AI 手机的重点跟 AI PC 一样，依然是芯片、操作系统、手机制造和开放应用生态。从大的竞争格局来说，苹果依然是完全闭环的那个，而且一家公司就吃掉了整个市场大部分的利润。其他主要是基于安卓系统的开放生态。华为由于在美国政府要求下被排除在安卓系统之外，其自建的鸿蒙系统（Harmony OS）正在成为世界排名第三的操作系统。跟安卓一样，鸿蒙也致力于成为开放性的操作系统。

先看一下芯片和对应已经上市的手机。目前市场上安卓阵营推出的 AI 手机算力芯片主要见表 5 - 10。从表中可以看出，目前的 AI 手机尚处于很早期的发展阶段，算力芯片和机型都不多，高通（Qualcomm）和联发科（MediaTek）目前看来将是头部制造商。据 Counterpoint 预测，2024 年 AI 手机 Soc 芯片出货量中高通预期占一半，而联发科预计占 13%。其中，三星本来就是芯片公司，它的 PC 业务相对不强，但是手机从销量来说是全球龙头。三星在 CES2024 发布的基于自家最新 AI 芯片的 GalaxyS24 系列旗舰手机引入了谷歌的 Gemini 生成式人工智能，28 天大卖 100 万台。Counterpoint 认为，2024 年三星将引领 AI 手机的发展，2025 年苹果会接过领导者的地位。目前国内的手机制造商除了华为，其他家还没有能力制造手机的核心算力芯片或 SoC。由于华为不是上市公司，尽管它实力强劲，在本书笔者会多次提到，但不会对其进行单独研究。

表 5 - 10　　　　　　　　已上市的安卓 AI 手机 SoC 芯片介绍

公司	芯片型号	介绍				已上市手机
		CPU	GPU	工艺	AI 能力	
高通	骁龙 8 Gen3	8 核，包括 1 颗主频最高 3.3 GHz 的 Cortex-X4 主处理器核心、5 颗最高 3.2GHz 的性能核心、2 颗最高 2.3GHz 的效率核心	Adreno 750	台积电 4nm	内置高通 Hexagon NPU，支持 Meta Llama 2 大模型上训练的聊天机器人，接受文本、图像和语音输入，可完成对话、生成图像或文本。可运行人工智能图像生成器 Stable Diffusion，不到一秒就能生成一张图像。支持多种 AI 相机功能	小米 14 系列，iQOO 12、iQOO 12 Pro、荣耀 Magic6、努比亚 Z60 Ultra，moto X50 Ultra
	骁龙 8s Gen 3	8 核，包括 1 颗 3.0GHz 的 Cortex-X4 主处理器核心、4 颗 2.8GHz 的性能核心、3 颗 2.0GHz 的效率核心	Adreno 735	台积电 4nm	内置高通 Hexagon NPU，支持 30 余种大型语言模型（LLM）和大型视觉模型（LVM）端侧推理，支持最高 100 亿模型参数量	realme 真我 GT Neo6、小米 Civi 4、小米 RedmiTurbo 3、iQOO Z9

续表

公司	芯片型号	介绍				已上市手机
		CPU	GPU	工艺	AI 能力	
三星	Exynos 2400	10 核，包括 1 颗主频 3.2GHz 的 Cortex-X4 核心、2 颗 2.9GHz 的 Cortex-A720 核心、3 颗 2.6GHz 的 Cortex-A720 核心、4 颗 2GHz 的 Cortex-A520 核心	三星 Xclipse 940，采用 AMD RDNA 3 架构	三星 4nm LPP +	配备 17K MAC NPU（2 - GNPU + 2 - SNPU）和 DSP 的 AI 引擎	Galaxy S24、Galaxy S24 +
谷歌	TesnorG3	9 核，包括 1 颗主频 3.00GHz 的 Cortex-X3 超大核、4 颗主频 2.45GHz 的 Cortex-A715 大核、4 颗主频 2.15GHz 的 Cortex-A510 小核	Arm Mali-G715	三星 4LPP	配备 edge TPU，可通过生成式 AI 处理改善手机视频的质量，并支持通过照片编辑软件随意调整照片亮度、背景，拖动更改主体人物位置的魔术修图功能等	Pixel 8、Pixel 8 Pro、Pixel 8a
联发科	天玑 9300 +	8 核，包括：4 颗最高频率 3.4 GHz 的 Cortex-X4 核心、4 颗 2.0GHz 的 Cortex-A720 核心	Arm Immortalis-G720	台积电 4nm	内置 APU790，支持 Llama 2 大模型 70 亿参数量在端侧运行，运行速度可达 22tokens 每秒。支持阿里云通义千问、百川、文心、谷歌 Gemini Nano 等主流大模型端侧推理	vivo X100s 系列、iQOO Neo9S Pro
	天玑 9300	8 核，包括 4 颗最高主频 3.25 GHz 的 Cortex-X4 核心、4 颗主频为 2.0GHz 的 Cortex-A720 核心	Arm Immortalis-G720	台积电 4nm	配备联发科第 7 代 APU，最高可支持 330 亿参数的 AI 大语言模型，支持 NeuroPilot Compression 内存硬件压缩技术、生成式 AI 端侧技能扩充（LoRA Fusion）技术	vivo X100、vivo X100 Pro、OPPO Find X7 系列、TECNO AIOS

苹果也不落后。苹果最新的 A17 Pro 芯片在全球率先采用 3nm 制程工艺，NPU 算力达 35TOPS，首次搭载在 iPhone 15 Pro 和 Max 版本上面。A17 Pro 搭载 16 核神经网络引擎，NPU 算力较 A16 Bionic 提高 100%。CPU 和 GPU 均采 6 核设计，性能核心提升最高可达 10%/20%。根据 9to5Mac 报道，A18 芯片具备更大的尺寸，并将大幅增加内置 AI 计算核心数量，预计将搭载至 iPhone16 和 iPhone16 Pro。根据 GIZMOCHINA，A18 Pro 在 Geekbench6 上的单核和多核跑分分别为 3 570/9 310，较 A17 Pro 高 22%/28%。

此外，苹果在 2024 年 5 月 7 日发布了搭载全新的 M4 处理器的新一代 iPad Pro。之所以也介绍一下，是因为 Pad 和手机的定位和商业模式基本一样，在分析的时候通常会放在一起。M4 处理器是苹果迄今发布的最强的 AI 处理器，采用第二代 3nm 工艺制程打造，含 280 亿颗晶体管，统一内存带宽达 120GB/s。它搭载了最新 CPU，基于 M3 上首秀的新一代 GPU 架构打造，最多 4 个性能核、6 个能效核，均配备新一代机器学习加速器，速度相比前代 iPad Pro 的 M2 提升最高达 50%。而 GPU 方面采用了新一代 10 核 GPU 架构，具备动态缓存的强大功能，并把支持硬件加速的网格着色、光线追踪首次搬到了 iPad 上，速度相比 M2 最高提升 4 倍。关键是，在架构和性能大幅提升的同时，与 M2 相同性能情况下，M4 能耗仅用其一半。比起轻薄笔记本的新一代 PC 芯片，提供相同性能，M4 功耗只需要其 1/4。此外，M4 芯片配备了苹果迄今为止最强大的 NPU，采用 16 核设计，作为 M4 上的一个 IP 模块，专门为各种 AI 任务加速。其运算速度可达每秒 38TOPS，是苹果 A11 仿生芯片速度的 60 倍。用官方的话说，"M4 的神经网络引擎性能强到足以傲视当今的 AI PC"。

再看操作系统，谷歌的安卓（Android）系统是目前世界上最主流的第三方手机操作系统，苹果的 iOS 是世界上最有影响力的封闭操作系统，只服务于苹果自身的产品体系。之前微软（Windows Phone）、三星（Tizen）和诺基亚（Meego）都曾经试图在这一赛道发起进攻，最后都以失败而告终。我们来分别看一下安卓和 iOS。

作为一个开源的系统，谷歌如何从安卓获利呢？简单说就是靠安卓系统的不可替代性以及谷歌应用组合的强势市场地位把自己最核心的应用和能力与手机捆绑。虽然 Android 是开源的，但包括 PlayStore、Gmail、Google 地图、Google Play Services 等在内的 Google 应用并不是，厂商想要预装均需要得到谷歌的 GMS（Google Mobile Service）授权。GMS 服务由于采用的是 Google 的专有代码，与 Google 的专有后端服务交互，因此与云服务相关的 Google 应用也是专有的。Google 应用授权协议主要包括如下几个部分。

（1）应用层面：Google 向 OEM 厂商"打包"预装自己的应用。在新的 Google 应用授权协议中，Google 对厂商做了一系列的条款限定。受此协议约束的 Google 应用包括：设置向导、Google 搜索插件、Gmail、Google 日历、Google Talk、YouTube、Google 地图、Google 街景、联系人同步、Google Play、Google 语音搜索和 Network Location Provider。

Google 在协议中将预装应用分为两类：一类 Google 应用是 OEM 厂商必须预装的，否则就不允许厂商预装任何 Google 应用；另一类 Google 应用是厂商可自由选择预装与否的。

Google 强制 OEM 厂商安装的应用包括：与 Google Play 内容相关的应用（电影、音乐、书籍等）、Google ＋、Google Play 服务和 Chrome。

OEM 厂商可选择安装的 Google 应用包括：Orkut、Google Goggles、Google 地球、财经、新闻和天气和 Google 语音。

Google Play 服务作为底层服务为 Google 的其他应用提供支持（就连 YouTube 应用在某次更新也开始必须依赖 Google 服务才能正常工作），Google ＋作为 Google 的账户系统也升级到重要的位置，而 Google Play 作为 Google 最大的内容分发渠道，厂商同样不得不安装。这意味着如果 OEM 厂商认为自己的用户需要使用 Google 地图，或是 Gmail，或是 YouTube，他们就不得不打包如前所述的"一揽子"Google 服务和应用，否则他们就得不到 Google 的授权。

（2）其他要求：OEM 厂商需每月提供销量数据报告、Google 应用必须预装在系统中的重要位置、机型发布之前需经过 Google 的审核。

Google 要求 OEM 厂商每月提供一份包含 Android 设备销量数据的报告，以便自己可以确切地掌握 Android 设备的数量。Google 甚至还对自家应用预装的位置也作出了严格的要求。例如，搜索插件和 Android 市场必须距离主界面不超过一屏之远（滑屏一次就可以看到插件和市场）；任何会导致 Google 应用停止工作的病毒、蠕虫或其他编码都是被禁止的。

此外，OEM 厂商在发布新机型之前必须向 Google 提交至少四部样机。如果 Google 审核不通过，那么厂商就不能发布这款设备。Google 可以随时更新自己应用，OEM 没有权力阻止任何 Google 应用进行更新。因此，哪怕是 OEM 厂商没有及时更新 Android 版本，Google 也可以随时将预装的 Google 应用更新到最新版本。

那么安卓系统有没有实现像 PC 端微软的 Windows11 那样全面拥抱 AI 呢？

可能是因为前面分析过的语音助手还不成熟的原因，看起来谷歌还没有为安卓系统全面拥抱 AI 做足准备。北京时间 2024 年 5 月 15 日凌晨，谷歌年度开发者 I/O 大会 2024 在美国加利福尼亚州山景城总部附近的海岸线圆形剧场召开。整场发布会由谷歌 CEO 桑达尔·皮查伊（Sundar Pichai）主持，全程历时两小时。据统计皮查伊一共提了 AI 共计 121 次。从发布的内容来看，很多都是对标 OpenAI 的。跟 AI 手机相关的部分如下（参考了澎湃新闻的报道）。

（1）谷歌第一次发布了对标 GPT-4o 的 AI 智能体 Project Astra，如果顺利的话后续手机端的语音交互助手将基于此来实现？

（2）此外，对标 ChatGPT 的 Gemini 也进行了升级。首先针对高质量内容有需求的用户，桑达尔·皮查伊宣布将 Gemini 1.5 Pro 升级到 200 万 tokens，并全面支持 Workspace，同时 Gemini 1.5 Pro 将面向全球开发者开放。升级后的 Gemini1.5Pro 在多项公共基准测试中取得了显著改进，在多项图像和视频理解基准测试中也实现了最先进性能。此外 Gemini1.5Pro 还能够遵循越来越复杂和细微的指示，包括指定产品级行为的指示，如角色、格式和风格等。另外谷歌推出了轻量版的 Gemini1.5Flash。相较于 Pro，该版本的特点是响应速度更快、成本低至每百万 tokens 0.35 美元。尽管 Gemini1.5 Flash 体积小巧，仍实现了 100 万个标记的长上下文窗口，开发人员还能注册尝试 200 万个标记，适用于摘要、聊天应用、图像和视频字幕、长文档和表格的数据提取等多种任务。看起来这是为后续基于手机的开发者准备的。

（3）基于 Gemini 的谷歌搜索升级。负责人莉兹·里德（Liz Reid）在此次发布会上称，在过往的 25 年里，谷歌经历了许多技术变革，"我们不断重新构想和扩展 Google 搜索的功能"。如今，借助 AI，谷歌搜索可以做的事情超出人们的想象。她表示，谷歌将 Gemini 的先进功能（包括多步推理、规划和多模态）与搜索系统结合在一起，推出了 AI Overviews。AI Overviews 将首先在美国推出。通过 AI Overviews，用户可以上传演示其要解决的问题的视频，然后启动搜索在论坛和互联网的其他区域以找到解决方案。此外，用户也可以向定制的 Gemini 模型提出复杂的问题。甚至当用户不知道自己问什么的时候，Google 也可以给用户推荐，给用户做头脑风暴。用户还可以直接与 Gemini 聊天，从整个收件箱中查找详细信息。莉兹·里德称，"从回答、计划、需求定制到组织和视频搜索，Google 都会替你完成，而你需要做的只有提问"。

（4）圈图搜索（Circle To Search）也被提及。谷歌表示，此前 Circle to Search 功能允许用户无须切换应用即可搜索，现在起它还可以作为学习伴侣，解答数学题、图表等复杂问题。目前这一功能已在超过 1 亿台安卓设备上提供，预计到年底这一数字将翻倍。

那么苹果的 iOS 呢？苹果的 WWDC2024 全球开发者大会将于 6 月 11 日至 15 日在线举行，不出意外的话操作系统将是主角，苹果将发布 iOS 18、iPadOS 18、macOS 15、tvOS 18、visionOS 2 以及 watchOS 11 等全新操作系统。这将又是一次软件大更新的盛会，尤其 iOS 18 的更新升级必然是大家最为关注的一环。彭博社记者马克·古尔曼（Mark Gurman）在 2024 年一期实时通信中表示，苹果公司已经与 OpenAI 达成协议，将为今年的 iOS18 系统提供一系列生成式 AI 功能，这里面最令人期待的就是对 Siri 的升级。甚至可以说，如果没有 Siri 结合大模型的升级，整个 AI 手机的暴发至少还得多等一年。根据马克·古尔曼（Mark Gurman）爆料，苹果将在 WWDC24 推出一套全新 AI 工具方案，即 Project Greymatter，网传其将包含 AI 编辑照片、语音备忘录转录、自动建议电子邮件/短信回复、根据消息内容自动生成的个性化表情符号、Safari 网页搜索改进、Spotlight 搜索优化、以及智能生成摘要等多项功能，以提升用户工作效率和生活便利性。

此外，也有传言苹果也在跟谷歌谈跟 Gemini 的合作。从股价来看，尽管苹果近来的销量压力不小，但股价坚挺，看起来市场对它此次的大会抱有很大的期待和信心，这里面最重要的当然就是希望苹果能够引领 AI 手机和 AI PC 的新一轮变革了，让我们拭目以待。

围绕操作系统我们再来探讨一个跟 AI PC 类似的问题：像三星、小米这样的没有自己的独立操作系统的手机制造商，能够在 AI 手机操作系统和应用领域拓展自己的商业模式吗？这得从中国和海外两个市场分开来看。

因为谷歌的应用在国内不符合监管政策无法落地，小米、OPPO、vivo、荣耀等均推出了基于安卓的深度定制的应用界面和应用（典型的像小米的 MIUI）。手机的应用商店作为应用分发最核心的渠道，在国内都是掌握在手机厂商手里的。而在 AI 时代，各家都推出了基于安卓系统深度改编的操作系统，例如小米的澎湃 OS（Hyper OS）是基于安卓系统和小米自研的 Vela 系统进行深度融合而来，彻底重写底层架构，致力于服务小米未来所有的设备、汽车等，实现万物互联。其他家也是类似的思路，可以预见像智能语音助理这样的核心 AI Agent 都会由手机厂商自己来实现和掌控。在应用层面，PC 的 Office 开发门槛极高，几乎被微软所垄断。而手机里面的信箱、浏览器及其他一些应用都由手机厂商通过 UI 层面的深度捆绑而牢牢把控。所以如果我们去看一下各手机厂商的财报，其互联网业务（广告、应用分发等）的利润都相当可观。依据安卓的政策，使用安卓的开源系统是不收费的，使用 GMS 相关的服务才收费，因此各厂商均是在免费使用安卓。

海外则不同。我们在前面详细描述过安卓系统对外的合作条款。各厂商均需要将谷歌的应用商店（Playstore）和各主流应用（地图、搜索等）预植进手机，因此每个型号的手机的出厂都需要经过谷歌的检查合格，并根据手机销量向谷歌交费。谷歌的开放之处在于，它并不禁止手机厂商自己也推出应用商店或其他跟谷歌有冲突的应用。因此，除了谷歌的 PlayStore，市场上还有三星的 Galaxy Store，Amazon Appstore，小米的 GetApps，以及华为的 AppGallery 等。当然可以理解的是谷歌会是这些应用方向的最大受益者。所以，可以预见的是 AI 手机的智能语音助手，大概率谷歌还是会强势捆绑手机，但手机厂商也可以推出自己的去分一杯羹。

我们再来看一下市场对 AI 手机后续发展速度的判断。2023 年全球手机出货量为 11.67 亿部，2024 年 Q1 全球智能手机总销量为 2.894 亿部，罕见实现了同比增长 7.8%。根据潮电智库 2024 年 Q1 全球畅销智能手机市场分析简报，总的来说低端市场占比合计达 51%，与 2023 年 Q1 季度的 45% 相比，增长了 6 个百分点。其中：

（1）高端市场：800 美元以上的全球畅销手机 TOP20 总销量为 6 410 万部，同比 2023 年 Q1 的 5 775 万部，增长 11%，占比 38%。

（2）中端市场：400～799 美元全球畅销手机总销量为 1 894 万部，合计占比 11%；与 2023 年 Q1 的 2 599 万部相比，下降了 27%。其中，400～599 美元和 600～799 美元全球畅销手机 TOP20 总销量均为 947 万部，占比同样都是 5.5%。

（3）低端市场：200～399 美元全球畅销手机 TOP20 总销量为 3 052 万部，同比 2023 年 Q1 的 2 850 万部，同比增长 7%，占比 18%。

（4）200 美元以下全球畅销手机 TOP20 总销量为 5 688 万部，同比 2023 年 Q1 的 4 045 万部，增长 41%，占比 33%。

根据市场调研机构 Counterpoint 的研究显示，2024 年第一季度，支持生成式人工智能的 AI 手机在全球智能手机的销量占比从 1.3% 增加到了 6%，且高端手机细分市场贡献了 70% 的销量。到 2024 年年底，预计 AI 手机出货量占比可达 11%。到 2027 年，全球 AI 手机的渗透率有望达到 43%，出货量超过 5 亿部（见图 5-10）。而 AI 手机的价格区间，Counterpoint 预测涵盖的是中高端手机，价格主要在 400 美元以上，分为 400 ~ 599 美元以及 600 美元以上两个区间，也基本符合我们的判断。如图 5 – 10 所示。

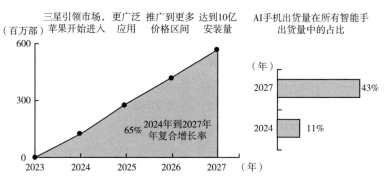

图 5 – 10　全球 AI 手机出货量及比例预测

AI 手机厂商市值分析和预测

我们开始对部分手机厂商进行市值评估和预测。我们选择苹果、小米和传音这 3 家上市公司（见表 5 – 11、表 5 – 12）。这几家从销量来说都是全球头部厂商，苹果是核心竞争力和盈利能力最强的公司，小米和传音是国内已经上市的头部企业，且具有显著的差异化特点。之所以没有选择三星是因为它在韩国上市，评估和操作都不是很方便。

表 5 – 11　　　　　　　　　　苹果、小米和传音的业绩对比

维度	制造商					
	苹果		小米		传音	
	2024 年 Q1	同比（%）	2024 年 Q1	同比（%）	2024 年 Q1	同比（%）
销售额（亿美元）	907. 53	- 4. 31	104. 29	26. 95	24. 1	88. 1
运营利润（亿美元）	279	- 1. 48	5. 09	- 37. 55	2. 74	310. 95
净利润（亿美元）	236. 36	- 2. 17	8. 97	100. 67	1. 87	342. 59
毛利润率（%）	46. 58	5. 24	22. 29	14. 37	22. 15	- 5. 2
净利润率（%）	26. 04	2. 23	8. 60	58. 07	7. 76	165. 31
市值（亿美元）	29 500	/	559. 4	/	145. 94	/
市销率（TTM）	7. 64	/	1. 41	/	1. 5	/
市盈率（TTM）	29. 05	/	23. 19	/	15. 91	/

表 5 – 12　　　　　　　　　苹果、小米和传音分业务线业绩对比

公司	业务	2024 年 Q1	2023 年 Q1	同比（%）
苹果	iPhone	459.63	513.34	– 10.46
	Mac	74.51	71.68	3.95
	iPad	55.59	66.7	– 16.66
	可穿戴，家庭及配件	79.13	87.57	– 9.64
	服务	238.67	209.07	14.16
小米	智能手机	64.2	48.32	32.86
	Iot 与生活消费产品	28.14	23.25	21.03
	互联网服务	11.12	10.88	2.21
	其他	0.84	1.08	– 22.22
传音	手机	22.54	/	/
	其他	1.56	/	/

我们先分析一下苹果。苹果为什么能在 46.58% 的毛利润率，26% 的净利润率的条件下还能实现如此大规模的营收？我们分两步来回答这个问题。第一步回答苹果建立了什么样的护城河，在可预见的未来是否有被打破的可能性，第二步分析一下苹果如何在这样的护城河下建立自己的商业模式。在理解这两步的基础上，我们再来判断一下后续 AI 手机/Pad 赛道苹果的预期打法和效果，并尝试预测目标市值。

先说护城河。分为如下几个方面。

首先，苹果形成了令人不可思议的可持续的基于洞察人性的产品定义能力，以及积累了把产品体验做到最好所必需的各项核心技术和资源储备。用最通俗的话来说，别人想不明白的苹果能想明白，别人造不出来的苹果能造出来。Mackintosh、Macbook、iPod、iPhone、iPad、iWatch、Vision Pro 等皆是如此。

我们举两个例子来详细说明一下其可怕之处，一个是 iPhone。智能手机刚出来的时候，出现过各种设计，例如既有触控屏又有输入键盘的手机（比如黑莓手机），各种奇奇怪怪的外形（甚至有六边形手机）。操作系统方面，微软的 Windows CE 手机操作系统特别像 mini 版的电脑操作系统，拿个触控笔到处戳，现在回想起来都觉得有点不可思议。自 iPhone 第一代出来后到现在，所有的手机都向其靠拢了，iPhone 的产品设计（硬件、外观、操作系统和基于手指的交互方式等）成为了几乎唯一的标准答案。苹果坚信闭环模式能带来最好的用户体验，但这里面涉及芯片、操作系统、AI 技术能力、应用开发生态等，每一项

对绝大多数企业来说都是不可逾越的障碍，但苹果自己都实现了，而且都达到了世界最顶尖的水平。

另一个最新的例子是 XR 设备。在苹果的 Vision Pro 出来之前，VR 设备几乎都是做不到让人长时间使用而不眩晕的，都得靠手柄来操作（似曾相识），在使用设备的时候眼睛都是看不到现实世界的，容易让人有不安全感。更不用说跟别人进行"眼神"互动交流。从根本上来说，这些都是反人性的。为了解决这些问题，苹果专门开发了操作系统 VisionOS，在全球范围内首次实现了基于眼球跟踪识别的可成熟商用的应用交互方式以及手指空中打字等技术。此外，苹果还专门开发了为应对实时传感器处理任务的空间计算芯片：R1。它负责处理来自 12 个摄像头、5 个传感器和 6 个麦克风的数据，这样的设计使得 R1 几乎消灭了延时，确保新图像能在极短的时间内（12 毫秒）传输到显示屏，这一速度甚至快达眨眼速度的 8 倍，如此解决了眩晕问题。

其次是生态效应，苹果建立起了一个庞大的专门为苹果生态开发的封闭应用生态。这种机会是有窗口期的，因为全世界只需要这么一两个生态。比尔·盖茨就曾经表示，微软因为没抓住 3 个月的窗口期而失败。此外，用户可以很方便地通过一个账号在各类苹果设备之间实现无缝衔接（内容的隔空传送、投屏、应用打通、数据打通等），这可以成为产品生态效应。

再次是品牌效应。全世界的用户对苹果品牌的评价很高，苹果品牌已经成为了科技时尚的代名词，有大量的忠实粉丝，容易形成长期消费黏性。

最后在技术领域，像苹果这样从芯片到操作系统到人工智能等各领域都能成为全球领先的技术集大成者，也形成了相当高的门槛。

在商业模式方面，正因为苹果产品的体验最好，其定价比竞品都要贵一些（贵 30% 左右），所以苹果产品的售卖利润更高。另外苹果用户的消费能力平均而言比竞品的用户消费能力更高一些，且规模庞大。这使得苹果公司可以对供应链、代工厂等形成比较强的议价和掌控能力。

在应用生态的商业化方面，与安卓不同，苹果把所有的应用出口全部锁定在 App Store 上，实现了 iOS 系统 + App Store + Apple Pay 的闭环，据此对各应用抽起了"苹果税"，并按行业分门别类制定了一系列有针对性的政策。例如很多虚拟商品的默认抽成比例高达 30%，包括了像爱奇艺、QQ 音乐、喜马拉雅这样的付费会员。加上云存储、广告等收入，苹果的服务相关业务收入占总营收的比例超过 1/4。在此基础上，苹果又将 Apple Pay 作为一个基于苹果手机的第三方支付工具，将触角伸向线上线下更广阔的付费场景，在海外市场已经形成了规模效应。

对比而言，安卓作为一个开放系统，从系统层面允许第三方应用生态的存在，也允许手机应用不通过应用市场来完成安装。再加上手机品牌较多，难以对下游头部应用形成跟苹果那样的影响力，因此大部分情况下收不了苹果税。从国内各手机厂商的操作而言，大家学习了360，通过提醒用户安装非官方应用市场渠道来的App存在风险这一手段来引导用户形成对手机厂商应用市场的依赖。在应用市场内主要靠通过广告位给应用导流以及游戏联运等来变现。游戏算是个例外，几个头部厂商还联合起来，统一向游戏收50%的分成，比苹果税还高。云存储部分的商业模式两个系统是一样的，向用户定期收取订阅费。

再强的企业也有弱点，那苹果的风险在哪里？笔者认为有如下几点：

首先，随着年复一年挤牙膏式的产品更新，iPhone、Mac、iPad等能给用户带来更多价值、更好体验的空间越来越小了，这是苹果业绩承压的核心原因。不光是苹果，整个市场都是如此，因为之前的移动互联网时代已经发展成熟，新的核心技术的突破是有周期的。不过这一点目前看来要被AI所拯救了，新的一波浪潮正在掀开帷幕。

其次，即使强如苹果，探索颠覆性创新的产品依然是高风险的事情，一方面容易选错方向，另一方面最怕错过下一波核心机遇。有句话说"颠覆你的往往都不在你的视线范围之内"。比如推进了10年的苹果汽车还是决定取消了。比如苹果错过了这两年LLM大模型的历史发展机遇，不得已还是得去找OpenAI们合作，这多少会受制于人，而且长期影响如何需要更多时间才知道。比如苹果的智能音箱体验也一般般，没有形成让人惊艳的用户口碑。现在看，由于大模型的突破，智能音箱可能会成为下一个人机交互的主要终端之一。

我们探讨一下手机企业该不该造车的问题，目前小米已经下场了，且一炮而红，苹果却放弃了。这个课题对我们深刻理解苹果、小米以及整个新能源汽车赛道有一定的价值。我们从几个方面做以下分析。

首先，造车对手机企业有什么价值和必要性？三年前小米决定要造车，用雷军的话来说，是因为造车是新的风口，且不做优秀人才都流失过去了。从今天来看，AI大模型的出现让手机行业迎来了一个新的春天，其实不造车也并不影响企业下一阶段的蓬勃发展。从另一个角度，从企业布局人工智能大模型的需要来说，自动驾驶和GenAI是相通的。原先的自动驾驶是基于规则的机器学习，现在特斯拉的FSDV12版本是通过将无数的驾驶视频喂给大模型训练出来的，且是基于Transformer架构下的端到端的方式，输入视频，模型学习后直接驱动油门、刹车、方向盘等，不再经过感知、决策、规划、执行这样的步骤，效果惊人。OpenAI 的 Sora 也是类似，输入大量视频给模型，学习后输出 AI 创作的视频。还有现在很多企业在涉足的人形机器人，也是一样。究其根本，在于人类的知识获取中通过视觉接收来的比通过文字更多，而视觉信息中最主要的载体就是视频，大模型通过学习视频来产生智能其实就是一个学习人类获取知识的过程。所以说如果企业希望发展自己的大模型并在未来占据最有利的位置，坐车可以获取海量的物理世界视频数据，且有利于自身大模型能力的进化。甚至可以说，占据了好的落地场景的企业是更有可能实现通用人工智能（AGI）的。

那么，智能手机企业造车是否有什么优势？笔者认为有以下几点：

（1）用户思维优势。现在的智能汽车，越来越像智能手机那样需要有极强的用户需求把握能力和产品定义能力，在此基础上快速迭代。这不是传统汽车行业的更新速度能比拟的。

（2）互联网生态优势。汽车作为一个移动的家、移动的办公地点，需要满足用户在车内对互联网内容和服务的消费需求，另外也需要与家场景、娱乐场景（比如 K 歌）、户外场景（比如无人机）、办公场景（比如开会）的各种设备和应用进行打通，这方面智能手机企业具有优势。

（3）人才优势。比起传统车企，智能手机企业在产品定义、内容、人工智能等领域积累了一大批人才。

那苹果为什么放弃了造车呢？笔者认为有如下几个原因：

首先是全无人驾驶努力的失败。苹果造车中间经历了诸多波折，且换帅了好几次。汽车正在经历的变革是电动化和智能化，而智能化才是这些新玩家能够发力的核心领域。汽车智能化最核心的就是自动驾驶。苹果一开始就希望造出全无人驾驶的颠覆性汽车，但发现怎么努力也做不到。库克曾经说过：我们视无人驾驶是所有人工智能应用之母。可惜的是，即使到今天，完全不需要人工干预的无人驾驶依然无法实现。

笔者推测，苹果觉得全无人驾驶未来可行性也不高，或者以苹果的能力是做不到的。在此基础上，苹果可能会觉得失去了全自动驾驶的可能性，苹果下场造车并不具备明显的优势。甚至推测，不排除苹果对未来整个新能源汽车赛道的竞争结局都是悲观的，全无人驾驶是新能源汽车未来胜出者最大可能打造的竞争壁垒，如果无法做到，即使打到最后，整个赛道可能将跟燃油汽车那样依然很卷。笔者理解可能是觉得燃油车时代各头部车企会把发动机变速箱这些核心技术来作为竞争壁垒，即使如此还是竞争激烈。新能源汽车时代大部分车企的电池是第三方提供的，这一壁垒不复存在。如果在智能化最重要的自动驾驶方面不能做到全无人驾驶，那做得好一点差一点用户体验感知不会太明显，那就难以形成护城河。从一些报道来看，苹果后来各种变通和重新寻找突破口，但纠结来纠结去，还是没有找到符合苹果对自身推出新产品价值标准的答案。

苹果放弃造车，还有一个可能的原因是 AI 大模型领域的爆发，苹果落后了，但意识到这是必须抓住的历史机遇。AI 是下一次工业革命，大模型不仅能够让苹果现有的产品迎来一个新的时代，还有可能产生新的颠覆性的智能设备或机器人。智能汽车只是其中的一个领域。因为已经落后，集中精力把自己的大模型搞好，聚焦主业，可能会是一个更有把握、更务实的选择。

小米对比苹果，在最核心技术的积累和突破方面存在很大的差距，包括核心芯片、操作系统等，在开发颠覆性产品的能力上也暂时难以比拟。这个时候去开拓汽车业务，笔者理解一方面标准不一样，小米在手机市场就是一直在参与各种卷，并没有形成苹果那样的护城河。即使未来汽车行业跟手机类似，胜者还是得各种卷，对小米来说也依然是个足够吸引人的比手机更大的市场。此外，如果能借此将自己的 AI 大模型打造出来并脱颖而出，则将是意外的惊喜。

笔者还想就苹果是如何建立起这样的护城河进行一个简单的探讨。简单地说，苹果公司是通过把基于洞察人性的产品定义能力加上把产品体验做到极致起家的。它坚持闭环思路，等有了规模以后打造生态，并一步步补足技术短板，甚至形成技术优势。苹果公司的起源可以追溯到 1976 年，当时乔布斯、沃兹尼亚克和韦恩共同推出了首款个人电脑 Apple Ⅰ。随后，他们在 1977 年推出了 Apple Ⅱ，这款电脑取得了巨大的商业成功，并使得苹果公司开始崭露头角。而 1984 年，苹果公司推出了第一款图形用户界面的个人电脑 Macintosh，引领了计算机界的革命。Macintosh 的发布标志着苹果公司在计算机设计和用户体验方面的突破，为今后的成功奠定了基础。

这样的思路对于其他企业具有很大的参考价值。理想汽车就是典型的苹果主义者，只是能否成功复制苹果的路径还需要经过时间的检验。最近理想裁员，尤其引起笔者注意的是对自动驾驶团队的裁员。李想本人说过自动驾驶他是盯着特斯拉走的，特斯拉证明可行他就跟进。在全无人驾驶被证明可行之前，笔者也认为自动驾驶只需要盯住第一梯队就可以了，这是最不冒险也是成本最可控的思路。重要的是，只要大差不差，基本不影响消费者的购买决策和使用体验。2024 年，特斯拉把端到端大模型的方案做成了，理想快速跟进且进展迅速。

苹果下一阶段的机会就是 AI 无疑了。那苹果的技术路径是什么呢？我们都知道苹果并没有像其他企业那样大量囤积英伟达的 GPU，也没有自己设计出可以与英伟达 PK 的 GPU 产品。目前看来，苹果很有可能先采取混合模式，在各设备的端上开发自己的 AI 算力芯片，发挥传统优势，通过软硬集合整体优化把用户体验做到极致。而在云端，因为自己刚发布不久的 OpenELM 大模型还不具备很强的竞争力，先学习微软通过跟 OpenAI 等的合作来用时间换取空间。

我们开始着手分析苹果的股价。之前经历了十年十倍的增长，是怎么来的？后续是否还有增长空间？我们先把股价拆解一下：

股价 P = 市盈率 PE × 每股收益 EPS = 市盈率 PE × （净利润/股本）

我们将股价的影响因素拆分为三个：市盈率、净利润、股本。过去十年，苹果公司的净利润增长了一倍，从 2012 年的 417.35 亿美元，增长到 2022 年的 998 亿美元。但是苹果的市盈率（TTM）从 10 倍提高到了 30 倍；由于持续注销式回购，总股本减少了 40%。

其中，市盈率代表了市场对企业后续盈利能力增长的信心，为什么能提高 2 倍？乔布斯于 2011 年离职，很多投资者担心没有乔布斯的苹果可能会丧失创新能力。从财报来看，2012 年营收增长 44%，净利润增长 61%；2013 年营收增长 9.2%，净利润增长 –11.25%。不得不说，乔布斯的离开，确实阶段性地对苹果造成了比较大的影响。但也正是这样，股民才有机会买到不到 12 倍市盈率的苹果。后来库克的表现让大家意识到了他是一个好的 CEO，市盈率就逐渐往上提升了。

苹果每年都有巨额的利润，除了公司运营和新项目投入外，一直热衷于回购股票和分红，这对股价的提升也起到了明显的作用。

我们回顾一下苹果历年的手机销量走势（见图 5 – 11），如果要找出可以跟 AI 手机相比拟的阶段，我觉得 5G 勉强可以算一个。苹果是在 2020 年 10 月才推出 5G 手机的，2021 年就创下了历史最高销售记录。此后有所下滑，但总体依然保持在高位。等到以新 Siri 为代表的各项 AI 能力的逐渐落地，加上苹果多设备和应用生态的加强，可以预见其在 AI 手机/Pad 中的整体市场竞争力有望进一步加强。更何况苹果的手机、Pad 定位都是高端产品，全部都会升级为更强大的 AI 新品，这也是大部分竞争对手不具备的优势。PC 业务由于 Office 部分跟微软的 Copilot Agent 存在冲突还存在变数。

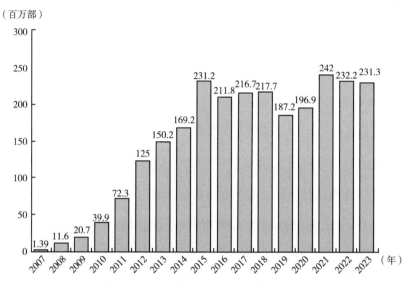

图 5–11　苹果手机历年销量（来自 statista）

　　基于上述判断，我们简化一下预测方法，采用市场上已经有分析师给出的有参考价值的办法：假设未来五年苹果公司的盈利将保持 11% 的两位数增长。按照 2023 财年每股 6.13 美元的收益计算，该公司的净利润可能在五年内跃升至每股 10.33 美元。按照苹果 5 年平均预期市盈率为 28 倍计算，以财年所统计截止日期：2023 年 9 月 30 日左右股价为基准，其目标股价可达 290 美元。这里没有考虑未来可能的继续回购，也没有考虑诸如 VisionPro 爆发产生的额外增量。

　　不过在买入点方面需要再更精细地分析一下。从苹果最新发布的截至 2024 年 3 月 30 日的季报来看，其销售情况尚未恢复。即使马上召开的 WWDC 大会发布了振奋人心的消息，离其 9 月、10 月的新品发布会依然存在一段时间的空档期，可以预料的是会有很多用户为了等新品而延后换机，从而影响 2024 年整个前 3 个季度的业绩表现。此外推测是因为对此次大会充满信心，市场在业绩不好情况下自 4 月下旬起依旧在不断推高苹果股价，目前已经接近历史高点。所以追高并不是最近好的选择。

　　我们来分析一下小米。小米属于安卓阵营，跟三星以及国内的 OPPO、vivo 和华为是主要竞争对手。小米早期专注做手机，且通过极致性价比 + 定制 MI

UI 的优秀体验来吸引手机发烧友，形成"为发烧而生"的口碑传播。发展到现在，从表 5 - 12 看出，已经发展为多项业务。从营收来说，手机业务占比超过 6 成，Iot 及生活消费品占 3 成，互联网服务占 1 成左右，另外未来新增的汽车业务的收入占比预计也会逐渐变大。如果从利润来看，互联网服务部分占了净利润的超过 6 成份额。安卓手机市场的激烈竞争导致存活下来的厂商都必须具备持续打爆款的能力，且不得不控制手机售卖的利润率，都倾向于把利润的获取更多建立在用户使用手机的阶段。

这跟苹果很不一样，苹果的服务收入只占整体的 1/4 略多，且我们知道，它还收取了安卓手机不具备的"苹果税"的部分。由此可见苹果通过售卖设备赚取了比安卓手机制造商高得多的利润。另外，安卓系统部分盈利空间还被要求留给谷歌的 Play store 和其应用组合，由此可见安卓手机制造商哪怕按相同的价格把手机卖给消费者，手机厂商能得到的利润比起苹果来也要低得多，更不用说实际售价平均而言远不如苹果。我们从表 5 - 12 中的数字就能有直接的对比感受。

想要复制苹果模式极其困难，全世界目前只有华为在走这条路，而且还是被逼着走的。所以我们不难理解为什么小米要往外拓展，智能电视、音箱、电饭煲、空调、洗衣机、扫地机器人、平衡车，甚至电源插座。除了自营外，小米还做了米 + 生态，把非自营也纳入生态中来。整个智能家居赛道的规模天花板不比手机小。2023 年 10 月，小米集团正式对外宣布把"人车家全生态"作为集团战略。到目前为止，看起来做得比较成功。小米的很多产品都是爆款，小米 SU7 汽车也一炮而红。我们上面也分析了，对于小米而言，因为安卓阵营的手机业务一直处于激烈的竞争环境，智能汽车赛道即使到最后谁也无法形成大的护城河，做汽车对小米而言也依然是正确的选择，毕竟是更大的赛道，新的风口，且企业也已经适应了激烈竞争的环境。

到目前为止，外界对小米的印象，依然是产品能力和营销能力突出，但核心技术突破不够。核心技术中，最关键的就是算力芯片、操作系统和 AI 相关技术了。小米对此是有决心的，在最新的财报中，小米宣称在稳步推进"新十年目标"：大规模投入底层核心技术，致力于成为新一代全球硬核科技引领者。

在操作系统方面前面已经介绍过，小米推出了澎湃 OS，从实际可行性角度还是难以脱离安卓，而且从现实出发也不应该考虑脱离安卓。

在芯片领域，小米已经做了十年的努力。早在 2014 年，小米就成立了全资子公司北京松果电子，正式进入手机芯片领域。直至 2017 年，小米推出了一款名为澎湃 S1 的 SoC。自那以后，澎湃 SoC 产品线再无重大更新，不过一些衍生芯片近年来陆续问世，例如澎湃 C1 ISP 芯片、澎湃 P1/P2 充电芯片、澎湃 G1 电池管理芯片和今年刚推出的澎湃 T1 通信芯片。据说小米最新款 SoC 项目的内部代号为"RING"，预计该芯片将很快会进行流片，并且会带来大惊喜。这款芯片的性能很强大，有可能与高通上一代骁龙 8 Gen2 相媲美，4nm 制程。联发科 CEO 蔡力行也在最新财报会议上提到小米正在跟 ARM 合作，基于 ARM 架构打造自己的 AP，联发科参与了研发并提供了调制解调器。这说明小米 SoC 将要取得突破的可信度较高。不过考虑到三星早就推出了自己的芯片，至今还是以高通的为主，小米的芯片是否能规模化量产落地还需要密切观察。倘若后续能在 NPU 领域进一步实现突破就更好了。

小米在大模型领域也进行了布局。根据小米自家公众号介绍，小米大模型团队成立于 2023 年 4 月。经过对效果、效率与使用成本的权衡，以及对软硬结合、生态连结等各因素的考量，选择"轻量化、本地部署"方向，并将大模型能力下放到端侧。2023 年 8 月，小米宣布集团科技战略升级，坚持"选择对人类文明有长期价值的技术领域，长期持续投入"的科技理念，与"深耕底层技术、长期持续投入，软硬深度融合，AI 全面赋能"这四个关键路径与原则，并总结为一个公式：（软件 × 硬件）^{AI}，同月，小米自研 13 亿参数的端侧模型在手机端跑通，部分场景效果可与云端大模型媲美，这一创新成果也在发布会上精彩亮相。之后，在 2023 高通骁龙峰会上，小米首次对外展示了小米端侧大模型的又一技术进展。在全新高通骁龙 8 Gen3 终端上，基于 NPU 运行了小米自研 60 亿参数语言大模型，在首词响应、生成速度等几项关键指标上均处于行业领先水平。历经一年多的打磨，小米大语言模型已形成包括多种参数规模和形态的模型矩阵。既通过小米澎湃 OS 系统和人工智能助手小爱同学落地 C 端产品，也在集团内进行开源，为生产、销售、客服及员工工作提效等各环节赋能。2024 年 5 月，MiLM 正式通过国家大模型备案。从这些描述可以看到，小米的大模型目前取得了一定的进展，但对标 GPT﹣4o 那样作出让人惊艳的交互效果估计还有不小的差距。不过考虑到小米的小爱同学和智能音箱一直都是国内领先的，横向对比而言还是有一定的优势。

在海内外市场开拓策略上，自 2021 年起，小米为应对全球消费电子寒冬，开始区隔国内与海外市场。在国内向上做高端化，在海外则推行"以价换量"，在 2023 年第三季度开始结束了持续数个季度的萎靡，手机出货量首次连续两个季度增长。

小米的 AI 手机做到什么程度了？小米 14 搭载底层重构的澎湃 OS，支持人车家全生态。澎湃 OS 拥有 AI 大模型植入系统，基于端侧大模型的小爱助手可智能创作文本、快速撰写购物评价、生成发言稿等。小米 14 内嵌图像应用可实现 AI 妙画、AI 搜图、AI 写真、AI 扩图等功能。搭载的 Xiaomi HyperConnect 可实现所有智能设备实时统一组网，可在手机、平板等设备的"融合设备中心"进行快捷控制。

可以预见的是，一旦苹果把操作系统全面 AI 化，尤其是将 Siri 通过大模型进行升级实现类似 GPT-4o 这样的人机交互能力，包括小米在内的安卓厂商全部都将跟进，并加快发布，时间大概率都在 2024 年内。但跟苹果不一样的地方在于，由于 AI 手机必然带来一定程度的成本增加，再加上 AI 创造的额外使用价值，从而导致售价增加，这对苹果不是问题，但对小米的红米手机和小米品牌的中低端手机会有压力。从小米实际的操作和可行性来说，先从高端机型开始做是正确的办法。我们假设未来几年小米手机能跟上 AI 手机整体市场的换代步伐。按照 Counterpoint 预测的 2027 年 AI 手机出货量 5 亿部，渗透率 43% 来计算，我们乐观预计，按照小米的全球市占率从 14% 提升到 15% 计算（实际上 AI 手机这一波对高端机为主的苹果、三星是有利的，但小米在海外市场保持了扩张态势），则小米在 2027 年总体出货量可达为 1.744 亿部，对比 2023 年全年的 1.456 亿部，增长率为 20%。其中，AI 手机为 7 500 万部。表 5-13 对小米的手机、IoT 和互联网业务进行了预估。这里面假设小米手机到 2027 年平均售价提升 20%（自然提升 10%，AI 手机的原因让整体再提升 10%），互联网服务跟手机提升幅度一致。IoT 与生活消费品提升 10%（2023 年同比微跌），净利润率从 6.4% 提升到 7%。按照小米最新 24 倍的市盈率（TTM），算出按当前业务计算小米的目标市值为约 6 000 亿元，比当前 2024 年 6 月 6 日星期四的市值还有 40% 左右的提升空间。

这跟几个 AI PC 厂商的预期提升幅度对比要小不少，核心原因是 PC 行业因为智能手机的兴起已经一蹶不振多年，起点较低，再加上各 AI PC 厂商都有 AI 服务器等其他在风口上的业务，所以预期市值增长幅度相对比较高。手机行业一直在风口，仅在最近一两年略有下滑，所以市值的起点都比较高。再加上如果没有 AI 这一波，手机市场也将陷入衰退，所以对 AI 这一波带来的提升幅度也不能有过高的预期。从好的方面来说，如果没有"黑天鹅"，会涨是确定性比较高的。

表 5 – 13   对小米非汽车业务的 2027 年预估

业务		2023 年	2027 年	增长率（%）
手机	销量（亿部）	1.456	1.744	20.0
	销售额（亿元）	1 574.61	2 263.29	43.7
互联网服务	收入（亿元）	301.08	396.7	31.8
IoT 与生活消费品	收入（亿元）	801.08	891.88	10.0
总体	净利润（亿元）	174.74	248.63	42.3
	净利润率（%）	6.4	7	9.4

别忘了小米还有造车业务。小米 SU72024 年预计至少卖出 10 万台（有望冲刺 12 万台），加上产能逐步释放，再加上后续 SUV 等新产品出来，我们拍脑袋预估其在 2027 年全年可以卖出 35 万台汽车，按照每辆车 25 万元的售价来计算，可以得到 2027 年小米的预估汽车销售额可达 875 亿元。由于纯电动汽车在投入期难以盈利，我们按照蔚来汽车当前的市销率 1.39 和小鹏汽车的 1.66 平均值 1.525 计算，汽车业务的目标市值为 1 334 亿元，所以小米的总体目标市值为 7 334 亿元，3 年内还有超过 70% 的增长空间。

再看一下传音。这家公司为海外下沉市场研发和销售手机，后来逐步拓展到其他硬件产品及手机应用，被外界称为手机界的拼多多。传音 2023 年共销售 1.94 亿部手机，销售单价（ASP）约 300 元，价格低廉。跟所有其他主流手机厂商不同的是，其中智能机占比仅 58%，功能机占比还有 42%，功能机均价不到百元，智能手机四五百元就能买到，贵的价格在一两千。表 5 – 12 中传音分业务的数据在其季报中没有体现，是根据其 2023 年财报的数据按相同比例测算出来的，虽然可能不够准确，但可明显看出从营收贡献角度来说传音的业务相对单一，手机占了绝大多数的营收占比。所以我们的分析聚焦在手机上。

公司创始人竺兆江之前在波导手机负责海外市场，后来自己创业，从一开始就选择避开内卷的国内市场，选择了专注非洲市场，目前市占率稳定超过 40%，排第一。更可怕的是，10 年前，小米、OPPO、vivo 等厂商就在印度、东南亚、拉美、欧洲等地区的市场不断布局。但 10 年后的今天，当我们再次看向海外市场，传音却是其中成绩最显眼的之一。传音目前已经在全球超过 70 个国家落地，包括非洲、南亚、东南亚、中东和拉美等，覆盖总人口超过 40 亿。在巴基斯坦和孟加拉国，传音手机分别以 40% 和 30% 的市场份额稳居榜首。在中东，传音的份额已经位居第二。甚至在竞争环境和政策环境复杂的印度，传音作为后来者也占到了第 6 的位置。传音是如何做到的？后续还能持续突破吗？有意思的是，兜兜转转一大圈，传音目前最大的竞争对手，其实还是国内手机厂商。

传音的核心竞争力简单总结是极致的本土化，主要包括 4 个方面：极致性价比、完全为本地市场量身打造的产品，超强的下沉渠道布局能力，多品牌战略，以及应用生态布局。

传音从一开始就不走高端技术路线，而是凭借远低于竞品的价格优势，牢牢扎根低端市场。传音功能机售价仅为几十元起，智能手机平均售价也只有几百元，明显低于国内市场主打性价比的手机品牌的价格。针对解决非洲用户拍照爱美需求专门攻克了美黑技术，针对网络信号差、跨网资费高的情况提供了 4 卡 4 带手机，针对充电不方便提供了可续航 21 天的手机。面对晦涩的非洲本地语言，传音亦进行了适配，支持包括阿姆哈拉语、斯瓦希里语和豪萨语等多种非洲本地语言，进一步增强了产品的亲和力。连员工构成都是本地员工占大部分。

目前，传音旗下三个品牌 itel、infinix、tecno 各有分工，对应不同细分市场。其中：tecno 对标商务型，属于相对性能较高的机型。infinix 对标潮流型、青年型，使用更多黑科技，也属于偏中高端机型。itel 定位性价比机型，用来最大化覆盖用户规模。

在手机应用方面，传音在持续积极地开展着与多个互联网公司的深度合作，推出多款针对非洲市场的移动应用，来构建生态、抢占市场。比如与网易合作的非洲领先音乐流媒体平台 Boomply、头部信息流与内容聚合平台 Scooper、综合内容分发应用 Phoenix 等。

传音的手机制造以自建工厂为主，也有一部分代工。传音采用以销定产的供应链战略，以订单销售计划和状况拉动生产线。公司搭建了多元化的柔性制造系统，采用多批量、小批次的生产方式。在非洲、南亚等市场中，这种生产方式能够很好地满足全球化战略下对不同市场的差异化需求，与以销定产的模式相结合也让传音公司能够更好地提升产能利用率，降低供应链生产成本。

在销售渠道上，考虑到目标市场互联网电商并不成熟，传音的销售模式以线下传统经销商为主。经过多年的发展，传音逐步建立和完善了一套覆盖面广、渗透力强、稳定性高的销售网络，构筑了自己的竞争壁垒。传音在非洲的销售打法就是国内 OV 的打法，销售门店深度下沉到乡镇，渠道覆盖面非常广泛。

在服务方面，传音推出 Calcare 服务中心，为海外用户提供本地售后支持。据悉，传音在全球已打造了超过 2 300 个服务点。

我们再来判断一下传音后续发展的利好与风险。

传音在海外的竞争对手主要就是小米、华为、OPPO、vivo、荣耀、realme 这些国内厂商，其中小米和传音是头部玩家中唯二实现份额增长的。我们不妨把这两家进行一个对比，以此来判断传音后续可能的发展态势。

根据财报描述，传音目前规划的增长逻辑，是复制非洲成功经验，抓住新兴市场功能机向智能手机转变的机遇。它避开了成熟市场，从这个角度来说，AI 手机这一波跟传音今后几年的发展关系不大，虽然也会布局。在已经获得成功的非洲等市场，传音将积极推出中高端手机产品。此外，尽管目前营收占比还很小，传音反复强调要拓展品类，布局 AIoT 赛道。

这样的逻辑跟小米是直接竞争的，小米的打法一方面也是抓住新兴市场的机遇，复制国内红米低端手机的成功经验，这跟只做单一品牌、以中高端为主的 OPPO、vivo、华为等不一样。此外，中高端手机，甚至包括 AI 手机也取得了一定的突破，一样需要往海外开拓。此外，小米的 IoT 在国内已经大获成功，在财报沟通会上反复强调要往海外开拓。小米还有几个优势，一是业务规模数倍于传音，每年研发投入百亿级别（传音 16 亿），二是其互联网业务收入规模庞大，包括广告等在内的变现能力远超传音。此外，与收入规模相应的，小米的人才队伍和技术积累也要明显好于传音。

从中短期看，我们相信由于非洲市场的成功，传音对如何将新兴市场功能机向智能机转变的机遇做深做透有自己的独特经验，尤其在超低价产品和本土化方面。因此中短期的市场份额和营收数据还有进一步提升的空间。我们甚至可以大胆预判，海外新兴低端手机市场的份额将主要由传音和小米来领衔。至于通过横向拓展品类，发展 AIoT 来大幅度增加营收规模，从非洲的实践来说并不容易。当然因为传音目前单个手机平均利润只有几十元（30 元左右），还得防止原材料，尤其是芯片价格波动带来的可能影响。

从长期看，传音想要在利润更大的市场有更好的发展，必须在中高端市场、AI 等领域发力。传音的发展基础不如小米等其他国内厂商，跟三星等对比更有差距，从目前来看这部分并不乐观。

鉴于此，我们主要依据传音未来几年在新兴市场的平价智能手机业务的发展来做一个市值增长预测。2024 年 Q1 传音扣非净利润 13.53 亿元，2024 年全年按 60 亿元预估，假设未来 3 年销量还能增长 30%，单个手机利润增长 15%，则 2027 年预计全年净利润可达到约 90 亿元，假设预期市盈率跟 2024 年当前保持一致（16 倍），则股价还有 50% 的增长空间，预估可以增长到 1 400 亿元。

5.4.4　王座上的微软

微软是 AI 时代到目前为止受益最大的软件巨头，并因此而一跃成为全球市值第一的公司。微软将是我们这一章尝试深入分析的唯一一个以软件为主的标的企业，其业务覆盖和行业地位可以给我们一个契机，把相关产业形成一个可用的交叉分析框架，以利于后续机会的发掘。

我们先根据财报简单看看微软的业绩和市值表现（见表 5 - 14）。得益于软件业务天然的优势，当然更重要的是自身的核心竞争力带来的定价权，这是一家看起来经营利润率比苹果还要好的公司。如果我们拉长时间看，除了 2022 年上半年的一次大的回调，微软的市值多年来总体保持了上升态势。尤其是 2014 年第三任 CEO 萨提亚·纳德拉上任以来，微软全面拥抱云计算和人工智能这两大风口，把微软带上了一个崭新的高度。

表 5 - 14　　　　　　　　　　微软业绩与市值表现

维度	数据		增长率（%）
	2024 年 Q1	2023 年 Q1	
营收（亿美元）	618.56	528.57	17.03
成本（亿美元）	185.08	161.28	14.76
毛利（亿美元）	433.53	367.29	18.03
毛利率（%）	70.09	69.49	0.86
研发费用（亿美元）	76.53	69.84	9.58
销售市场费用（亿美元）	62.07	57.50	7.95
行政管理费用（亿美元）	19.12	16.43	16.37
运营利润（亿美元）	275.81	223.52	23.39
运营利润率（%）	44.59	42.29	5.44
净利润（亿美元）	219.39	182.99	19.89
净利润率（%）	35.47	34.62	2.45
市值（亿美元）	33 200.00	25 002.00	32.79
市盈率（TTM）	38.00	33.00	15.15
市销率	14	/	

纳德拉新官上任三把火，对微软自上而下进行改革。从愿景使命，到组织架构，再到业务重心，文化变革到结构变革，微软开启企业转型。变革后的微软强调以客户为中心，强调一个微软，强调多元化和包容性，其愿景由"让所有家庭拥有一台计算机"变为"赋予全球每个人和每个组织强大的力量，使其取得更大的成就"。

更进一步地，微软以更开放的姿态开始拥抱同行、拥抱客户、打造生态。2015 年，微软借助 Windows 10 在全球范围内免费升级，打造跨平台生态，为云服务进一步扩大用户基础；与 IBM 合作，在各自的云上提供对方的企业软件；与 Oracle 成为云互操作合作伙伴，实现跨 Azure 和 Oracle Cloud 迁移和运行关键的工作负载。

根据财报，微软的主要业务构成及对应的营收情况如表 5 – 15 所示。

表 5 – 15　　　　　　　　　　微软业务分解及营收

业务板块	产品/服务	业绩（亿美元）		增长率（%）
		2024 年 Q1	2023 年 Q1	
生产力及业务流程	Office 及办公相关（含云）	139.11	124.68	11.57
	领英 LinkedIn	40.13	36.59	9.67
	Dynamics（含云）	16.46	13.89	18.50
	总计	195.7	175.16	11.73
智能云 Azure	服务器产品和云服务	248.32	200.25	24.00
	企业和伙伴服务	18.61	20.47	– 9.09
	其他	0.14	0.16	– 12.50
	总计	267.07	220.88	20.91
更多个人计算	Windows	59.29	53.28	11.28
	硬件设备	10.67	12.82	– 16.77
	游戏	54.51	36.07	51.12
	搜索和新闻广告	31.34	30.36	3.23
	总计	155.81	132.53	17.57

过去几年，微软的云战略是坚定而成功的，不光智能云板块已经成了微软最大的业务板块，并横向对比取得了最快的业绩增速，微软推出的产品，包括 Office、Dynamics，甚至包括 Windows 都已经支持云模式，商业模式也从 license 模式转变到订阅模式。从微软最新财报的描述来看，继云战略之后，随着 AI 时代的到来，纳德拉领导下的微软把人工智能的重要性提高到一个前所未有的

高度，无论是靠自己还是通过投资锁定 OpenAI，将人工智能融入到技术堆栈的每一层，并将 AI 能力部分对外统一都叫 Copilot。微软自己的研究以及外部研究表明，使用生成式人工智能来执行特定的工作任务，生产力可提高 70%。Microsoft 365 用户通过早期 Copilot 在搜索、写作和总结等一系列任务中总体平均速度提高了 29%。

2024 年 5 月 22 日召开的微软 Build 开发者大会让我们了解了微软在拥抱 AI 道路上的最新进展。纳德拉指出，微软半个世纪以来一直有两个梦想，而梦想的答案就是这一波的生成式人工智能。这两个梦想是：让计算机能直接理解人类，而不是人类想尽办法让计算机理解自己；在一个信息疯狂爆炸的世界，计算机能更加高效地帮助人类推理、规划和处理所有这些信息。

这一次大会，微软一口气推出 60 个新的产品和解决方案，几乎均和 AI 相关，主要包括如下（以下总结参考了腾讯科技公众号相关报道）：

（1）Copilot + PC：在 Build2024 前一天，微软发布了 Copilot + PC，搭载基于 Arm 架构的高通骁龙 X Elite 芯片。

（2）更多的 Copilot：推出 Team Copilot，致力于将 AI 作为团队成员完成协作；Copilot Studio，Agent 生态新玩法；Copilot Connector，可以自由结合企业数据；GitHub Copilot Extension，可扩展插件生态；Copilot Workspace，强大的编程及自动部署 Agent。

（3）模型生态：OpenAI 的 GPT－4o 现可在 Azure AI Studio 中使用，也可以通过 API 调用。

（4）微软开发的 AI 小语言模型（SLMs）Phi－3 系列发布了 Phi－3-vision，并已可在 Azure 中使用，适合于小型智能设备。

（5）硬件生态：自研硬件，推出全新的基于 Arm 的 Cobalt100 虚拟机（VMs）预览版。

（6）数据：推出新的 Microsoft Fabric 工作负载开发套件（Workload Development Kit），支持数据的实时分析。

接下来，我们对各业绩占比较高的业务板块尝试进一步分析。微软是靠 Windows 和 Office 起家的。即使到今天，在 PC 市场，Windows 依然占据了超过 70% 的市场份额，可惜的是，当年在鲍尔默任内，在移动互联网刚开始爆发的时期，微软尝试将 Windows 操作系统推向手机市场，打造 WindowsPhone，并为此收购了诺基亚，但最后以失败而告终。而 Office 依靠其功能丰富、更强的专业性以及跟 Windows 体系内其他办公软件的无缝协同等优势，在办公软件市场依然占据主导地位。尽管谷歌的 Docs 通过免费 + 云端共享协同优势在用户覆盖规模方面逐渐赶上了 Office，但在企业办公领域以及个人偏专业应用需求方面 Office 依旧无法替代，并且微软也推出了 Office365 云端版本来应对谷歌的竞争。微软在这一两年已经通过云端 Copilot 为这两部分业务赋能，可以预见的是，因为 AI PC 的爆发，微软通过新推出的 Windows11 强化端上 AI 能力的输出，这两块业务的业绩增长在未来几年还有望进一步增速。

Dynamics 企业解决方案包括 Dynamics365、Dynamics ERP 产品、Dynamics CRM 内部部署及 Dynamics CRM Online、Customer Insights、Power Apps 和 Power Automate，是 SaaS（软件即服务）级的商业应用，也是业界首款打破传统将 CRM（客户关系管理）和 ERP（企业资源计划）功能融为一体的解决方案，即同时帮助企业管理内部资源和管理外部客户。自 2021 年，微软在 CRM 市场排名第二，在 ERP 市场已处于绝对龙头。

我们再来看一下智能云业务。图 5-12 展示了全球各主要云服务提供商的市场份额变化情况。微软的 Azure 云计算是其中增长速度最快的，份额稳居全球第二。

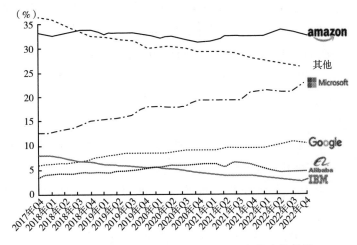

图 5-12　全球各大云服务供应商市场份额变化趋势

资料来源：Synergy Research Group.

我们花一点点时间尝试讲清楚为什么是这样的竞争格局。最早启动云计算业务的是亚马逊，亚马逊看到了这块业务的前景，认为自己最擅长的就是做基础设施建设。另外，电商本身就需要庞大的云计算资源，为了满足诸如黑色星期五之类的购物节的算力需要，必须准备超出平时需求多得多的计算资源，这些资源平时可以开放出去给客户使用，所以开展云计算业务顺理成章。亚马逊在 2006 年正式启动云计算业务 AWS（Amazon Web Service），在先发优势之下，从 IaaS 开始发力，采用了快速迭代、超低定价的策略，市场份额最高超过 50%。例如据统计仅 2018 年一年就推出了 1 957 项新的服务和功能，平均每天有 5 个新功能或服务上线。定价方面跟电商逻辑一样，据统计截至 2020 年 5 月连续降价 82 次。

　　不过 IaaS 作出差异化的空间相对没那么大，难以获得高毛利，因此它的定位更多的是获客工具，把客户聚集在平台上来。客户对软件和平台更多的需求还需要通过 PaaS、SaaS 这些增值产品来体现，这也是云计算服务商的核心利润来源。而这相对而言正是亚马逊的短板所在，虽然在 2012 年就通过应用市场的方式引入了第三方应用，但还是没办法跟微软、谷歌竞争，因此从 2018 年左右增长率被微软和谷歌等超越，市场份遇到了瓶颈，甚至有所下滑。

　　微软云计算业务的打法，主要依托于自身在办公软件应用和 AI 方面的优势，可以总结为"混合、开放、AI、生态"这 4 个主题词。微软的云计算起步晚于亚马逊、谷歌、IBM，产品与解决方案上，支持 IAAS、PAAS、SAAS 三层协同发展。在 PAAS 层将微软一直擅长的软件交付能力发挥出来，不仅支持原 Windows 体系开发框架，还支持 iOS、Andriod、Linux 开发框架，更方便跨平台开发。微软的企业 SaaS 服务主要集中在 Office 365、Dynamics 365 和 LinkedIn，同时向开发者开放 SaaS 平台，丰富和激发他们的产品。根据 Forrester 的数据，微软在全球 SaaS 市场中表现强劲。微软在企业级市场服务超 30 年，深入了解企业业务流程，具备深厚的大客户服务基础，在大中型市场认可度高。目前，全球超过 95% 的世界 500 强企业均在使用 Azure 云服务。

　　随着云计算发展深入，兼具数据安全与资源弹性的混合云成为行业发展趋势。微软在 2014 年起就开始布局混合云市场，与思科、Dell 等五家厂商合作研发 Azure Stack，对比亚马逊、谷歌等公有云厂商，先发优势显著。微软的混合云方案可以在 Azure 公有云和 Azure Stack 的本地环境中使用一致的 DevOps 开发运维流程。与公有云一致的开发接口及 DevOps 流程带来的一致性用户体验，构成差异化竞争优势，增长迅速，市场份额提升。

　　Azure 通过最多样化的 AI 加速器选择（包括 AMD 和 NVIDIA 的最新加速器，以及微软自己的芯片 AzureMaia）为 AI 训练和推理提供顶级性能。通过 AzureAI，客户可以访问最佳的基础和开源模型选择，包括 LLM 和 SLM，所有这些都与 Azure 上的基础设施、数据和工具深度集成。

　　从 GitHub 到 Visual Studio，微软拥有 AI 时代最全面、最受喜爱的开发者工具。在平台整体增长和全球部署最广泛的人工智能开发工具 GitHub Copilot 的采用推动下，2024 年 Q1，GitHub 收入同比增长超过 40%。微软现在拥有超过 130 万付费 GitHub Copilot 订阅者，环比增长 30%，超过 50 000 个组织使用 GitHub Copilot 业务来提高开发人员的生产力，从 Etsy 和 HelloFresh 等数字原生企业到 Autodesk、Dell 等领先企业科技公司，以及高盛等企业。

微软的游戏业务也值得一提。游戏一直都是微软的管理层心心念念想大力发展的业务之一，其历史甚至早于 Windows。微软一直以来的打法是基于 Windows 和 Xbox 游戏机来布局游戏生态，并向用户推出了 GamePass 订阅服务（每月 16.99 美元）。微软在这一领域的主要对手是索尼和任天堂。经过多年的竞争，微软的 Xbox 终端销售规模比索尼的 Playstation 以及任天堂的 Switch 还是有些差距，这跟游戏在 PC 和 Xbox 双平台发布导致 Xbox 重要性下降有关系。截至 2023 年 7 月，根据微软官方公布的数据，Xbox Series S｜X 的总销量达到了 2 100 万台，而 Xbox One 系列的总销量超过了 5 800 万台。同期，Sony 的 PS5 销量达到了 3 850 万台，任天堂的 Switch 销量更是高达 1.2651 亿台。为了实现游戏收入最大化，微软不仅放弃了 Xbox 对游戏的独占，让 PC 和 Xbox 同步，甚至策略性的决定彻底放弃游戏独占策略，所有游戏在自家平台上线一段时间之后开放给同行去二次发行。

微软的核心策略是进一步强化 GamePass "多端共享订阅制"，希望进一步利用自己在 Windows 上的优势，将传统的 "主机战争"，引导向多场景、多终端共享（Xbox－电脑－移动设备），以此建立竞争优势。出于这一战略的需要，经过在美国、欧盟、英国三大区域近两年的反垄断拉锯战，2023 年 10 月 13 日，微软正式以 687 亿美元的代价收购动视暴雪，这笔收购成为了全球科技圈有史以来规模最大的一笔收购，使得微软成为继索尼和腾讯之后的全球第三大游戏企业，市占率超过 10%，并且借此成功进军移动游戏领域。不仅业务生态更加完善，微软也因此拥有了动视暴雪丰富的 IP 储备和多元化的产品线，包括 "糖果传奇" "使命召唤" "魔兽" "暗黑破坏神" 等众多世界级 IP，以及从传统 RPG 到 MMORPG，还有 RTS、FPS、卡牌、三消等不同赛道的产品，微软可以通过推进跨平台合作进一步扩大玩家基础。此外，微软将利用其在内容、平台、云服务等领域的技术和资源优势，全面提升游戏品质和稳定性，为全球玩家提供更卓越的游戏体验。据说，微软即将推出自己的移动游戏应用市场，展开对苹果和谷歌的竞争。

后续有两个变量对游戏产业至关重要。一是通过人工智能来打造更好的游戏体验，例如更逼真的 NPC，以及提高游戏创作效率。这对之前以客厅、PC 场景下重度体验游戏为主的微软来说是一个好的机会。二是 Vision Pro，游戏将是 Vision Pro 后续最重要的应用场景和商业利润来源之一。2024 年 6 月 4 日的消息，微软在对混合现实部门进一步裁员，看起来微软的策略是不再坚持设备自研，把重点放在游戏内容创作和发行上，适配 Vision Pro、Meta Quest 等设备。

我们分业务板块来对微软市值进行一下预测。

先从云计算开始。根据 Statista 的预测，2024 年云计算全球市场规模将达到 7 733 亿美元，2029 年将达到 18 060 亿美元，年复合增长率（CAGR）18.49%。Acumen Research and Consulting 预测 2032 年云计算市场规模将达到约 2.5 万亿美元，如果拉平到同一年对比两者之间的数据相差不大。考虑到后续 AI 大模型往外输出能力，云计算平台会天然有很强的渠道优势，这部分将可能为云计算市场带来额外的增量。由于不确定 Statista 的预测是否已经将此充分考虑进去，保守起见我们不额外计入。

从图 5 - 13 可以看出，SaaS 是云计算占比最大的业务板块，换句话说也是客户需求比较多的部分，而这正是微软的强项，对客户有很强的吸引力。另外大模型能力方面，包括 OpenAI、Meta、谷歌、xAI 等，都需要依托云服务提供给客户，而微软是最好的合作对象选择之一。再考虑到微软跟 OpenAI 的关系，预计其市场份额将进一步上升，意味着微软云计算业务的增速会继续高于亚马逊。不过，已经有部分客户倾向于跳过微软，直接购买 OpenAI 的能力，这部分年化收入已经达到 10 亿美元量级。只不过两家目前这种既合作又竞争的状态，是从一开始就双方都认可的。纳德拉曾说过，哪怕 OpenAI 明天就不存在了，也没什么大不了的。微软是有准备的，内部已经启动了一个 5 000 亿参数规模的大模型 MAI - 1，由前谷歌人工智能主管穆斯塔法·苏莱曼（Mustafa Suleyman）负责。穆斯塔法·苏莱曼之前的工作是担任人工智能初创公司 Inflection 的首席执行官，之后微软雇用了该公司的大部分员工并支付了 6.5 亿美元，并于 2024 年 3 月获得了该公司的所有知识产权。MAI - 1 的开发意味着微软现在正在人工智能领域"双管齐下"，既开发可以廉价构建到应用程序中又可以在移动设备上运行的"小语言模型"，也开发更大、最先进的人工智能大模型。

综合考虑，我们按 25%，比当前稍有增加的目标市场份额来预估，则微软的 2032 年的云计算业务将达到 6 250 亿美元的业务规模，假设按 2024 年 Q1 整体业务平均 35.47% 的净利润率来计算，云计算业务的净利润可达到 2 217 亿美元。

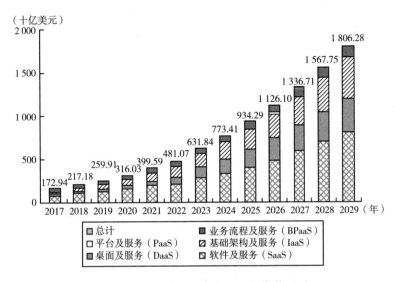

图 5 – 13　云计算市场各部分业务走势预测

　　而其他业务部分，因为无论是 Office、Windows 还是游戏，均在 AI 风口上，假设能保持每年 8% 的复合增长率，则从 2023 财年起到 2032 年共 9 年，将累积增长到 2 倍的营收和利润（假设利润率不变），根据微软财报数据测算 2032 年财年除去云计算的营收将达到 2 480 亿美元，利润 879.5 亿美元。需要说明的微软的财年是到每年 6 月底结束，有半年的偏差，简单起见先忽略。

　　由此计算出，微软 2032 年预计年净利润 3 096.5 亿美元，分别按照 20 倍和 30 倍的预期市盈率计算，则目标市值在 61 930 亿美元到 92 895 亿美元之间，对比当前 3.34 万亿美元，还有不小的增长空间。所以微软是一家有潜力达到 10 万亿美元的公司。这里面云计算板块和 AI 的竞争力是关键，需要密切关注。

第6章 新能源汽车，蓬勃发展

6.1 社会价值和经济前景

6.1.1 低碳、便捷、舒适、安全的出行愿景

首先，我们讨论新能源汽车，不能忘了它诞生的背景：由于化石燃料导致的温室气体排放不断增加，全球气候变暖，对人类长期生存安全产生了越来越不可忽视的威胁。为了解决这个问题，全世界178个缔约方自《京都议定书》之后，共同签署了《巴黎协定》，大家目标一致，共同采取行动，各自承诺时间，争取尽快实现世界碳中和。《巴黎协定》的长期目标是将全球平均气温较前工业化时期上升幅度控制在2摄氏度以内，并努力将温度上升幅度限制在1.5摄氏度以内。新能源汽车诞生的目的就是在用车这个场景里面解决因为化石燃料而造成的气候变暖和空气污染问题，这是它存在的根本使命。

图6-1向我们简单示意了如何通过光伏和风能等清洁能源发电，并将电力提供给汽车、家庭和其他任何有需要的用电场景。全世界都在大力发展清洁可再生能源，仅从中国来看，2023年的新增装机容量中，可再生能源发电（光伏、风电、水电）合起来已经占到了48%。多年以来，新能源汽车到底应该使用电能还是氢能一直存在争论，到目前为止基本落下帷幕，乘用车市场已经确定以电能为动力来源，只不过用来储存电能的电池该如何进一步发展还存在多种技术路线。其主要原因：

（1）氢在自然界中并不单独存在，需要用大量的能源来制造氢气。电能通过现在已经成熟的光伏、风力发电等技术可以更环保、更高效地获得。

（2）氢气不稳定，易燃易爆。电池虽然要解决自燃风险，但是相比较而言要稳定得多。

图 6 - 1　清洁能源和电动汽车

（3）不像电能通过电缆传输，氢气的运输要复杂得多，需要更高的成本和更多的碳排放。

（4）在使用环节，从生产出氢气，经过压缩、运输，给汽车加氢，最后转化成电能驱动汽车，转化效率仅 30% 左右，远不如电池 70% 以上的效率。

（5）氢气的能量密度比电池要低，这对于乘用车有限的空间来说也是个问题，因为长续航是刚需。

氢气的优势是分解后不产生有害物质，另外只要有足够的空间，存储氢气的设备重量比电池要轻得多，可以提供比电池更高的续航能力。所以在重型车辆和商业车辆领域，氢能还有一定的用武之地。

其次，作为一个出行工具，我们还得充分考虑新能源汽车的实用价值。手机是一个很好的对标对象。智能手机对传统功能手机的颠覆，使得手机从一个打电话的工具，一跃而升级成为了每个人的随身助理，可以帮我们处理工作生活中的各类事务。而新能源汽车的发展方向，尤其是智能化的发展方向，将车内空间的功能越发多样化，让我们的驾驶越来越轻松，让车从单纯的出行工具往一个移动空间发展，可以是移动的家，移动的办公室，移动的娱乐空间，等等。这里面，自动驾驶加车内智能语音助理将是最核心的新技术攻关方向。

此外，汽车一直是承担公共出行需求的主要载体之一。而无人驾驶一直是业界在努力攻克的方向，像百度的萝卜快跑等有人远程监督前提下的无人驾驶出租车服务已经在武汉等地进行有一定区域限制条件下的商业化试运行，且持续了几年时间。而最新的，依据特斯拉率先采用的基于端到端大语言模型的自动驾驶新技术为 L4 的到来基本扫清了障碍。由于无人出租车节省人力，每天可持续工作时间更长，所以以后出租车、网约车的有效供给将有可能大幅增加，且更安全、更便宜，所以买私家车的需求有可能会因此而降低。因此，新能源汽车还将实现的一个重要价值是优化社会存量汽车的整体利用效率，且让以汽车为载体的公共出行更方便、更安全、更经济。

随着自动驾驶技术的不断成熟，各方的统计数据均表明，无人驾驶的出事故几率远小于有人驾驶，有的统计甚至连 1/10 都不到。因此，新能源汽车未来的另一个社会价值是大幅度减少出行事故概率，更好地保护人类出行安全。

可能有人会问燃油车为什么不能做自动驾驶？也不是完全不能做，但新能源汽车全车都是数字化控制的，比较而言更有优势。

6.1.2　广阔的增长空间和升级的商业模式

无论从国内还是全球范围来说，汽车均是支柱产业之一。作为一个年销售量超过 3 000 万的全球第一大汽车市场，2023 年中国的汽车总产值已经达到了11 万亿元，占全国 GDP 的比重接近 10%，首次超过房地产，成为了中国的第一经济支柱产业。

而中国的新能源汽车销量占汽车总销量的比例，在 2023 年已经超过30%，2024 年至今为止单月已经实现过半，预计 2025 年就会全年超过 50%（见图 6 - 2）。

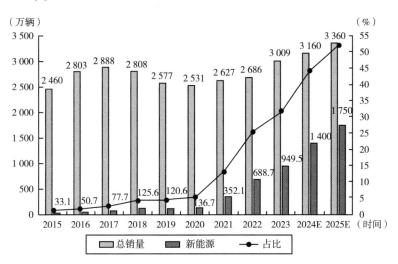

图 6 - 2　中国新能源汽车销量走势

放眼全球，过去四年全球新能源汽车销量在以超过60%的年均复合增长率快速增长。来自 Clean Technica 数据显示，2023年全球新能源车销量创历史新高，突破1 300万辆大关，同比增长35.7%，占整体市场16%的份额（其中纯电动车型占比为11%）。增长主要集中在中国、欧洲和美国，但越南和泰国等一些新兴市场的增长也有所加快，新能源汽车分别占总销量的15%和10%。国际能源署（IEA）发布的《2024年全球电动汽车展望》显示2024年一季度全球电动汽车销售额增长了约25%，预计2024年全球售出的汽车中有超过20%是电动汽车，据此推算2024年全球新能源汽车销量有望突破1 800万辆。中国电动汽车百人会与麦肯锡共同发布的联合研究报告预测，到2030年，全球乘用车市场规模预计将超过8 000万台，其中新能源汽车渗透率将达到50%左右。这么看来，中国的进展将领先全球5年。

我们再分析一下商业模式。表6–1将燃油车和电动车的商业模式进行了一个对比，相同的是卖车始终是最核心的商业模式，但有四大因素会让新能源汽车比燃油车为企业和社会创造出更大的经济价值：更短的换车周期、智能驾驶（包括辅助驾驶和高阶自动驾驶）、车企自营的商业车险以及 RoboTaxi（无人驾驶出租车）。

表6–1　　　　　　　　　　燃油车和电动车商业模式对比

维度	燃油车		电动车		说明
	是否存在	重要性	是否存在	重要性	
卖车	是	高	是	高	电动车直营模式和代理模式并存，燃油车普遍采用代理销售模式
保养维修服务	是	高	是	中	保养主要围绕发动机，电动车保养需求少
互联网服务	是	低	是	低	用户主要为音乐和视频内容付费
智能驾驶	否	—	是	高	L4级别实现可预期，无人驾驶尚存疑
Robotaxi	否	—	是	高	—
车企保险	否	—	是	高	电动汽车的数据采集能力理论上可以为用户量身定制车险

首先，随着电动化、智能化的快速发展，新能源汽车越来越变得像电子消费品，通过芯片性能、软件、硬件、外观内饰等的不断升级，新车型推出速度

和旧车型的改款速度会越来越快，消费者想要更换的冲动也会比燃油车时代更强烈。这时候车企如果再出一些以旧换新政策，用户就会更积极地换车了。随之而来的，整个产业规模就会变得更大。

其次，参照智能手机厂商，尤其是安卓手机厂商，主要利润不是靠卖手机，而是来自于用户在日常使用手机应用各项服务的时候付的费用或点击的广告。智能驾驶的出现，给了新能源车企一个复现智能手机商业模式的重大机遇。特斯拉已经尝试将自动驾驶功能单独定价，让用户一次性购买或按 99 美元一个月来订阅。到目前为止用户付费比例一直还不够高（不到 10%）。但由于前面提到的端到端大模型的出现，自动驾驶的 GPT 时刻来临了，业界对 L4 的实现已经充满了信心。尽管完全的无人驾驶从目前看依然是很难做到的，但 L4 级别的体验预计已经足够让人产生依赖。作为日常自动驾驶的高频使用者和曾经的半个从业人员，笔者的判断是用户愿意为智能驾驶交费，只是个时间问题。假设国内按照一辆车一个月 300 元的起步标准来收费，按照 1 500 万台车来预估，每年也是 540 亿元的营收空间，而且估计利润率会很高。以后再根据汽车价格差异和自动驾驶的功能、相关服务的差异来实施差异化定价，预计上千亿的盘子是可以预期的。

再看汽车商业保险。根据各保险公司公布数据，2023 年国内车险市场总规模为 8 673 亿元。如表 6 - 2 所示，各大保险公司虽然营收还在增长，但利润急剧下滑，甚至在亏损的边缘徘徊。原因主要是现阶段新能源汽车的事故率明显高于燃油车。因此，2024 年保险公司普遍对新能源汽车的保费进行了上调。作为刚交完保费的消费者，笔者对此有切身的体会。

表 6 - 2　　　　　　　　　2023 年全国头部保险公司车险业绩情况

保险公司	保费			利润		
	累计（亿元）	同比（%）	份额（%）	累计（亿元）	同比（%）	利润率（%）
人保	2 856.26	5.33	32.54	75.66	−37.93	2.65
平安	2 138.51	6.24	24.36	39.57	−41.2	1.85
太保	1 035.14	5.64	11.79	13.16	−15.34	1.27
国寿	637.94	3.41	7.27	−0.17	−9.92	−0.03

比亚迪已经正式下场干保险了，成为了车企里面第一个吃螃蟹的，这是非常正确的一步。从短期来说，由于新能源汽车实现全部数字化了，甚至车企在远程可以实时监控具体一辆车的一个特定零部件的状态，因此车企掌握了驾驶员最

真实的驾驶水平和偏好数据，同时也可以通过优化交互，给驾驶员增加一些提醒和引导。所以车企理论上可以设计出完全个性化的保险产品，通过这种方式，车企有望比传统保险公司实现更高的运营效率，取得更高的利润空间。从长期来说，等智能驾驶发展到一定阶段，驾驶员大部分时候都依赖于自动驾驶来行驶车辆，车企对安全的责任会越来越重大。保险对自身的业务也是一道安全保护。

再分析一下无人驾驶出租车（RoboTaxi）。《2023 年度中国移动出行市场数据报告》显示，2023 年网约车市场规模约为 3 589 亿元，同比增长 24.08%。这同样是一个巨大的市场，全球网约车市场则规模更庞大。而从投资角度来说，根据外界称为"木头姐"的凯瑟琳·伍德（Catherine Wood）管理的方舟投资管理公司（Ark Investment Management）2024 年的研究显示，到 2030 年，自动驾驶运营商的总估值会达到 28 万亿美元——大约相当于 2023 年全球汽车制造商总估值（3.1 万亿美元）的 9 倍。基本逻辑是，实现自动驾驶之后，更低用车成本和更便捷的用车方式将比当前进一步激发人们的需求，汽车产业所能提供的服务规模和总体价值将会数倍于今天。木头姐的预估经常是偏乐观的，但 RoboTaxi 的价值是明确的。目前的 RoboTaxi，几乎都是自动驾驶公司在进行开拓，包括谷歌的 Waymo，百度的萝卜快跑，小马智行，文远知行等。但是，特斯拉已经在 2024 年 10 月正式宣布推出完全无人驾驶的 Robotaxi，小鹏汽车也宣布进军这一市场。预计后续将有更多的车企加入。

当然，不同于马斯克对完全无人驾驶的乐观，笔者倾向于认为 RoboTaxi 无人驾驶、有人监督会是更好的选择。一方面，完全的无人驾驶目前何时能实现还不清楚，而百度等已经证明了通过有人监督（比如一个人看几十辆车）、无人驾驶的模式，再加上必要的区域限制（例如农村偏远地区），能够更安全地尽早实现商业化运营。另一方面，完全无人也容易在发生各种突发状况时响应不及时，导致问题升级。

6.2 中国为什么能领先全球

在燃油车时代，中国因为起步太晚，在发动机、变速箱等核心技术上被"卡脖子"，例如制造这些核心部件的最先进的机器设备都在西方头部车企手里，它们不会同意出售给中国的企业，而我们的自研能力又存在不小的差距。因此，中国的自主汽车工业只能在低端市场用低价换取一定的发展空间。

我们的政府和企业界很早就意识到了，新能源汽车是一次弯道超车的历史机遇，很早就开始布局，经过 30 多年的全力以赴，一跃而领先全球。

总结中国能够实现全球领先的核心原因，包括 5 点：政府全力扶持、起步早又速度快、全产业链并举、有效市场竞争、全球化视野和布局。

政府对新能源汽车的全力支持是产业发展的"定海神针"。国家对电动汽车的重视，从 20 世纪 90 年代就开始了。1991 年，国家启动了"863 计划"，将电动汽车列为重要研究项目之一。此后，清华大学、上海交通大学等高等院校和科研机构开始进行电动汽车技术的研究与开发。虽然当时技术水平较低，但这些早期的努力为中国新能源汽车产业的发展奠定了基础。

2001 年，"十五"计划正式将新能源汽车作为重要发展方向，国家财政和政策支持力度不断加大。2009 年，政府推出了"十城千辆"计划，在北京、上海等 10 个城市推广新能源汽车，并为购车者提供补贴。这一计划极大地激发了市场需求，推动了新能源汽车的普及。2012 年，国家发布《节能与新能源汽车产业发展规划（2012—2020 年）》，明确提出到 2020 年，新能源汽车累计产销量要达到 500 万辆。

2014 年 5 月，习近平总书记作出"发展新能源汽车是我国从汽车大国迈向汽车强国的必由之路"重要指示①，为我国汽车强国建设指明了方向、谋划了路径。2014 年 7 月，国务院办公厅出台《关于加快新能源汽车推广应用的指导意见》，首次系统建立了新能源汽车发展政策体系；2017 年 4 月，《汽车产业中长期发展规划》提出"以新能源汽车和智能网联汽车为突破口，引领产业转型升级"。2020 年 10 月，《新能源汽车产业发展规划（2021—2035）》提出 2025 年新能源汽车新车销售占比 20%、2035 年新能源汽车核心技术达到国际先进水平等中远期目标。

自 2014 年后的 10 年就是中国新能源汽车腾飞的 10 年。政府加大了对新能源汽车的支持力度，包括提供购车补贴、减免购置税和加快充电基础设施建设等措施。各地政府也从自身情况出发，各显神通，全面做好对新能源汽车的支持工作。例如上海出台了购买新能源汽车免费拿车牌的政策，北京则出台了购买新能源汽车不用参加摇号，不受限号影响等政策。

---

① 胡轶坤、邓晓霞，等 . 我国新能源汽车产业何以成为世界第一——汽车强国建设十年调查［N/OL］. 中国汽车报网，2024 年 7 月 29 日 . http：//www.cnautonews.com/yaowen/2024/07/22/detail_20240722366713.html.

中国在新能源汽车领域的布局时间早，创新速度快。燃油车时代的不顺利让我们吸取教训，很早就入局。从国家层面，前面已经提到，早在1991就在"863"计划设立电动汽车专项。2012年就已经明确2020年要达到年销量500万辆。

在电池和造车方面，比亚迪是典型代表，1995年成立就开始做电池。2003年，比亚迪收购了西安的秦川汽车，正式进军汽车行业。2008年12月，全球第一辆插电混动汽车——比亚迪F3DM在西安量产下线。

在智能化最重要的自动驾驶领域，国内最早是百度，在2013年就开始入局，并且从百度出去的人才创立了小马智行、文远知行、蘑菇车联等一批跟智能驾驶相关的明星创业公司。再加上其他一些从美国相关领域回国的年轻创业者，以及后来华为的加入，奠定了今天中国智能驾驶在全球位列第一梯队的基础。

而在创新速度方面，传统燃油车需要三到五年才能出一款新车型，中国已经按照互联网速度，做到半年出一次改款，一年半出一个全新款汽车的"中国速度"。另一个例子是，特斯拉在上海临港的超级工厂从设计到最后投产只用了1年时间，超出预期。对比而言特斯拉在德国的超级工厂，至今未能建设完工。

全产业链发展是中国新能源汽车能实现快速发展且不被"卡脖子"的重要保障。中国新能源汽车的崛起，很重要的一点是我们几乎没有短板，成长起来了一批全世界范围内看都足够优秀的产业链企业。表6-3只是罗列了特别少的一部分。

表6-3　　　　　　　　　　新能源汽车产业链示例

分类一	分类二	代表企业
核心零部件	驱动电机	方正电机、精进电机、大洋电机
	电控系统	汇川技术、蓝海华腾、麦格米特
	动力电池	宁德时代、亿纬锂能、蜂巢能源、欣旺达
传统零部件	传动系配件	豪能股份、精锻科技、双环传动
	制动系配件	胜地汽车、威伯科、万安科技
	转向系配件	浙江世宝、易力达、恒隆集团
	车身及附件	福耀玻璃、华域汽车、拓普集团

续表

分类一	分类二	代表企业
智能零部件	传感器	德赛西威、保隆科技、凯特股份
	芯片	地平线、全志科技、斯达半导、华润微
	软件算法	百度、华为、小马智行、驭势科技
	智能网联	亿咖通、思必驰、车联天下
充换电服务	充换电站	特来电、星星充电、云快充
电池回收利用		格林美、天奇股份、光华科技
后市场服务		神舟租车、途虎养车、新康众

有效的市场竞争体现了中国优势。

首先，国家允许特斯拉设立全资公司，并在土地、财政、本土供应链等各方面给予了全力支持。这跟美国对中国车企征收 100% 关税形成鲜明对比。

此外，蔚小理的创始人之前都是互联网的创业者，跨界杀入造车领域，给市场带来了特别不一样的理念和思路，多家都做到了脱颖而出，成功上市。

华为从一个通信行业的硬件企业，先切入了手机行业。然后又以赋能者的身份，凭借着在智能化领域遥遥领先的研发实力，独创了一种跟企业深度绑定合作的模式。零跑是另一个例子，是从浙江大华这个做安防设备为主的公司孵化出来，跨界进入汽车行业，并杀出重围，成为了排名前 10 的新能源汽车造车企业。

而比亚迪又不一样，作为一个动力电池的头部玩家，先杀进燃油车市场，接着开发出全球最早的插电式混合动力汽车。此后比亚迪坚持开发新能源汽车，坚持纯电和混合动力两条腿走路，坚持所有重要的零部件全部自研，在 2022 年成为了世界上第一个宣布全面停产燃油车的"传统"车企，2023 年开始成为了全球新能源汽车销量冠军。

这些非典型玩家的入局，把所有传统造车厂的危机感和活力激发了出来，带动了整个中国本土汽车制造商的创新活力。中国成为了全球最具有活力，竞争最激烈，也是最领先的新能源汽车创新竞技场。在这个赛道，除了美国的特斯拉之外，全世界最领先的企业几乎全部在中国。

而在零配件领域，像宁德时代这样 2011 年才成立的公司，用了短短 10 年左右的时间就做到了世界动力电池领域的第一名，1995 年就成立并开始制造电池的比亚迪排名第二。依托完整的上下游产业链，国内出现了一批动力电池制造企业，充分参与市场竞争。从 2024 年 1～5 月的数据来看，全球排名前 10 的动力电池厂商，6 个在中国，4 个在日韩，如表 6-4 所示，数据来自韩国 SNE-Research。

表 6-4 　　　　　　　　2024 年 1~5 月全球动力电池装机量排名

排名	品牌	2024 年 1~5 月（Gwh）	2023 年 1~5 月（Gwh）	同比（%）	2024 年 1~5 月份额（%）	2023 年 1~5 月份额（%）
1	宁德时代	107	81.6	31.1	37.5	35.2
2	比亚迪	44.9	37	21.1	15.7	16
3	LGES	35.9	34	5.6	12.6	14.7
4	SKOn	13.9	13.4	4.2	4.9	5.8
5	三星 SDI	13.7	10.8	26.8	4.8	4.7
6	松下	13	18.3	-26.8	4.7	7.9
7	中创新航	13	9.5	37.4	4.5	4.1
8	亿纬锂能	7	5	39.4	2.4	2.2
9	国轩高科	6.4	5.2	23.6	2.3	2.2
10	欣旺达	5.9	3.6	62	2.1	1.6
—	其他	24.3	13.6	78.5	8.5	5.9
—	总计	285.4	232.1	23	100	100

全球化视野和布局是中国汽车产业能领先的一个重要因素。依托中国的完整且极具竞争力的汽车产业供应链，对全球市场的覆盖，给国内众多车企的发展开辟了广阔空间，有利于中国企业在海外打响品牌知名度，有利于通过扩大销售规模获得效益，从而反哺技术产品研发，形成良性循环。

以比亚迪的商用车为例，很早就在全球销售，还在美国建立了工厂。经过十余年的布局发展，比亚迪电动客车已经陆续进入美国、加拿大、巴西、智利、秘鲁等国家，遍布全球六大洲，70 多个国家和地区、400 多个城市，在全球累计推广应用纯电动商用车超过 8 万辆，以硬核实力成为了中国新能源客车出口的代名词。据悉，2023 年比亚迪新能源客车出口数量达到了 3 148 辆，同比大增 52.82%，市场份额达到了 26.65%，稳居第一。目前已在全球六大洲的 70 多个国家和地区，400 多个城市推广电动公共交通体系。

而在乘用车领域，中国企业获得的突破更大。自 2021 年以来，中国汽车

出口市场呈现超强增长。根据海关总署的出口数据，2023 年我国汽车出口
522.1 万台，出口增速 57.4%，目前已经超过日本，成为世界第一大汽车出口
国，未来潜力巨大。根据各企业财报公布的数据，上汽、奇瑞、长城、吉利、
比亚迪占据中国车企海外销量前五，2023 年出口量分别为 120.8 万辆、93.7 万
辆、31.4 万辆、27.4 万辆、24 万辆。出于规避贸易保护壁垒，提升对目标市
场的响应速度考虑，通过海外建厂实现本地化生产 + 销售逐渐成为各企业出海
的标准模式。

　　分动力类型看，乘用车出口以燃油车、纯电动为主，其中燃油车占比约
60%，纯电动占比 35%，混动车型出口此前较少主要受制于关税较高、认证时
间较长等制约因素，预计随着本地化设厂之后将会逐步改善。

　　在 2023 年中国汽车出口国家销量排名前十中，欧洲国家有 4 个，出口销量
占比 28.3%，其中俄罗斯是中国汽车出口销量最多的国家，出口销量 909 049
辆，占比 17.4%；亚洲国家有 4 个，出口销量占比 13.7%；北美国家有 1 个，
墨西哥是中国汽车出口国家销量排名的第 2 位，出口销量 415 075 辆，占比
7.9%；大洋洲国家有 1 个，澳大利亚在中国汽车出口国家销量排名第 4，出口
销量 214 607 辆，占比 4.1%。

　　中国车企出海目前面临最大的风险是贸易保护。美国已经公布对中国车企
征收 100% 的关税，土耳其宣布加征 40% 的关税，欧盟也已经宣布对中国车企
征收 17.1% 到 38.1% 不等的关税政策。此外，加拿大等西方国家也已经表示在
研究当中。通过在当地设厂、合资、合作等各种方式，如何应对为佳，将考验
各车企的智慧。此外，中国政府是企业的坚强后盾，国家层面也必然会有相应
的攻防政策出台。

6.3　核心技术发展和趋势

6.3.1　核心技术是企业发展的关键

　　汽车包括乘用车和商用车两个方向，这里我们主要分析乘用新能源汽车赛
道。新能源汽车主打电动化和智能化，给用户提供的价值，核心就在产品对用
户需求的匹配、电动化能力、智能化能力、价格、服务、安全这 6 个方面。企
业的核心竞争力，均以实现这些价值为目标，包括了产品定义和设计能力、核

心技术、供应链管理、成本控制和用户服务,这里面又以核心技术为最关键。电动化的核心技术在"三电":电池、电机、电控,智能化的核心技术在自动驾驶和人机交互。不同的企业有不同的价值主张,因而呈现出不同的战略选择,构建不同的护城河。

我们先分析一下,为什么说新能源汽车竞争的核心在技术。

我们先回顾一下燃油车时代。我们看到的现象是保时捷、奔驰、宝马、奥迪、大众、丰田等非常成功,但国内自主品牌成功的比较少,且一般都是主打低价格区间的车型。国内上市公司如果把跟合资部分的国外品牌业绩排除,利润也普遍较低。这是为什么?为了回答这个问题,我们把消费者买车的决策因素和重要性进行一下分析,如表6-5所示。

表6-5   消费者购买燃油车决策因素

维度	品牌举例	决策因素								
		品牌优	产品定位匹配	好看	好开	省油	价格合适	质量好	服务好	功能强
豪华车	保时捷、法拉利	强	强	强	强	弱	中	强	强	强
高端车	BBA、Volvo	强	强	强	强	强	强	强	强	中
平价车	丰田、大众	强	强	强	强	强	强	强	中	弱

我们从人的用车需求出发,买车最重要的是好开、省油、质量好、价格合适,而其中又以好开和省油为第一要素。而决定这两项的核心是发动机、变速箱这些核心技术。这就是为什么在燃油车时代几乎每个车企都是把这两项核心技术自研,并作为企业护城河的最重要部分。有了核心技术,再加上好的质量管理,就能在核心体验方面捕获用户的心,就可以把车的定位抬高,获得更好的利润。这样就可以在外观、内饰、特色功能等方面加大投入,这样品牌形象也就正面滚动起来了。如果缺乏核心技术,则容易导致恶性循环。

新能源汽车的核心也是技术,但技术领域完全不一样。表6-6一样列出了用户的决策因素。

表 6 – 6 消费者购买新能源车的决策因素

维度	品牌举例	决策因素										
		品牌优	产品定位匹配	好看	好开	续航长	充电体验好	价格合适	质量好	安全	服务好	功能强
豪华车	特斯拉（S/X）、仰望、问界 M9	中	强	强	强	强	强	中	强	强	强	强
高端车	理想、蔚来	中	强	强	强	强	强	强	强	强	强	强
平价车	比亚迪、特斯拉（3、Y）、小鹏、领跑	中	强	强	强	中	强	强	强	强	中	中

新能源汽车主打电动化和智能化，电动化是第一阶段，智能化是第二阶段。电动化方面用户关注的核心是续航、冬季表现、充电速度和安全，这些主要是由"三电"（电池、电机、电控）技术决定的。智能化方面用户最在意安全的自动驾驶和便捷的人机交互，这些当然也是由技术驱动的。

电动车由于产品还没有完全成熟，消费者在购买决策的时候，品牌的重要性已经比前几年要强，但还未到燃油车时代的重要性程度。

豪华电动车市场还处于早期，这主要是由于技术发展还不成熟，市场上能让消费者买账的豪华产品还不够导致的。比亚迪仰望和华为的问界 M9、享界等率先从核心技术出发寻求突破，取得了初步突破，但可持续性还需要观察。

接下来我们对新能源汽车核心技术部分的现状和发展趋势做一些梳理。

6.3.2 "三电"技术与混合动力

我们先分析电池，目前市场主流产品是锂离子电池。

动力锂电池是以锂离子电池为材料的一种高能量密度的、能够储存电能并可再充电的、为汽车或电动工具供应动力的装置。其基本原理为，在充放电过程中，锂离子在正负极间往返。充电时，锂离子从正极脱嵌，经过电解质嵌入负极。放电时，锂离子则从片层结构的碳中析出，重新和正极的化合物结合。在离子的嵌入与脱嵌过程中，同时伴随着等当量的电子的嵌入与脱嵌，也就产生了电流。

从不同技术路线来看，根据正极材料的不同，动力锂电池可分为三元锂电池、磷酸铁锂电池；根据封装方式的不同，动力锂电池可分为软包电池、方形电池和圆柱电池；根据电解质的不同，动力锂电池可分为液态电池、固态电池。

目前市场上主流的锂离子电池主要是三元锂电池和磷酸铁锂电池。它们之间的区别是，三元锂电池主要以镍钴锰酸锂作为正极材料，石墨作为负极材料。然而，磷酸铁锂电池则是用磷酸铁锂作为正极材料，其材质中不含贵重金属元素。这样的区别导致的表现差异在于：

（1）在能量密度上三元锂电池比磷酸铁锂电池要高，以及由此导致一个衍生区别：为实现相同的续航里程，磷酸铁锂需要更大的空间和更大的重量。

（2）在安全性上磷酸铁锂比三元锂电池要好，著名的"针刺实验"很好地说明了这一点。

（3）在成本上磷酸铁锂因为不含贵金属，要便宜得多。

（4）在冬季续航表现上三元锂电池的缩水情况比磷酸铁锂电池要好。不过比亚迪等通过给电池加热而改善了这一现象。

两类电池的优点和不足导致了市场选择的不同，以及各自的发展方向不同（补各自的短板，以及都要提升能量密度）。从表6-7可以看出，按2024年最新的数据，磷酸铁锂装机量份额占比已经超过7成。但除了比亚迪之外，其他企业30万元以上车型普遍采用了三元锂电池。

表6-7　　　　　磷酸铁锂和三元锂电池2024年上半年装机量表现　　　（单位：GWh）

材料种类	6月	6月占比（%）	1~6月累计	1~6月占比（%）	环比增长	同比增长	累计同比增长
三元材料	11.1	25.9	62.3	30.6	7.3	10.2	29.7
磷酸铁锂	31.7	74	141	69.3	7.4	39.3	35.7
其他类型	0	0.1	0.1	0	16.3	-64.8	-51.5
总计	42.8	100	203.3	100	7.3	30.2	33.7

磷酸铁锂电池从早期几乎只有比亚迪在使用，到实现总体份额的逆袭，一直到今天的压倒性优势，要感谢王传福的战略眼光。他很早就指出，中国的汽车工业，不能从燃油车时代被石油"卡脖子"，变成到电动车时代被稀有金属

（镍、钴等）"卡脖子"。在 2018 年前后，业界很多人不看好磷酸铁锂电池，觉得能量密度过低，充放电稳定性差。比亚迪几乎以一己之力，通过不断地技术创新，不仅解决了稳定性问题，也通过刀片电池的发明，解决了能量密度问题。

表 6-8 展示了锂电池的产业链环节和代表企业，我国产业链完整，这是电池产业能在全球快速崛起的重要原因。

表 6-8 锂电池产业链

分类一	分类二	代表企业
原材料	镍钴锰等	华友钴业、中国中冶、金岭矿业
	碳酸锂	西藏矿业、天齐锂业、赣锋锂业
	六氟磷酸锂	多氟多、天赐材料、九九久
主材	正极材料	湖南杉杉、北大先行、当升科技
	电解液	新宙邦、江苏国泰、东莞杉杉
	负极材料	贝特瑞、上海杉杉、江西紫宸
	隔膜	旭化成、星源材质、中科科技
电芯与 Pack		宁德时代、比亚迪、中航锂电
下游	BMS	德赛电池、欣旺达、晖谱能源
	电机	大洋电机、江特电机、万向
	电控	京四重工、启明信息、海纳川

锂电池产业的主要发展目标：提升能量密度、提升充电速度、更安全、降成本，以及提高冬季性能表现。在发展路径上，业界的主要趋势如下。

趋势一：发展硅碳负极搭配高镍正极三元材料的新结构

三元锂电池所需的镍、钴、锰等金属原材料中，钴资源较为稀缺且分布不均，目前中国已探明钴储量约 8 万吨，仅占全球总储量约 1%，高度依赖进口。钴在三元电池中起到稳定结构的作用，并不参与电化学反应；镍的作用在于提高材料的体积能量密度。所以在高镍的同时，降低钴含量，是提升电池能量密度和降低成本的好方法。松下、LG、宁德时代等主流动力电池企业都把低钴及无钴化电池作为下一代动力电池研发方向。目前 NCM811（镍钴锰的含量比例为 8∶1∶1）是已实现量产的钴含量最低的镍钴锰三元电池。

负极材料是锂离子电池的核心材料之一，锂离子电池性能提高在一定程度上取决于对负极材料性能的改善。锂电池负极主要分为碳材料和非碳材料两大类。目前负极材料市场依旧保持以人造石墨为主，天然石墨为辅的产品结构。

从技术层面来看，石墨负极材料的容量上限已无法满足电动汽车更高能量密度的需求，硅碳负极搭配高镍三元材料的体系成为发展趋势。如特斯拉的4680电池使用的就是高镍正极 + 硅碳负极材料。宁德时代、松下、LG、亿纬锂能等电池企业均在4680电池技术上有产能规划。4680大圆柱和快充技术也有望加速硅基负极的应用。

趋势二：动力电池结构向大模组、无模组方向创新

除材料迭代以外，结构革新是动力电池另一条重要的技术发展路径。传统新能源汽车动力电池系统一般是"电芯—模组—电池包"三级装配模式。但模组配置方式的空间利用率只有40%，在很大程度上限制了其他部件的空间。因此各大厂商在电芯、模组、封装方式等方面进行结构上的改进和精简，以提升电池的系统性能。电池一体化（CTP、CTC、CTB）的发展逐渐成为行业的重点研究、应用方向。不论是比亚迪的刀片电池、吉利的短刀片技术等，都是往这个方向的探索。

趋势三：发展快充，大幅缩短用户等待时间

以宁德时代的麒麟电池为例，此前，宁德时代的超快充技术已经涵盖电子网、快离子环、各向同性石墨、超导电解液、高孔隙隔膜、多梯度极片、多极耳、阳极电位监控等。各向同性技术使得锂离子可以从360度嵌入石墨通道中，实现充电速度的显著提升；阳极电位监控可实时调整充电电流，使电池在无析锂副反应的安全范围内发挥最大的充电能力，实现极限充电速度与安全的平衡。三元版麒麟电池采用了高镍正极 + 硅基负极体系，能量密度可达255Wh/kg，支持5分钟快速热启动及10min充电80%。但充放电过程中硅的体积膨胀可高达400%，活性材料易从极片上脱离，引起容量快速衰减，同时形成不稳定的SEI膜。因此宁德时代的导电材料采用了1.5~2纳米管径的单壁碳纳米管，对硅负极束缚力更强，导电网络更充分，即使硅负极颗粒发生体积膨胀并开始出现裂缝时，仍可通过单壁碳纳米管保持良好连接。此外，麒麟电池的电解液采用LiFSI，并使用FEC添加剂，在负极形成氟化锂，离子半径小，能及时修复裂缝。热管理方面，麒麟电池将液冷系统和隔热垫集成于多功能弹性夹层中置于电芯之间，相对于传统的整块铺设在电芯上方的液冷板方案，换热面积扩大了4倍。得益于更大的冷却面积，电芯的控温效率提升了50%。

比亚迪则采取了不同的实现方法。首先，比亚迪在2015年就实现了800V高压快充技术。到了2024年，比亚迪全球首创了智能升流快充技术，将充电电压与整车电压解耦，任意电压平台下均可充分发挥现有充电网络中GB15标

准公共直流充电桩 180kW 的最大能力。该技术能在 250A 充电口规格下，实现大功率充电。

不仅如此，比亚迪还通过智能末端快充技术，将 80%～100% 的充电时间从 30 分钟缩短至 18 分钟。为了在普通公共充电桩上实现更快充电速度，比亚迪还有智能双枪超充技术，开辟两条充电回路，可独立运行，也可同时工作。双枪同时充电时可以实现充电功率翻倍，最大充电功率达到了 500kW，10%～80%SOC 充电时间仅需 12 分钟。

趋势四：争夺全固态电池的战略高地

固态电池技术的主要变化在于固态电解质的使用，目前主流的固态电解质技术路线可以分为聚合物、氧化物、硫化物三种，尚在发展早期，还不能确定哪种技术路线会成为主流路线。全固态电池技术研发布局加速，目前国内外众多企业都在全力攻克，500 瓦时/千克能量密度全固态电池、锂硫电池等下一代电池有望 2030 年左右大规模进入市场。

趋势五：动力电池回收利用和全生命周期管理未来将成为新的市场壁垒

欧盟颁布《新电池法》和《新版电池战略研究与创新议程》，对动力电池产品设置了"绿色门槛"，动力电池碳壁垒或将提升，电池回收的战略属性和碳减排属性愈发重要。如欧盟明确提出，到 2031 年，钴、镍、铜的平均回收率需达到 95%，锂的回收率需达到 80%。"绿色门槛"的实施将加速推动动力电池回收利用技术等再生资源行业的发展。

我们再分析一下混合动力。跟智能手机一次性颠覆功能手机很不一样的地方在于，混合动力在一个阶段内成为了取代燃油车更被用户可接受的方案，国内比亚迪、长城、吉利等已经在这方面取得了全球领先的技术优势。按照 2024 年最新的销量数据来看，混合动力产品销量占比超过 40%，且增速远快于纯电产品。

表 6-9 从三个维度对此进行了分析。简单说来就是手机从 iPhone 第一代出现，产品就被定义好了（这也是乔布斯厉害之处），体验已经能实现超越用户预期，所以像 Blackberry 推出的那种既有手指交互、又有键盘的互动模式，左右互搏，没有生存价值。汽车不一样，复杂得多，电动车刚推出的时候在续航、智能化体验、充电等各方面都存在不足，有些核心技术路线又是摸着石头过河，例如固态电池和自动驾驶，到现在也没有定论到底会怎样，很难像智能手机那样一锤定音。再加上汽车平均 6 年一替换，混动出现后既解决了里程焦虑，又有接近纯电车的操控体验，价格也被中国企业降到最低，因而成为了取代燃油车的更快的选择。

表 6 - 9 手机和电动车对比

维度	手机	汽车	说明
产品成熟周期	快	慢	1. iPhone 第一代横空出世，智能手机就基本成熟； 2. 电动汽车是分步骤逐步完善
更换频率	很多人一年一换	平均 6 年一换	
生态依赖	厂商自建应用生态，自主可控	依靠国家和民间逐步完善充电生态	

混动什么时候会淘汰？等到电池技术成熟（彻底解决里程焦虑和冬季缩水等问题），价格降低到足够便宜，充电设施完善和充电速度快，市场就不再需要混动，估计还有 10 年左右的生存空间。

接下来我们来看一下市场上各企业混动技术的优劣对比，如表 6 - 10 所示。

表 6 - 10 混合动力技术路线对比

类别	技术路线	能源输入	动力输出方式	技术特点	代表企业
油电混合（HEV）	THS	油	纯电、混动	1. 技术稳定可靠； 2. 静谧性差	丰田
	i-MMD	油	纯电、发动机、混动	兼顾动力和节能	本田
	e-power	油	纯电	简单，纯电体验，除了只能加油外跟增程很像	日产
插电混合（PHEV）	单档混联（串并联）	油、电	电、发动机、混动	没有变速箱	比亚迪（DM）
	多档混联（串并联）	油、电	电、发动机、混动	有变速箱	吉利（雷神混动系统）、长城（柠檬混动系统）
	并联式	油、电	电、混动	油和电并行，发动机不能给车充电，没有电无法驱动车辆	大众、BBA
	增程（串联）	油、电	纯电	纯电体验，电力来源可自由切换	理想、问界、长安深蓝、零跑

油电混合的出发点是要开发更省油的燃油车，在插电混合成功之前，一直是世界上应用最广的混合动力技术。但是，大方向错了，注定没有未来。

在插电混合技术路线中，欧洲车企采用的并联式解决方案，因为发动机没办法给电池充电，但设计原理导致驱动汽车必须得有电，导致缺电情况下汽车就无法行驶，也逐渐失去了市场。

在混联式（串并联）插电混合方向中，又存在比亚迪 DM（Dual Model）无变速箱技术，和长城、吉利等采用的基于变速箱的多挡 DHT（Dedicated Hybrid Transmission）两种技术路线。比亚迪在 2024 年最新发布的 DM-i 5.0 超级混动技术，能够实现百公里馈电油耗 2.9 升，热效率 46.06%。相比较而言，基于长城的柠檬混动 DHT 解决方案可以做到百公里油耗 4.7 升，要高一些，但也比燃油车的油耗要低。

究其原因，比亚迪的方案是基于以电为主的设计理念，中低速情况下（城市内交通大部分情况），先用发电机将油发成电，然后再用电驱动电机，其余多出来的电充入电池中。内燃机始终处于最高效率转速，和电机功率，充电功率之间协调，使每滴油都不被浪费，榨出最多的能量。而在高速状态下，内燃机直驱车轮，通过配合发电机调节发动机的扭矩，使发动机在该转速下热效率最高。一部分能量用于直驱车轮，另一部分能量则进入电池。

多挡 DHT 则不同，发动机会介入得更早一些，在市区内中低速行驶时发动机就会参与车辆的驱动，一定程度上增加了车辆油耗；另外，DHT 变速箱的档位结构要比比亚迪 DM-i 的档位结构复杂得多，导致其生产成本比较高，体积也相对偏大。这也间接导致了会对电池容量造成限制，影响了纯电续航里程。

增程本质上就是串联式插混，结构简单，和串并联（混联）式插混的核心区别在于缺电时插混可以直接通过发动机来驱动，像燃油车那样开，基本原理见图 6 - 3。而增程模式下，驱动汽车只能通过电，而不能通过发动机。所以发动机会经过先把机械能转换成电能，然后电能再转换成机械能的过程，因此油耗比起混联式插混会高一些。

有意思的是，由于多挡 DHT 存在的问题，李想曾公开呼吁多挡 DHT 应该换成增程。

从投资角度怎么估算各类动力（燃油、混动、纯电）汽车的价值？燃油车赛道后续只会逐步萎缩，计算估值时需要大幅折价计算。在汽车领域，没有一家公司把混动作为终极技术，包括比亚迪、理想、华为塞力斯、长城等在内都是把混动作为颠覆燃油车的中短期技术路线，并同时积极布局纯电技术和产品。在今天，纯电路线已经取得了新能源市场的大半壁江山，所以我们可以相信，这些企业都能够顺利将混动的市场份额过渡到纯电路线，因此在估值的时候混动的销量可以与纯电基本同等对待，只是在计算利润率等指标的时候需要有所区别。

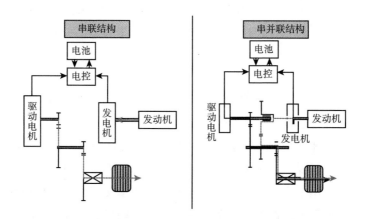

图6-3　串联式和串并联式的基本工作原理

从各制造业的发展历史脉络，尤其是跟燃油车对标来看，新能源汽车的电动化部分，以硬件、电池等为核心的技术变革，早晚会趋于成熟，稳定很长一段时间，等待下一轮的变革。而智能化部分所涉及的应用生态、算力、算法和数据则跟互联网发展很像，会快速迭代，长期持续进化。一辆新能源汽车，尤其是加入了自动驾驶技术的新能源汽车，其代码量比起燃油车是超过好几个数量级的增长，可以说，从长期来看，汽车行业会从一个硬件驱动的行业，转型为一个软件驱动的行业。

6.3.3　智能驾驶与人机交互

新能源汽车市场的竞争上半场是电动化，下半场是智能化。这里面，不管是不是会实现完全的无人驾驶，出于对用户价值的确定性，自动驾驶技术无疑是最核心的部分。而在车内有一个能够实时互动交流和响应需求的智能助理，对每一位用户在车内的愉悦体验也至关重要。

让我们来了解一下自动驾驶的GPT时刻。在特斯拉采用基于Transformer框架下的端到端大模型之前，自动驾驶一直都是基于"感知、决策、规划、执行"这样的 4 个步骤来实现的。而特斯拉的 FSD12 的推出，让整个业界为之眼前一亮，纷纷以最快速度跟进。

2024 年 6 月 8 日，李想在重庆一次公开演讲中谈了他对自动驾驶的理解，以及为什么用端到端大模型是正确的解决思路。简单地说就是之前那么多年基于规则下的机器学习的训练思路，是不符合人类自己的学习模式的。人不是靠学习遍世界上所有的边界情况（corner case）才知道如何去规避事故，也不是无时无刻不在全神贯注、耗尽脑力地开车。我们没有去区分"感知、决策、规划、执行"这 4 步，大部分的时候我们不需要通过思考，条件反射式的就安全可靠地执行完了。这样的过程，很多时候过去了就忘了，整个过程轻松自然，丝毫不费脑力。而当我们碰到一些特殊情况的时候，比如前面突然拥堵了，红绿灯突然不亮了，我们的大脑才开始认真思考起来。

特斯拉用大模型来做自动驾驶，正是受到 OpenAI 的启发，忽略人为步骤设定，直接端到端的给模型喂各种场景下的视频资料（clips），让模型自己去寻找答案，直接驱动方向盘、刹车等执行部件。而李想认为理想汽车给所有的车配备了两个英伟达的 Orin-X，正好可以去分别模拟人在常规场景下的操作，以及碰到临时状况时的操作（也就是专业上所说的泛化能力）这两个截然不同的场景。

这里面的挑战主要来自于三个方面：第一个要真正会做端到端，也包含这方面的数据训练的人才。第二个需要真正高质量的数据。第三个是需要足够多的算力，因为端到端对于算力的需求和以往变得完全不一样了。

具体实施上，常规场景下就是用正常的端到端大模型来进行云端训练，然后把成果放到车上的一个 Orin-X 上去执行。另一种解决遇到各种临时状况场景下所需要的泛化能力的模型则有所不同，此时需要将一个视觉语言大模型压缩到 20 亿参数的规模，变成一个小型视觉语言模型（VLM）放到车上的另一个 Orin-X 上来执行。基于这个 VLM，机器需要去理解导航地图，跟实时的周边数据结合来做判断，因此高精地图或各种轻图也不再需要了。

通过这样的基于真正 AI 技术的改造，自动驾驶从功能变成了能力，而且完全是"黑匣子"。理想公司受到 Sora 的启发，用 Diffusion Transform 的方式构建了一个小型的世界模型，用来测试自动驾驶是否合格。

李想本人预测，通过大概 1 000 万个视频 Clips 的训练，理想汽车基于 VLM 的监督型的 L3 级别的自动驾驶大概在 2024 年底或 2025 年初就能推向市场。并且，他认为三年以内无监督的 L4 也完全能实现。

我们再判断一下人机交互的未来发展趋势。实际上，它的解决方案一样是大语言模型。

如前所述，汽车今后将从一个单纯的出行工具成为一个移动的空间，可以是移动的家、移动的办公室，或者移动的娱乐空间等。因为移动的特点，自然语言交互是人机对话最好的方式。当一个人的时候，车内的智能助理起到的是"听懂你、看懂你、关爱你、守护你"的个人助理角色。当一家人在的时候，它又是能照顾大家的贴心管家。当办公的时候，它是全能秘书。当娱乐的时候，它又是周到的服务生。

不仅于此，真实的驾驶场景中，乘客和司机之间是可以沟通的。例如我的汽车在自动泊车的时候，习惯性地给我留足左侧的下车空间，但给右边的车子留的开车门空间却较小。这样的问题，今后应该都可以通过人机对话来改善。

6.4 对长期竞争格局的判断

6.4.1 企业竞争格局

业界很早就有判断，未来成熟的新能源汽车领域会是一个玩家相对集中的竞争格局，我们将通过分析来验证这一结论是否正确。我们将从和燃油车和智能手机的对比当中去寻找答案。

能否建立牢固的护城河是企业能否活得好的关键所在，而护城河的价值是让企业能够向客户提供区别于竞品的独特价值。在燃油车时代，发动机和变速箱是汽车最核心的技术，因为这决定了用户开车体验的最关键因素。另外因为汽车是大件消费品，再需要加上一个成本控制能力，这3个是车企护城河的最核心因素。传统燃油车的绝大多数零部件，包括许多核心零部件都是靠供应商解决的，光靠这3个因素，并没有哪几家企业能够跟其他竞争对手明显地拉开差距，导致竞争异常激烈。丰田年销售1 100万辆，2024年市值已经达到了3 100亿美元，这是最好的。其余，日本还有本田、尼桑、斯巴鲁，韩国有现代，欧洲有BBA、大众、雪铁龙，美国有戴姆勒、通用和福特。中国还有几十家汽车公司。再加上一些其他高端汽车品牌，用户有太多的选择。

在手机行业则有区别。苹果公司靠封闭生态＋核心技术全自研＋卓越的产品打磨能力为用户提供了明显有别于安卓生态手机的体验和价值，从而导致一家企业赚取了整个智能手机赛道一大半的净利润。而安卓阵营的厂商，尽管已经销量排到了全球前列，也依然要经受持续的残酷的竞争，芯片、操作系统、应用生态的利益大头又都被拿走，导致净利润率偏低，市场份额排名还不稳定。以小米为例，这么优秀的企业，上市到现在还在发行价附近徘徊。

汽车行业跟手机很不一样，目前看起来并不存在类似 Appstore 这样的互联网应用生态型的商业模式。自动驾驶虽然也是软件驱动的，但它是一种能力，而不是一个生态，未来每一个胜出的车企都会有自己的让用户满意的自动驾驶能力。因此，预计未来不会存在一个类似苹果这样吃掉大部分赛道利润的玩家。

为了最大自己的竞争优势，以及最大化盈利空间，未来胜出的车企，大概率会这么做：

（1）核心技术尽可能全部自研，或者收购，或者跟核心供应商绑定。包括电池、电机、电控、车身一体化、芯片、自动驾驶、智能助理、车险，以及其他对核心用户体验或成本控制能力比较关键的各个部分。这些自研不仅将更有利于车企打造出差异化的用户价值和体验，也更有利于降低研发制造成本。汽车不是像手机那样的小件消费品，动辄数万的价格差异，对核心消费群体至关重要，成本低是王炸型的护城河。

（2）对各主要目标消费群体推出全面覆盖的产品。每年保持推出新产品和更新换代的频率。车企的目标对象，不再仅限于个人，而要同时针对家庭和单位的多辆汽车使用需求，争取一起拿下。

（3）全面进军国际市场，将自己的规模优势挖掘到极致。

（4）推出客户忠诚度计划，对以旧换新、家庭多辆用车、推荐等给予持续的优惠和激励，例如自动驾驶订阅费用打折、服务折扣等。

要做到是很困难的，因为要有足够大的客户覆盖率，且汽车涉及的核心技术比较多，全部攻克谈何容易。因此，未来的胜出者数量将会远小于燃油车时代，仅有极少数玩家能笑到最后。

那么，下一个问题是，最后胜出的企业之间会天天拼价格战吗？

汽车作为一个智能空间，一个集合各项高新技术的产品，能够为用户创造价值的空间还很大。汽车行业今天的价格战，是为了能决胜出明天的幸存者。像比亚迪，即使打价格战，也是在拥有巨大成本优势，充分保障利润前提下的价格战。以今天的智能手机市场来说，格局已定，幸存的各厂商在打拼的还是技术创新能力，而不是价格战。作为一个超大件科技消费品，通过产品技术创新来提升给用户的价值和体验上能做的事情很多，这将是企业间竞争的关键。在赛道格局已定前提下，价格战是整个赛道进步停滞之后，仅剩的有效竞争手段，企业利润将越来越薄，这也将预示着这一赛道的衰败。在可预见的将来，新能源汽车不至于走到这一步。

6.4.2 产品竞争格局

燃油车时代，企业不同的车型产品数量众多。我们再来分析一下，电动车时代发展成熟以后，企业推车型的数量是否会显著减少。我们依然跟智能手机做一个对比。智能手机不需要那么多产品的最核心原因在于：手机该长什么样子在 iPhone 第一代推出时就被乔布斯通过对人的深刻洞察力定义好了。不需要电子笔，也不需要键盘，人的双手就是最好的交互方式。把有限的面积都作为屏幕来展现，给人的双眼足够的体验空间。所以企业也提供不了那么多外观有足够差异化且有很强竞争力的产品，爆款思维成为了唯一的选择。

电动汽车赛道有所不同，企业目前都在推出新的产品以追求更高的市场份额，其核心原因还是在于车作为一个移动的空间，消费者对使用场景、乘坐人口、外观内饰风格等有很多个性化的需求，因此需要不同的产品来满足需求。目前行业最领先的两家企业分别是两个极端：特斯拉成立十几年一共只推出了5 款车型：Models3xy + Cybertruck，Model2 预计 2025 年推出市场。一个极端情况是比亚迪，采取了截然相反的路径。它针对不同价位、不同人群、不同需求场景推出了王朝（汉字品牌）、海洋（比亚迪品牌）、腾势、仰望、方程豹 5 个系列，规划了数十款车型，各个品牌定位不同。

（1）王朝系列，车型风格偏传统稳重，满足家用、商务等人群的需求。销售的车型以汉、唐、元、秦、宋为主，覆盖从 10 万 ~30 万元区间。

（2）海洋系列，车型风格更偏年轻运动，更偏向于追求时尚运动和操控性能的年轻群体。车型包括海豚、海豹、海鸥，以及驱逐舰 05、护卫舰 07 等军舰系列车型。

（3）腾势品牌面向中高端消费者，目前在售的车型有腾势 D9（高端MPV）、腾势 N7、腾势 N8，整体售价在 30 万元以上。

（4）仰望主打前沿技术，是一个百万级高端品牌。首款产品仰望 U8 定位为高端硬派越野；仰望 U9，官方称为百万级纯电性能超跑。

（5）方程豹，强调专业性、个性化，首款产品豹 5 为中型硬派越野，售价

30 万 ~ 40 万元。未来豹 5 、豹 8 、豹 3 将组成方程豹 583 硬派家族。

比亚迪的产品布局会是未来胜出者的常态吗？笔者的判断是不会，更可能在比亚迪和特斯拉目前布局之间的状态。因为虽然从用户需求角度，就跟房子一样，因为审美、可承受的价格、应用场景等不同而需要不同的车型产品。但是，决定企业能供应多少种车型的决定性因素在几个方面：品牌定位、企业的差异化核心竞争力、核心人才储备，以及管理难度。

（1）未来的少数胜出者大概率都是国际化布局的企业，特斯拉证明了只要能在核心技术上持续领先，依靠少数爆款就可以征服全球，获得好的品牌影响力、好的销量和资本市场给予的高估值。

（2）特斯拉让我们看到了汽车行业管理难度有多大，以特斯拉的规模，不论是新工厂建造、产能提升、车型改款、新推车型等进展都比大家预期的要慢。Cybertruck 在 2019 年就已经向全世界公布，总计累积了超过百万预定。到了 4 年后，2023 年 11 月底才开始交付，并且马斯克表示该款车型能实现盈利还要等实现量产后一年以上。

（3）正是因为特斯拉车型过少，外观内饰满足不了很多人的需求（笔者就是其中一员），产能也有限，给了其他车企发展的宝贵时间窗口。

鉴于此，笔者倾向于认为，比亚迪目前的车型布局很可能是过多的，尽管比亚迪由于在电动化技术领域取得了阶段性的碾压性领先优势，依托这些优势推出如此众多的车型让它快速占领了市场。但长期来看，电动化技术的领先幅度会慢慢下降，长期竞争在智能化领域，这方面比亚迪并没有跟电动化如此幅度的领先优势。另外，即使在汽车行业，每个细分赛道的产品成功与否取依然决于爆款能力，因为消费者更认爆品，如此众多的车型存在人才和资源分散、左右互搏、品牌认知混淆的问题，容易减分。再加上管理问题，则难度更大。

总结一句话：等电动汽车赛道成熟后，少数企业会瓜分市场主要份额，每家都会把重点放在推出各自在不同细分赛道的爆款产品，并通过产品、技术、服务等差异形成各自独特的品牌区分度。

6.5　对新能源汽车企业的分析

从目前的市场竞争格局来看，国外基本上是特斯拉一家独大，国内则不同，具有一批拥有较强竞争力的企业。如果要勾勒出中国一个完美的车企画像，笔者倾向于认为是：比亚迪的电动化能力＋华为的自动驾驶＋理想的产品能力＋小米的营销能力＋蔚小理的服务能力。

中国市场上已经涌现出一批极具竞争力的新能源汽车，包括了华为、蔚小理、零跑、小米这样的跨界选手，包括比亚迪这种既传统而又不传统的选手，也包括吉利、长安、长城、广汽、长安、奇瑞等转型中的传统车企，也包括赛力斯这种跟华为绑定发展的非典型选手。

一些朋友可能会觉得困惑，明明中国汽车出口世界第一了，我们上面提到的这些世界一流的新能源汽车厂商，这些年产品越做越好，新能源汽车销量占比也节节升高，为什么不论是国内的比亚迪、蔚小理，还是国外的特斯拉，股价都从历史高点掉下来一大截，并且到目前为止都远没有恢复到高点呢？今后还有可能涨回去吗？

这个问题的答案笔者在第 2 章已经简单给出来了，称之为“赛道估值三段论”。从规律来说，当一个赛道到了实质性井喷式发展的初期，对于头部和有竞争力的玩家，一开始是蓝海，大家跑马圈地，资本市场因为 FOMO (Fear of missing out)，普遍都会给予高估值，但同时对各家的增长也都会给予很高的预期。等到这个赛道的竞争开始激烈起来了，大家的增长速度达不到资本市场预期的时候，往往绝大部分（如果不是所有）玩家的估值都会有不小的回调。等到第三个阶段，竞争格局基本确定的时候，头部的极少数玩家又会瓜分了整个赛道的增长空间，资本市场对于胜出者又会重新给予高的估值。但其他家就没那么幸运了。

很明确地说，新能源汽车赛道现在处于第二个阶段的中后期，快则一两年，慢则三四年内将进入第三阶段：胜者为王的阶段。手机市场就是这么过来的。所以从价值投资角度来说，我们选择和评估新能源车企的目的很明确，就是判断这家企业有没有可能成为未来的胜出者。

接下来，我们选择特斯拉、比亚迪和理想这三家有代表性的企业来展开分析，判断一下各自有多大成长空间。

6.5.1　特斯拉的危与机

作为新能源汽车的开拓者和引领者，以及市值最大的企业，没有人怀疑特斯拉将是最终的胜出者之一。但是，近期特斯拉的业绩表现不佳，连续几个季度业绩下滑，需要我们更深度地分析一下原因和后续的发展趋势。

首先我们将特斯拉和比亚迪、丰田汽车进行一些简单对比，如表 6－11 所示。从表中可以看出，三家的毛利率相仿，而特斯拉的动态市盈率是丰田的 5 倍、比亚迪的两倍。特斯拉的估值一直都不是光靠售卖电动车的业绩来唯一支撑的，马斯克向世界描绘的特斯拉的愿景，包括全面的自动驾驶、Robotaxi、人形机器人等，都被资本市场以一定的估值包含在市值里面。所以我们看到，尽管特斯拉在 2024 年以来业绩不好（见表 6 - 12），但随着 FSDv12 版本的推出，特斯拉的股价还是回升了不少。市场相信马斯克所描绘的远景正在被他一步步变成现实。

表 6 - 11　　　　　　　　　特斯拉和比亚迪、丰田的简单对比

维度	丰田	特斯拉	比亚迪	说明
动态市盈率（TTM）	12	60	30	2023 年 10 月数据
市销率	0.82	6.87	1.32	
总市值（亿美元）	2 300	6 500	略低于 1 000	2023 年 10 月数据
2023 年年销量（辆）	1 000 万	180 万	300 万	均为企业公开预估量
营收同比增长	5%	9%	84.37%	2023 年三季度
单车净利润（万元）	1.76	>4	1.17	
汽车毛利率（%）	17.29	17.9	18.33	
汽车能源类型	燃油车占绝大部分，少量氢能汽车	纯电动汽车	纯电 + 混合动力	

表 6 - 12　　　　　　　　　特斯拉业绩表现

业务板块	年度营收（亿美元）		同比（%）	季度营收				
	2023 年	2022 年		2024 年 Q2（亿美元）	同比（%）	环比（%）	2024 年 Q1（亿美元）	同比（%）
——汽车销售	785.09	672.1	16.81	185.3	- 9.25	12.58	164.6	- 12.81
——碳积分	17.9	17.76	0.79	8.9	215.60	101.36	4.42	- 15.16
——汽车租赁	21.2	24.76	- 14.38	4.58	- 19.22	- 3.78	4.76	- 15.6
汽车总收入	824.19	714.62	15.33	198.78	- 6.54	14.39	173.78	- 12.95
服务及其他	83.19	60.91	36.58	26.08	21.30	13.99	22.88	24.55
所有汽车业务收入	907.38	775.53	17.00	224.86	- 3.98	14.34	196.66	- 9.79
发电和储能	60.35	39.09	54.39	30.14	99.73	84.34	16.35	6.93
合计营收	967.73	814.62	18.80	255	2.30	19.71	213.01	- 8.69
毛利润	176.6	208.53	- 15.31	45.78	0.99	23.86	36.96	- 18.07
毛利润率	18.2	25.6	- 28.91	17.95	- 1.28	3.48	17.35	- 10.27

业务板块	年度营收 （亿美元）		同比 （%）	季度营收				
	2023 年	2022 年		2024 年 Q2 （亿美元）	同比 （%）	环比 （%）	2024 年 Q1 （亿美元）	同比 （%）
经营利润	88.91	136.56	-34.89	16.05	-33.10	37.06	11.71	-56.04
经营利润率	9.19	16.76	-45.19	7.14	-30.32	29.78	5.5	-51.86
净利润	149.74	125.87	18.96	14.94	-42.85	30.59	11.44	-54.94
净利润率	15.47	15.45	0.14	5.86	-44.13	9.10	5.37	-50.65

为什么大家不再那么喜欢买特斯拉了？总结起来有 3 个原因。

首先是因为经济不好。对此，从 2023 年开始特斯拉开始降价换销量，有一定的效果。

其次是车型改款太慢。Model 3 已经上市 8 年，ModelY 已经上市 5 年，消费者开始审美疲劳。而被市场寄予厚望的平民车型 Model 2，上市时间一拖再拖，一度传出要取消，马斯克又辟谣说 2025 年推出。而对比来说，中国的新能源车企已经按照每一次改款只需要半年，每一款新车型的推出只需要一年半，并且多个改款和新车型并行的节奏来推进。Model3 在中国已经被小鹏、吉利、小米等的产品打下了神坛，销量萎靡。按照这种情况，ModelY 也不乐观。不光在中国，特斯拉在美国市场的份额也从去年 Q2 的 59.3% 下跌到了 49.7%。

此外，从世界范围来看，因为美国、欧洲、日本等国家和地区的本地新能源汽车产业发展不符合预期等原因，各政府放缓了对新能源汽车取代燃油车的节奏，降低了对新能源汽车的扶持，这也导致了放缓。例如美国的新能源汽车销量占比就从 2023 年的 8% 下跌到 6%。

表 6 - 13 展示了对特斯拉的 SWOT 分析。

表 6 - 13　　　　　　　　　　特斯拉 SWOT 分析

S	世界领先的三电（电池、电机、电控）技术 产品创新能力 世界领先的成本优势 创始人世界级影响力 品牌优势 全球化布局先发优势 部分芯片自研优势（GPU 等） 超算能力优势	W	产品迭代速度慢 产品类型单一

续表

O	Cybertruck 和 model2 爆发潜力 储能、人形机器人等能源和 AI 领域发展潜力 L4 级无人驾驶的普及	T	地缘政治影响 全球化管理难度 竞争（尤其来自中国）

作为一个这么有优势和机会的企业，为什么从外界看起来，特斯拉的速度会这么慢呢？

分析特斯拉，得先分析亿隆马斯克。作为当代爱迪生般的传奇人物，马斯克一直都是从人类未来发展需要的角度去思考和实践，从特斯拉（电动汽车、储能和人形机器人），到 SpaceX（经济可复用的航天发射）、星链（通过卫星覆盖全球的网络）、Neuralink（脑机接口）、The Boring Company（地下真空交通）等。对他来说，把这些事情做成比把企业经营好要更重要。所以他花了超出市场估值的钱收购了 Twitter，因为他认为需要一个更公正的媒体。但也正是这样的原因，导致了马斯克不一定是个最好的企业经营者。这在特斯拉的发展上也体现出来了。

特斯拉的高管团队不稳定，对此，马斯克似乎并不是特别在意。

特斯拉的核心研发资源基本都放在啃硬骨头的项目上了，导致很多看起来没那么大突破性，但对诸如改款这类对企业经营有重大意义的项目没有受到足够的重视。以 Cybertruck 为例，产品很酷，但并不是一款面向全球主流市场的车型。此外，实现难度太大，量产困难，上市时间比之前计划的拖了好几年，2023 年 Q4 才正式上市，预估 2024 年也就 6 万左右的产量规模，难以为公司业绩提供有力的支撑。再比如 4680 电池。特斯拉起初对 4680 电池的进度非常乐观，认为在 2021 年就能实现大规模量产。因为工程难题，这款电池直到现在都没有大规模量产。知情人士称，目前 4680 电池的生产效率只有预期的 1/3，能量密度比预期低了 20%，且成本远高于马斯克的要求。负责 4680 电池量产的特斯拉动力总成与能源业务副总裁德鲁·巴格里诺（Drew Baglino）已经宣布离职。

马斯克憎恶一切低效行为，这导致了特斯拉具有很高的人效，但很多项目又人力不足。例如特斯拉 FSD 团队只有 120 多位工程师，4680 电池研发团队仅 100 人等。

马斯克一直对无人驾驶的实现很乐观，据说他认为 RoboTaxi 就能让特斯拉成为 10 万亿美元的公司，因此对 Model 2 的推出并没有那么坚决，希望投入更多的资源在 RoboTaxi 项目上，并要求生产 Model 2 的生产线要兼容 RoboTaxi 的车型。

以上种种，我们大概就能理解为什么特斯拉明明效率很高，外界的感受却是进展缓慢了。

当然，马斯克不断挑战自我的勇气，也为这个世界不断带来惊喜，这也是特斯拉给投资者的长期价值所在。典型的就是近期 FSDv12 版本的全面推广，在 2024 年 10 月宣布推出的 RoboTaxi，以及人形机器人的持续进化。作为一家 AI 公司，特斯拉的 Dojo 已经是全球排名前 5 的 AI 计算集群。特斯拉的估值当中，横向比较，60 倍的 PE 当中差不多有一半是给到这些新业务的。在最新的财报发布会上，马斯克明确表示，特斯拉的核心价值是自动化。完全无人驾驶的 RoboTaxi 将为特斯拉创造数万亿美元的价值。

从长远来看，即使按照年销量 1 000 万台计算（按现在的情况可能要 10 年左右的时间），假设特斯拉单车利润保持 4 万元人民币，再按照 30 倍 PE 计算，特斯拉市值可望达到 1.66 万亿美元。所以在无人驾驶成熟商用之前，考虑到销量难以快速达到千万量级，特斯拉的股价从现在的 7 000 多亿美元再翻一番就基本是极限了。考虑到现在的销量一年仅不到 200 万台，在特斯拉证明能通过自动驾驶让大部分用户接受订阅模式，或者 RoboTaxi 能规模化盈利之前，已经是太贵了，现在的股价中基本一半都是投资者在为信心买单。

6.5.2　厚积薄发的比亚迪

比亚迪是全球范围内目前看起来有望进入最后胜出者名单的第二个。除了特斯拉和比亚迪之外，目前还没有第三个。之所以比亚迪至少一只脚已经跨过门槛了，是因为从销量上说，比亚迪已经是新能源的全球销量冠军，即使只看纯电产品，也是数一数二。另外，更重要的是，比亚迪是全球所有新能源车企当中自研范围最广的车企，从"三电"（电池、电机、电控）、超级混动、八合一高效电驱总成、车辆平衡控制系统（云辇）、芯片（LGBT、低阶智能驾驶）、自动驾驶等核心技术，以及对用户体验比较重要的各类零部件，例如冰箱等，从而形成了全球领先的综合技术优势和巨大的成本控制优势。这里要强调一下，跟日常消费品和手机等不同，作为一个价格不菲的超大件消费品，价格差几万块钱对消费者的影响是巨大的，所以成本优势是比亚迪王炸型的护城河优势。而为了做到这一切，比亚迪花费了二十多年的时间。

表 6 - 14 从各维度比较了比亚迪和特斯拉在乘用车赛道各自的布局。从中还是可以看出比亚迪和特斯拉在新能源汽车领域的不同思路及优劣势。

表 6 - 14 特斯拉和比亚迪业务特点对比

维度		特斯拉	比亚迪	说明
能源路线		纯电	纯电 + 混动	比亚迪的混动技术超越丰田, 全球第一
电池	类型	三元 + 磷酸铁锂	磷酸铁锂	比亚迪还有固态电池等更先进技术研发中
	来源	三元锂电池部分从外供逐步转向自研 (4680 电池), 磷酸铁锂外供	自研	比亚迪不仅自用, 还外供电池
汽车平台		高度集成	高度集成, 有多个	均全球领先
电机电控		自研	自研	均全球领先
其他硬件技术布局		—	云辇系统, 独立控制每个轮子, 让车实现原地掉头, 爆胎继续运行等	
算力	GPU	NV 外供	外供 (MobileEye, 地平线)	特斯全球领先, 比亚迪尚待追赶
	超算中心	自研 Dojo 和 D1 芯片	—	
其他芯片布局		—	LGBT	比亚迪在第三代功率半导体有布局
智能驾驶		从辅助驾驶出发, 目标无人驾驶, 世界领先	定位辅助驾驶, 与第三方合作, 逐步自研	比亚迪不认可无人驾驶
产品矩阵		Models3xy2 + cybertruk, 共 6 款车型	王朝、海洋、腾势、仰望和方程豹 5 大系列数十款车型	比亚迪还有商用车, 此处不列出
销售地域		全球各国同步销售	中国为主, 发力国际化	比亚迪商用车国际化较早
4S 服务		纯自营 + 自建充电桩	高端自营, 其他加盟, 无充电桩布局	特斯拉的充电桩已被其他多家车企认可加入

图 6 - 4 给出了比亚迪的销量走势, 比亚迪在 2023 年总销量突破 300 万辆, 官方给出的 2024 年销量目标为 360 万辆。2024 年以来, 比亚迪通过一系列措施, 推动销量持续上涨。预计这一目标会超额完成。

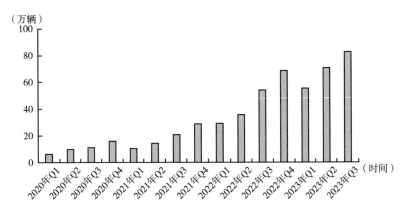

图 6 – 4　比亚迪销量走势

首先是推出一系列荣耀版，配合价格战，例如秦 plus 荣耀版最低售价 7.98 万元。其次是发布了 DM-i5.0，百公里油耗最低 2.9 升，续航里程能达到 2 000 公里。搭载 DM-i5.0 的秦 L DM-i 和海豹 06 DM-i 最低价格下探到 10 万元以下。而 8 月，随着刀片电池 2.0 的发布，汉、唐的改款，瞄准 20 万元以上市场。

展望未来，比亚迪在中低端市场，由于存在巨大的技术和成本优势，将长期牢牢把握市场主导权，而开拓海外市场对比亚迪而言也只是个时间问题。而智能化（尤其是智能驾驶）、中高端产品将是决定比亚迪的长期天花板能否被进一步提高的关键。这也是目前比亚迪风险相对最高的地方。

如表 6 – 15 所总结的，比亚迪也有短板，尤其是自动驾驶相关的芯片、算力和模型开发等。比亚迪已经开始加速追赶，两条腿走路，一方面合作包括跟 momenta 成立了合资公司；另一方面自研"天神之眼"自动驾驶系统和璇玑大模型。据说已经投入了 4 000 多人在研发。

表 6 – 15　　　　　　　　　　　比亚迪 SWOT 分析

S	世界领先的三电（电池、电机、电控）技术 世界第一的超级混动技术 部分芯片自研优势（IGBT 等） 世界领先的成本优势 2B 汽车产品全球领先优势 新能源板块新业务的潜力优势	W	智能驾驶能力及人才 超算中心能力建设 无 GPU 和自动驾驶芯片研发能力
O	打造更多爆款的可能性（U8 为例） 出海	T	车型广撒网，不聚焦的产品力风险 横向竞争风险（尤其是中高端价格区间） 智能驾驶跟不上市场发展的风险

在产品落地上，腾讯 N7 是第一款搭载"天神之眼"高阶辅助驾驶的车型。从规划上来说，以后 20 万元以上车型选配，30 万元以上标配。而 2024 年 Q3 海洋网总经理表示，将把智能驾驶功能下探到 15 万元车型。我们拭目以待。

在比亚迪的销售结构中，如果按销售价格统计，如表 6-16 所示，近 80% 低于 20 万元，超过 30 万的只有 3.8%。表 6-17 将 2023 年 10 月比亚迪销售的主要车型销量和价格区间做了一个罗列，一目了然。

表 6-16　　　　　2023 年 10 月比亚迪销量数据（按价格统计）

价格区间（万元）	销量（辆）	销量占比（%）
<10	43 350	14.4
[10，20)	192 343	63.9
[20，30)	53 856	17.9
30+	11 500	3.8

表 6-17　　　　　　比亚迪销量数据（2023 年 10 月）

系列	子品牌	销量（辆）	价格区间（万元）	类型
王朝系列	秦	42 767	12.98~20.99	小型轿车
	汉	20 267	18.98~33.18	中大型轿车
	唐	10 573	20.98~34.28	中大型 SUV
	宋	63 965	12.98~20.99	SUV
	元	41 449	9.58~16.78	紧凑型 SUV
海洋	海鸥	43 350	7.38~8.98	小型轿车
	海豚	35 189	11.68~13.98	小型轿车
	海豹	18 769	18.98~27.98	中型轿车
	驱逐舰05	7 966	10.18~15.78	混动轿车
	护卫舰07	4 247	20.28~28.98	SUV
	2023 款 e2	1 007	10.28~14.78	紧凑型轿车
腾势	D9	10 063	33.58~46.58	中大型 MPV
	N7	1 079	30.18~37.98	SUV
	N8	358	31.98~32.68	SUV

在比亚迪的规划当中，腾势主打 30 万~50 万元区间车型、方程豹负责个性化、仰望则捅破高端市场，王朝和海洋负责中低端主流市场，分别对应家用

和年轻用户，各有分工。不过到目前为止，腾势只有一款 MPVD9，尤其是混动版，月销量破万，N7 改款后依然卖不动。仰望 U8 站稳了百万以上新能源汽车的舞台，月销量在几百到一千多不等，虽然在这一价位上已经算不错，但不足以提升企业整体业绩。而方程豹的第一辆车豹 5，在连续几个月月销 2 000 多辆之后，一路下跌到仅小几百辆。

比亚迪的应对方式，一是推出更多的车型，包括：腾势的 Z9GT，以及后续的 M9；方程豹豹 8，以及明年的豹 3。仰望 U9 在 2024 年 8 月开始启动交付，再之后是 U7。二是从纯直销改为开放代理商加盟，扩大销售渠道。三是降价，方程豹豹 5 已经宣布全系降价 5 万元。

有一种说法，汉、唐应该往上再探一探，为比亚迪在 25 万元以上，包括 30 万元以上占据更好的位置，这不是没有道理。

从对业绩的贡献角度来说，25 万～50 万元的市场是最为关键的。产品定义和设计能力虽然也是门槛，但提升只是时间问题，加上比亚迪还有一堆黑科技可以赋能，预计不会久攻不下。但自动驾驶越来越成为这一区间用户的刚需，因此比亚迪在这方面进步的速度将是关键。

至于出海，简单来说就是比亚迪没有理由做得比别家差，虽然目前奇瑞、长城、上汽等走在了前面。比亚迪 2023 年海外销售了超过 24 万辆，2024 年的目标是 50 万辆。考虑到比亚迪的产品在国内的竞争实力，预计假以时日，比亚迪成为中国第一大出口厂商是完全有可能的。

比亚迪的决心也很大。2021 年 5 月，比亚迪正式提出了"乘用车出海"的计划。大型滚装船一个接一个地下水。海外生产基地一个接一个地建。出口＋本地化生产，是 2023 年比亚迪全球化战略确定要走的两条路。目前比亚迪的海外销售渠道已经能够覆盖数十个国家和地区。

6 月 27 日，比亚迪乌兹别克斯坦工厂首批新能源汽车下线。这家与乌方合资、比亚迪占 40% 股份的工厂主要面向中亚市场，一期计划产能 5 万辆，全部建成后将达到 30 万辆。

7 月 4 日，比亚迪第 800 万辆新能源汽车在当日竣工的泰国工厂下线。这是比亚迪全资投建的首个海外乘用车工厂，年产能 15 万辆。除投放本土市场外，还将辐射周边东盟国家。

除已投产的 2 家工厂外，比亚迪在建的海外工厂有 2 家，分别是今年 3 月开工的巴西工厂，以及开始交付地块的匈牙利工厂。前者预计年产能 15 万辆，2024 年底或 2025 年初投产；后者预计 2025 年下半年投产。而已确定投建的海外工厂也有 2 家。其中，年产 15 万辆汽车的印度尼西亚工厂已选址完毕，土地将在今年 8 月移交，预计 2026 年 1 月投运；而在土耳其建设年产 15 万辆汽车工厂的协议也已签署，预计 2026 年底投产。在确定中的还有墨西哥、法国等。

我们来分析一下市值空间。其实比亚迪是比特斯拉更适合与丰田对标的。2024 年比亚迪年销量预计为 360 万～400 万辆之间。假设未来在国内销量能到 1 000 万辆，按照中国年销量 3 000 万辆算，则是 1/3 的市场份额，跟现比亚迪在新能源车销量中的占比相当。再加上海外部分 300 万辆，比亚迪能达到的年销量是 1 300 万辆。对比而言，丰田目前年销量为 1 100 万辆左右。假设比亚迪通过努力将单车利润提升到 1.5 万元（现在是不到 1.2 万辆，略低于丰田现在的 1.79 万辆的水平），按照 15 倍预期 PE 计算（目前是 TTS 市盈率 20 倍），那么比亚迪汽车业务的远期乐观目标市值为 2.925 万亿人民币（约 4 000 亿美元），还有约 3 倍的增长空间。按照每年 20% 的销量增速的话，达到 1 300 万辆的规模，大概需要 7 年时间，有可行性。

看比亚迪，核心数据就看销量和单车利润。支撑其销量的是比亚迪的五大系列数十款车型，以及海外市场的进展。而开拓利润空间的主要看中高端品牌发展和推出爆款产品的能力。而开拓中高端会越来越离不开自动驾驶的突破。以上也是短期股价是否会上涨的核心判断因素。

6.5.3 理想汽车，最具苹果气质的新势力

理想的创始人李想是个敢说敢做的企业家，外界对其评价跟王兴很像，具有很强的自我学习进化能力。李想在高中时就辍学创立了泡泡网，后来成立了汽车之家。汽车之家卖给澳大利亚电信之后秦致空降当 CEO，李想做高管继续和睦合作。再后来就创办了车和家，做理想汽车。李想曾宣称预计未来中国市场只能留下 5 家，而能活下来的 2025 年销量至少要到 160 万辆。

与他同时从互联网转行做汽车的，还有李斌和何小鹏，分别创办了蔚来汽车和小鹏汽车。这几位企业家都相当了得，从 0 到 1 切入如此高难度的赛道，各自以不同的思路，到今天企业都上了市，且各家推出的产品在市场上都颇具竞争力。不过，如果比较起来，到目前为止，理想汽车还是要更胜一等。表 6-18 列出了三家在 2024 年 Q1 的主要业绩和市值表现。

表 6 – 18   蔚小理 2024 年 Q1 经营和市值数据对比

维度	蔚来	小鹏	理想
动态市盈率（TTM）	– 3.02	– 6.18	12.9
市销率	1.19	1.75	1.12
总市值（亿美元）	92	80.5	203
营收（亿元）	99.09	65.48	256.34
盈利（亿元）	– 52.58	– 13.68	5.93
销量	30 053	21 821	80 400
同比增长率（%）	– 3.18	19.70	52.90
单车毛利（万元）	2.48	1.4	5.82
毛利率（%）	9.20	5.50	19.30

理想是中国新能源汽车企业当中最具有苹果气质的公司，它的核心特点在两个方面：在业务上学习苹果，在管理上学习华为。前面已经分析过，新能源汽车的核心是产品力、电动化和智能化。由于电动化、智能化的核心技术研发需要时间和高昂的成本，理想在技术上先拿来主义，给自己争取时间去积累和突破。先参考苹果模式，把重点放在产品力打磨上。通过对人的需求洞察，先从一个利润空间大的目标市场：家庭多孩用车需求，寻求突破。基于赛道发展阶段，选用增程这种阶段性有效的技术，通过追求极致的用户体验来打造爆款。同时组织上学习华为，针对汽车这一管理难度极大的行业，通过各类自研系统支持和组织迭代，加上聘请外部顶级咨询公司帮忙，打造了高效有战斗力的团队。

理想汽车早期曾想先推一款近距离通行的两座小车，已经造出来了，后来放弃了。接着很快聚焦到家庭多孩用车需求上，打造了理想 one。紧接着打造了一个新的平台，围绕这个平台接连推出了 L9、L8、L7 和 L6 这 4 款产品，外界戏称"套娃"。殊不知，这种产品思路是建立在对用户需求的深刻洞察基础之上的。而对增程这种业界很多专家觉得已经落后技术的选择，也体现了李想这个从没造过车的人的学习和把握事情本质的能力。

选增程是因为基于充电设施不完善，充电不够快，电池续航里程和冬季稳定性等问题尚没有解决的前提下，增程能够很好地给用户提供全程的电车驾驶体验感，且没有里程焦虑。

而 L9 ~ L6 这 4 款车，用他的话来说对标房子分别是豪华三居（L9）、舒适三居（L8）、豪华两居（L7）、舒适两居（L6）。而针对过去燃油车被用户所诉病的各种选配难以下手的问题，李想也选择学习苹果，推出 Pro 和 Max 版本，把各种复杂的配置留给企业，而不是去为难客户，另外对各种配置的设计其实也正好给了企业基于对人性把握的商业模式设计，例如什么版本给空调，给后座电视，什么版本给更长的续航，等等。如果两档不够的时候，往上再推一个 Ultra 版本，往下可以再推一个 Air 版本。满满的苹果气息。

这样的模式不仅有利于最大化目标客户群的渗透率，还最大化复用了平台和零部件，并且避免了昂贵的电池成本，非常聪明地实现了满足用户需求和控制成本的双重作用，理想汽车一举而成为新造车势力的第一名，获得了最高的销量，最大的营收，且成为了极少数能盈利的新能源车企。甚至在华为携遥遥领先的智能化技术和塞力斯合作推出问界，直接对标理想的 L 系列，一款一款对着打的时候，理想汽车也稳住了阵脚。

针对前面已经讲过的对自动驾驶的理解，李想也把为什么用端到端大语言模型效果会更好，以及怎么才能更好的本质说清楚了。核心还是模拟人的驾车思维过程，把常规路况下的驾驶和应对突发状况分开处理。人从来不去区分什么"感知、决策、规划、执行"的步骤，通常我们条件反射式的，轻轻松松就解决了，而端到端的大模型跟人是一致的。而突发状况要单独处理，仔细分析导航和现场路况，比较烧脑，这是另一个模式。

所谓的苹果模式，就是先基于洞察人性的产品定义能力和设计能力，用超越用户期望的产品去占领市场，等做起来之后再逐步去补齐技术短板，并逐步地建设有利于自己的生态，以此一步步构建自己的护城河。在新能源汽车开始大规模推广的前几年，用户还没有把自动驾驶作为选择汽车的核心需求，李想在自动驾驶方向上采取了跟随策略，紧盯特斯拉，等 FSDv12 推出之后立即跟进，并在短时间内就实现了无图 NOA 的全覆盖。节省了人力和资金投入，效果又立竿见影，非常聪明。

如果不出意外的话，理想汽车正在按照李想本人的设计，一步步地追随着苹果的成功之路前进。

可意外还是发生了，发生在一款李想称之为如果乔布斯在世，他也会认可的"苹果汽车"上。MEGA，理想汽车的首款纯电产品，设计理念先进，"公路上的子弹头列车"，全球最小风阻 MPV，搭载宁德时代的麒麟电池，在理想汽车自建的超充站，最快可以实现 12 分钟充 500 公里电量。看似一切完美，但一场对于汽车尾部造型的网络舆情，让这款产品遭受重伤。其实抛开舆情，目前市场上卖得好的 MPV，基本还是混动为主，腾讯 D9 就是典型的例子，混动版月销量破万，纯电版零头都不到。理想沿着高速自建的超充，短时间覆盖度也难以满足用户的需求。

虽然理想汽车迅速调整了策略，提前将 L6 推出，将销量维持在新势力榜首，但 2024 年的全年总销量预期大幅下调，从混动迈向纯电的首战失利也让后续的纯电产品究竟会如何充满了变数。这也让李想曾豪言壮语，2025 年要突破 160 万辆的目标变得难以实现。

尽管如此，李想本人，以及理想汽车这几年的战略和执行，已经完全能证明他们的洞察力和执行力。在成为乔布斯和苹果的道路上，并不会一帆风顺。我的判断是大的思路和执行能力应该是都靠谱了，最后是否能成为那 5 个幸存者之一，就看机遇了，而且概率不小。

因为遭遇了挫折，理想汽车将今年的目标销量从 80 万辆下调到了 48 万辆，明年的各款纯电动产品推出到底销量如何现在难以预测，另外后续纯电产品的毛利目前也不太清楚，所以短期目标股价不好预判，必须等至少一款纯电产品出来。换句话说，现在不是买入其股票的好时机。但出于对团队能力的信心，我们依然相信理想汽车早晚能做到 160 万辆销量，不妨据此来做一个乐观预计。2025 年有多款纯电动汽车要上市。销量按照 160 万辆计算，假设平均售价为 30 万元人民币率按照 2.5 计算（与 2023 年 Q2 保持一致），则理想的可预期公允市值天花板在 1.2 万亿元（约 1 655 亿美元）。对比现在 200 亿美元的市值，还有很大空间。笔者倾向于认为长期看，理想汽车大概率会是一个给人惊喜的投资标的。

不过，还是要再强调一次，由于 Mega 遭受的挫败，2025 年及后续的销量能否快速增长、单车毛利能否维持，目前都有很大的不确定性。我们需要通过不断更新信息，反复确认它是否能达到目标。理想汽车的股价经历过几次大起大落，除了宏观经济环境的影响，横向竞争压力也不小。稳妥的投资方式是等纯电车型陆续推出，让我们对销量和利润能有更清晰的定量判断后，再尽早加入。投资不需要把每一分钱都赚到，只需要把确定性最高的那段的钱赚到就足够了。

6.6　对电池及原材料赛道的体会

在电动车爆发的前几年，电池供应跟不上市场需要，价格一路飙升，甚至一度占到了中低端电动车整车成本的近一半。这时候，以宁德时代为代表的头部电池企业新技术新产品推出速度快，销售额和利润不断增长，股价一飞冲天，宁德时代一度破 1.6 万亿元市值。即使到 2023 年 10 月，宁德时代的市值8 000 亿元也比比亚迪的 7 000 亿元要高。不过拉长时间来看，从 2021 年底的顶峰开始，尽管宁德时代的业绩仍然在快速增长（2023 年前三个季度净利润311.45 亿元，同比增长 77%），其股价却一路下跌。此外，在电池供不应求的时候，锂矿及正负极等材料相关企业的股价也大涨了一波。随着原材料价格的下跌，股价也逐步回归理性。这是为什么？

还是回归到股价增长的本质。简单地说，由于股价本来就是基于预测的结果，一个公司的股价能否进一步增长，取决于市场能否产生新的共识，相信企业即将获得超预期的业绩增长。那么，如果其业绩的增长空间明确，业绩实现也具有高度确定性的时候，其股价就很容易快速到达高峰。电池是一个典型的例子，因为电动车取代燃油车具有高度确定性（主要各国都给出了停止燃油车生产的时间），所以基于每年销量，很容易算出来长期来看电池的需求。在需求爆发早期，市场就会认为像宁德时代这样的领头羊能占有很高的市场份额，伴随着其业绩的真实快速增长，股价获得快速提升。但由于一方面竞争逐步加剧，其电池产品和技术的领先程度逐步缩减，在长远未来能获得的预期市场份额被调低了，另一方面竞争加剧也会导致利润率下降，股价自然承压。

在这种情况下，企业如果能开拓新的市场（例如储能）并让市场相信将为企业业绩产生重大的利好，或者在电池技术上取得革命性突破（比如固态电池），让市场产生共识企业将会夺取更大的市场发展空间，那么企业的市值将迎来一波新的增长。如果没有这样的利好，甚至在预期长期市场份额方面继续面临收缩的风险，企业的股价就还将继续承压。

至于电池相关的各类原材料，以锂矿为例，全世界的储藏量本来就是足够的，之所以出现缺口是因为产能不足，而一个锂矿开采场的规划设计建造直至运营一般需要两三年的时间。一旦产能上来，价格自然下跌。由于可预期性较强，整个赛道是在产能释放的中早期就冲高回落了。

第 7 章   芯片之战

国内对芯片行业的重视，在美国对中国打压之后达到了前所未有的高度。在此之前，芯片被认为是一个投资大、周期长、风险高、回报不高的行业，远不如互联网等被资本所青睐。高科技行业的竞争，包括芯片、机器人、量子计算、人工智能、航空航天等涉及到核心技术的领域，之前一直是西方主导。等中国开始崛起后，以美国为代表的部分西方国家认为这对旧的世界格局（坦白说是既得利益）形成了挑战，逐步从商业竞争上升到了军事、政治等领域的对抗，导致了一系列不符合自由贸易精神现象的出现。这里面目前对中国影响最大的恐怕就是芯片行业了，所以台积电的张忠谋说自由贸易世界不存在了。对这些产业的分析，需要把这样的因素考虑进去。

7.1   了解芯片行业

本部分笔者对芯片行业进行一个总体的梳理，将从几个维度来进行说明：产品和市场需求、制造工序和产业链分工、国际竞争格局。在此基础上，我们将尝试分析给出哪些赛道是投资的机会所在。

7.1.1   产品分类和市场需求

根据世界半导体贸易统计组织（WSTS）的分类，半导体包括分立器件、光电器件、传感器、集成电路（IC）四大类产品。其中，集成电路（IC）是指采用一系列特定的加工工艺，把一个电路中所需的晶体管、二极管等有源器件，以及电阻、电容和电感等无源器件，通过电路互连制作在一小块或几小块半导体晶片或介质基片上，然后封装在一个外壳内，成为具有所需电路功能的微型电子器件或部件。集成电路是半导体最主要的门类，占据了 80% 以上的份额，所以行业内习惯将集成电路（芯片）等同于半导体行业，我们的分析也将聚焦在芯片上。图 7-1 比较全面地列出了集成电路里各个品类的市场销售份额，以及每个品类下的具体产品类型。

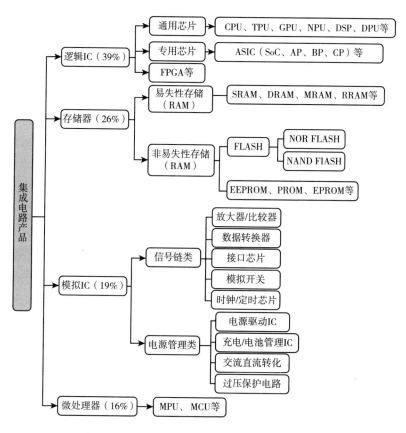

图 7-1　集成电路产品一览

当前芯片行业的主要下游应用市场涵盖了电脑和服务器、无线通讯、消费电子、汽车、工业和有线通讯几大领域。图 7-2 摘自长城证券的报告，根据 IC Insights 数据，2023 年集成电路市场规模约 5 465 亿美元，同比下降 7%，其中无线通信（含手机）领域市场规模约 1 399 亿美元，同比下降 6%；电脑 & 服务器领域市场规模约 1 590 亿美元，同比下降 15%；消费电子领域市场规模约 743 亿美元，同比下降 7%；汽车领域市场规模约 608 亿美元，同比增长 3%，是唯一增长的板块。像手机这样的行业，经过十几年的快速发展，在前几年创新已经遇到了瓶颈，消费者更新意愿下降。2024 年开始的 AI 手机有望在今后几年改变这个趋势。

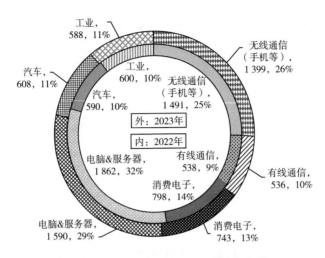

图 7 - 2 2022 年和 2023 年芯片市场规模

再来看一下市场需求的长期走势，如图 7 - 3 所示。可以看出，整个市场规模是在快速上升的，分为 4 个阶段，且每个阶段的平均年增速持续上升。[1]

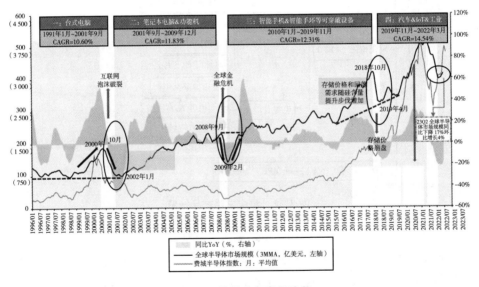

图 7 - 3 芯片市场发展阶段

注：摘自长城证券报告，数据来源包括 IC Insights，Semi，WSTS，IDC，Wind，各公司公告，长城证券产业金融研究院。

① 唐泓翼. 半导体周期：至暗已过，黎明将至？ [R]. 长城证券产业金融研究院，2023 - 09 - 21.

（1）第一阶段主要依靠台式电脑的普及，持续了 10 年时间，年增速 10.6%。2000 年的互联网泡沫导致了一次大跌，经过了约两年时间恢复。

（2）第二阶段主要依靠笔记本电脑和功能手机的普及，持续了也有近 10 年的增长，平均年增速 11.83%；2008 年下半年的金融危机导致一次大跌，但只经过了几个月市场需求就恢复了。

（3）第三阶段的驱动力来自智能手机、Pad、智能电视、可穿戴设备等消费类电子产品的井喷式发展，同样也持续了近 10 年时间，平均年增速达到 12.31%。由于存储价格崩盘带来了一次深跌，经过了超过 2 年的时间才恢复到之前的规模。

（4）第四阶段前半部分的驱动力来自汽车、IoT（物联网）、工业市场需求。基于大模型的人工智能迅速发展，可以预见将把千行百业都基于这种新的生产力来进行重塑。

业界已有共识，到 2030 年芯片市场的年产值将突破万亿美元规模。图 7-4 是基于麦肯锡的分析，展示了各细分市场在 2030 年和 2021 年的规模对比。从中可以看出，各个细分市场均能实现较大幅度的增长，其中汽车电子和工业电子预计增速将快于平均。这跟新能源汽车取代燃油车并大力发展智能化，以及各工业领域加速数字化和人工智能化升级有很大的关系。

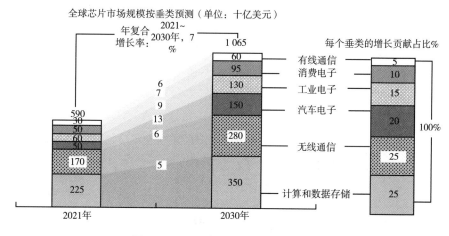

图 7-4 2030 年芯片市场规模和组成

7.1.2 芯片制造工序和产业链分工

芯片的整个制造过程涉及了约 500 道工序，图 7-5 说明了其中的主要步骤，其中 CMP（Chemical-Mechanical Polishing）是对硅片表面进行平坦化处理的一道工序。

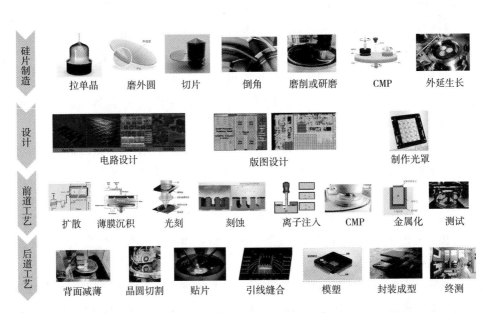

图7-5 芯片制造流程

从产业链分工角度来看，芯片产业链包括设计、制造、封装测试3个阶段，以及软件工具、设备和材料3大支撑，共6个环节。其中对制作工序还有一种分法：晶圆制造和测试被称为前道（Front End）工序，而芯片的封装、测试及成品入库则被称为后道（Back End）工序。材料与设备是集成电路产业的重要支撑，EDA与IP工具作为IC设计的软件工具，是集成电路产业的基石。图7-6列出了芯片产业链上的代表性公司及典型应用场景。

图7-6 集成电路产业链公司图谱

芯片的产业模式总的来说有垂直整合模式（Integrated Device Manufacture，IDM）和垂直分工模式（Fabless、Foundry、OSAT）两大类。

IDM 模式是指厂商自己打造完整业务闭环，囊括设计、制造、封装测试的全部流程，该模式具备产业链整合优势。Intel、三星、华为等都是这种模式。

垂直分工模式中 Fabless 专注于芯片设计环节，将生产和封测环节外包，芯片设计企业具有轻资产优势。国外的英伟达、高通、ARM，国内的寒武纪、比特大陆、地平线等都是这种模式。Foundry 专注于晶圆代工领域，代工厂商承接芯片设计企业委托的订单，并形成规模效应。此类企业投资规模较大，维持生产线正常运作的经营成本较高，我国台湾的台积电首屈一指，大陆的中芯国际、华虹半导体都是这种模式；OSAT（Outsourced Semiconductor Assembly and Testing）则专注于封装测试环节，市场份额主要被我国台湾及大陆企业所占据。目前国内封装测试企业数量超过 120 家，大部分本土企业体量仍然较小，2022 年营收超过 5 亿元人民币的企业不超过 20 家。

软件工具主要指 EDA 和 IP，现在高端芯片所需的软件基本被西方企业垄断，这是美国在芯片行业打压中国的重要领域之一。

EDA 全称是 Electronic Design Automation，也就是电子设计自动化，是指利用计算机辅助设计（CAD）软件，来完成超大规模集成电路（VLSI）芯片的功能设计、综合、验证、物理设计（包括布局、布线、版图、设计规则检查等）等流程的设计方式。EDA 被誉为"芯片之母"，是电子设计的基石产业。EDA 是芯片设计和制造流程的支撑，是芯片设计方法学的载体，也是连接设计和制造两个环节的纽带和桥梁。EDA 工具在芯片设计和制造流程中工艺平台开发、芯片设计和芯片制造三个阶段均发挥重要作用。工艺平台开发阶段主要由晶圆厂主导完成，在其完成半导体器件和制造工艺的设计后，建立半导体器件的模型并通过工艺设计套件（Process Design Kit，PDK）或建立 IP 和标准单元库等方式提供给芯片设计企业。芯片设计阶段主要由芯片设计企业主导完成，其基于晶圆厂提供的 PDK 或 IP 和标准单元库进行电路设计、仿真验证和物理实现。芯片制造阶段主要由晶圆厂根据物理实现后设计文件完成制造。上述芯片设计与制造的主要阶段均需要对应的 EDA 软件作为支撑，包括用于制程工艺平台开发和芯片制造两个阶段的制造类 EDA 软件，以及支撑芯片设计阶段的设计类 EDA 软件。如图 7 - 7 所示。

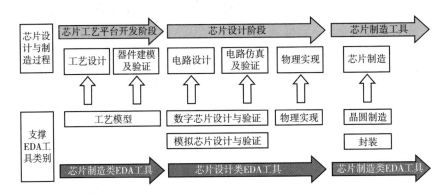

图7-7　EDA工具和芯片设计制造各阶段对应关系

表7-1列出了当今主要的EDA公司分类及其特点。由于先发优势和生态关系等原因，这个赛道的市场份额集中在少数玩家手中。值得一提的是，华为在突破美国对中国的EDA封锁方面正在发挥核心作用。

表7-1　　　　　　　　　　　　　EDA领域市场格局

梯队	代表企业	特点	市占率
第一梯队	Synopsys Cadence Siemens	1. 提供具有行业领导地位的全流程解决方案； 2. 核心优势产品已经在行业内形成垄断地位	>75%
第二梯队	Keysight Technologies Ansys	在部分关键流程中其产品已经形成市场优势地位	<10%
第三梯队	PDF/Solutions 凯伦电子（Primarius） Semitronix Silvaco Jedat 华大九天	在局部领域形成了一定的突破，得到了部分客户的信赖	较小

IP（Intellectual Property Core）是指在集成电路设计中那些可以重复使用的、具有自主知识产权功能的设计模块，主要被ARM、Synopsys和Cadence等公司所占据。

接下来我们对半导体设备赛道进行一下概述，如图7-8所示，同样分为用于制造的设备和用于封装测试的设备两大方向。

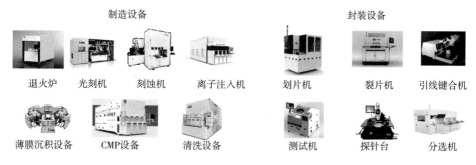

制造设备 封装设备

退火炉　　光刻机　　刻蚀机　　离子注入机　　划片机　　　裂片机　　引线键合机

薄膜沉积设备　CMP设备　　清洗设备　　　测试机　　　探针台　　　分选机

图7-8　半导体设备

我们重点谈一谈光刻机（见图7-9）。光刻是半导体芯片生产流程中最复杂、最关键的工艺步骤，耗时长、成本高。半导体芯片生产的难点和关键点在于如何在硅片上制作出目标电路图样，这一过程通过光刻来实现，光刻的工艺水平直接决定芯片的制程水平和性能水平。一般芯片在生产中需要进行20~30次的光刻，耗时占到整个生产环节的一半左右，成本占芯片生产总成本的1/3。

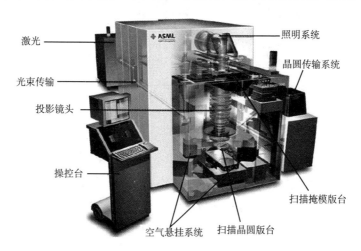

激光　　　　　　　　　　　　　　　　照明系统

　　　　　　　　　　　　　　　　　晶圆传输系统
光束传输

投影镜头

操控台

　　　　　　　　　　　　　　　　　扫描掩模版台
空气悬挂系统　　扫描晶圆版台

图7-9　光刻机结构简介

国际上，早年光刻机由美国 GCA + PerkinElmer 把持，如今美国光刻机企业退出历史舞台，当前全球半导体前道光刻机市场主要由 ASML、Nikon、Canon 三分天下。全球光刻机市场份额集中度很高，目前仅 ASML 能生产极紫外（ExtremeUltra-violet，EUV）光刻机，浸没式深紫外（DeepUltra-Violet，DUV）光刻机也仅 ASML 与 Nikon 出货。2022 年 ASML 出货占95%，在 ArF 和 KrF 光刻机的份额也高达88%和72%，仅低端线光刻机上 Canon 出货占比较高。近年来美国联合荷兰、日本等国在高端光刻机领域对中国实施了 EUV 和高端 DUV 光刻机的禁售。

国内方面，如表 7-2 所示，上海微电子（SMEE）完成 90nm 光刻机出货，并加快浸没式设备研发。SMEE 在光刻机领域有多年积累，占据国内后道封装用光刻机 80% 以上的市场份额，2018 年公司承担的 02 专项 "90nm 光刻机样机研制" 通过验收，对应公司 90nm SSA600/20 步进扫描投影光亥机实现量产。2017 年公司承担的 02 专项 "浸没光刻机关键技术预研项目" 也通过验收，目前正在加速推进产业化落地。若浸没式 DUV 能顺利跑通，通过 ArFi + 多重曝光或可将国内 IC 制造的国产化能力推进至先进制程，将是里程碑式的迈进。

表 7-2 上海微电子现有的前道光刻机产品

型号	SSA600/20	SSC600/10	SSB600/10
图示			
分辨率	90nm	110nm	280nm
镜头倍率	1:4	1:4	1:4
硅片尺寸	200mm 或 300mm	200mm 或 300mm	200mm 或 300mm

资料来源：上海微电子官网。

接下来谈一谈材料，如图 7-10 所示。晶圆制造材料中占比最大的是硅片，占晶圆制造材料总成本的 1/3 左右。硅片处于最上游，是唯一贯穿 IC 制程的材料，质量直接影响芯片的质量与良率。其他包括电子特气、光掩膜、光刻胶及其辅助材料、湿电子化学品占比分别为 13%、12%、14% 和 7%。

制造材料　　　　　　　　　　　　　　　　　封装材料

硅片　　　光掩膜　　　光刻胶　　　湿电子化学品　　　基板　　　引线框架

溅射靶材　　　CMP材料　　　电子特气　　　键合丝　　　塑封材料

图 7-10 半导体主要材料

硅片主要规格包括两种：300mm（12 寸）和 200mm（8 寸），一般 90nm 以下制程用 300mm，90nm 以上用 200mm。像我们所关注的人工智能、电脑、手机、云计算等所需要的存储芯片、图像处理芯片、通过处理器芯片、FPGA 和 ASIC 等，均使用 300mm 规格的硅片，超过 70% 的市场份额。最近几年，全球硅片供应（尤其 12 寸）一直处于缺货涨价状态。

光刻胶是另一个备受关注的材料细分品类。光刻胶（Photoresist）又称光致抗蚀剂，是指通过紫外光、电子束、离子束、X 射线等的照射或辐射，其溶解度发生变化的耐蚀剂刻薄膜材料。由感光树脂、增感剂和溶剂 3 种主要成分组成的对光敏感的混合液体。在光刻工艺过程中，用作抗腐蚀涂层材料。半导体材料在表面加工时，若采用适当的有选择性的光刻胶，可在表面上得到所需的图像。目前最常用的是 ArF 干式和 KrF 浸润式两种，共占约 42% 的市场份额。

电子特气是电子特种气体的简称，在集成电路领域，电子特气主要应用于前端晶圆制造中的清洗、外延沉积、氧化成膜、光刻、刻蚀、掺杂等诸多工艺流程，几乎渗透到生产过程中的每一个环节，对产品的性能、成品率、集成度等方面均具有重要影响。电子特气在集成电路领域中刻蚀用气占比 36%，掺杂用气占比 34%，外延沉积、光刻及其他用气合计占比 30%。

7.1.3　国际分工和竞争格局

自从 1947 年第一支晶体管诞生以来，半导体行业开始在美国兴起。此后，全球半导体产业一共经历了三次迁移①，如图 7 - 11 所示。

（1）第一次转移是由于 PC 的兴起，美国更专注于技术壁垒更高的 CPU 处理器，当时的美国对于技术转移不敏感，认为专利转让能够让美国在不需要投入时间和金钱情况下获得丰厚的报酬。因此，美国将存储产业向日本转移。

（2）第二次转移是在日本半导体如日中天的背景下发生的，日本产品占据全球市场的 50% 的份额，美国开始对日本半导体进行打压。韩国把握美日贸易摩擦的契机，取代日本成为存储半导体领先者。此外，张忠谋从美国回到台湾开创了台积电，一举将代工模式做大，Fabless 模式对越来越多的企业产生吸引力。

---

① 2023 集成电路行业发展简析报告 ［R］. 嘉世咨询，2023 - 11.

（3）第三次转移是因为劳动力成本的上升使得偏向劳动密集型的代工和封测环节逐步转向我国大陆地区。与此同时，因为中国国力的不断上升以及高科技发展的需要，在半导体产业中基于成熟制程的产品逐步形成设计、制造、封装测试等的完整闭环。

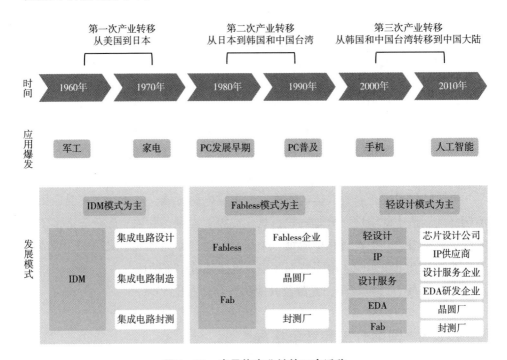

图7-11 半导体产业链的三次迁移

芯片行业可能是全世界最复杂的产业之一了，基本上是举全世界之力在推动产业不断升级。由于其准入门槛高，到目前为止真正有影响力的也就是美国、日本、韩国、欧洲、中国大陆和中国台湾6个主要玩家。根据波士顿咨询公司和美国半导体协会（SIA）联合发布的《强化不确定时代下的全球半导体供应链报告》显示，美国凭借强大的科研创新能力，在半导体研发密集型领域处于领先地位，尤其是在电子自动化设计/核心知识产权（EDA/IP，74%）、逻辑器件（67%）、制造设备（41%）等细分领域。中国大陆的比较优势领域在于封装测试（38%）、晶圆制造（16%）以及原材料（13%）。欧盟的相对优势领域在于EDA/IP（20%）、制造设备（18%）。而韩国、日本和中国台湾则在原材料、记忆芯片、晶圆制造等领域占据绝对优势。目前，按地区划分的全球芯片生产能力，中国台湾占22%，韩国占21%，中国大陆和日本各占

15%，美国占 12%，欧洲占 9%。

目前世界的半导体产业链正在进行新一轮的重塑，但这次的特征不是迁移，而是因为美西方出于对中国进行压制的需要，拉上盟友对中国从设备、软件、人才、资金、对外合作等各方面进行限制，而导致整个半导体产业链从世界范围内的一套分工合作机制，变成以中国和美西方分别为核心的两套产业链，包括如下几个特征：

（1）各主要国家/地区均致力于强化自身实力。由于投资重点的转移，美国在全球半导体产能中的份额已从 1990 年的 37% 下降到今天的约 12%。美国从自身产业安全性角度出发公布了《芯片法案》，计划对芯片行业补贴 527 亿美元，开始在其国内进一步加强半导体产业链，尤其是代工生态。2021 年 5 月，韩国发布《K－半导体战略》，建设"K－半导体产业带"，力求在 2030 年将韩国打造成综合性半导体强国，主导全球半导体供应链。日本也不甘落后，2021 年 6 月，日本经济产业省发布《半导体数字产业战略》，将半导体行业视为与食品能源行业同等重要的国家重点项目，借此寻求扩大日本国内半导体生产能力。为实现此目标，日本政府将实施"加快建设物联网半导体生产基地""促进美日半导体技术合作"以及"创新可以改变'游戏规则'的新技术"的"三步走"战略规划，从国家层面确保半导体的供给能力。2023 年 7 月，《欧洲芯片法案》（European Chips Act）获欧洲议会批准，希望将欧盟在全球芯片市场的份额从不到 10% 提高到 20%。

（2）包括高端芯片、第三代半导体等高精尖领域，中国被迫要从软件、设备、设计、制造、封测等各领域形成自己的完整产业链。预计在很长一段时间内，中国不仅在获得西方高端产品、技术、装备、资金等方面会存在障碍，中国在这些领域的公司和部分西方国家的商业合作以及产品输出也将存在障碍。

（3）基于成熟制程的半导体产品技术不敏感，中国一方面具有规模、效率和成本等优势，另一方面美国等实施的限制相对较轻，预计中国在全世界的份额将领先。

图 7－12 是从 2010 年到 2030 年全球半导体市场份额分布变化情况。可以看出，到 2030 年来自中国的企业所产生的销售额增长最快，将仅次于美国。以中国目前的总体实力和发展潜力，我相信美国对中国的打压短期会有负向作用，中长期可能反而是我们实现自我突破的动力。

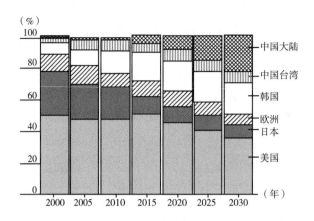

图7-12 2030年各国/地区半导体市场份额预测

注：国家或地区是根据公司总部所在地划分的。

资料来源：世界半导体行业协会（SIA）。

作为目前在芯片产业最强大和最有影响力的国家，接下来我们将对美国的半导体产业布局进行一轮摸底，这对我们寻找和分析投资机会会有帮助。

美国是半导体产业发源地，至今也依然是全世界半导体产业最强的国家。在美国42个州近500个地点中，分布着制造、芯片设计、IP、芯片设计软件、半导体材料、制造设备等各类厂商和各大型的研发机构。

首先是IDM模式，几乎遍布整个美国。在众多IDM厂商中，有模拟巨头德州仪器、ADI、安森美、Microchip Technology等，还有无线连接和射频类厂商Skyworks、Qorvo、BAW RF滤波器公司Akoustis。在功率半导体领域，有SiC巨头Wolfspeed、功率半导体厂商Alpha & Omega Semiconductor。

还有各种细分领域的模拟芯片厂商，如交直流电源保护厂商EMP Shield，辐射探测器和探测器读取公司Radiation Detection Technologies，分立硅射频/微波半导体器件、单层陶瓷电容器和薄膜产品制造商Massachusetts Bay Technologies（MBT），无线电、微波和毫米波半导体设备和组件的厂商MACOM Technology Solutions，电路保护、电源控制和传感领域的厂商Littelfuse，电子元件厂商Diodes，pSemi（2014年被村田收购），激光器、传感器和光学器件的厂商Coherent。

在存储领域，有存储厂商美光、NAND闪存厂商Solidigm、西部数据，还有研究新型存储的厂商如Everspin Technologies，其主要设计、制造分立式和嵌入式磁阻RAM（MRAM）和自旋转移力矩MRAM（STT-MRAM）。

此外，Luminar Technologies 主要为自动驾驶汽车开发基于视觉的激光雷达和机器感知技术。Trusted Semiconductor Solutions 提供集成电路、FPGA、印刷电路板和 IC 封装设计和制造服务。NHanced Semiconductors 是一家总部位于美国的设计和制造创新公司，其在先进封装方面的丰富经验包括 3D-IC、硅中介层、2.5D、小芯片、增材硅制造、光子学、微流体和其他创新解决方案。

另外，欧洲的厂商英飞凌、恩智浦，韩国的三星和 SK 海力士，日本的铠侠（Kioxia）和瑞萨等在此有分部。

其次是 Fabless 模式。美国本土的 Fabless 公司主要有英伟达 Nvidia、AMD、Marvell、IBM、Cirrus Logic、Silicon Labs、Ampere、SiFive、Lattice Semiconductor、Qualcomm、Socionext、Allegro、博通。此外，中国台湾的联发科在美国多个州都有分部。这些无晶圆厂芯片设计公司在美国本土的半导体产业中扮演着重要角色，推动了美国本土的半导体设计和创新。

在代工厂（Foundry 模式）方面，美国本土的 Foundry 厂主要包括英特尔、格芯、Skywater、TSI Semiconductors、X-FAB。另外海外的台积电、三星也已经开始在美国设厂。

OSAT 领域美国相对薄弱，仅有两家公司。

（1）Integra Technologies 是美国最大的 OSAT 服务提供商，总部位于美国堪萨斯州威奇托。

（2）Amkor Technology 总部位于美国亚利桑那州坦佩市，于 1968 年在韩国开展了半导体业务。Amkor 在名义上结合了美国和韩国，Amkor Electronics 专注于美国的销售和营销，而 ANAM 专注于韩国的生产和研发。

美国在 IP 和 EDA 方面占据全球大部分市场份额，Cadence、Synopsys、Ansys 是美国本土的三家 EDA 和 IP 供应商。Arm 在美国也有分公司。

美国的半导体设备公司主要有应用材料、Lam Research、KLA，这三家是全球半导体设备的巨头，均排在全球前五之列。

最后是材料，主要企业如下：

（1）美国的 Fujifilm Electronic Materials 提供高纯度化学品和材料产品组合，包括光刻胶、CMP 浆料、高纯度溶剂等。

（2）美国马萨诸塞州的 Entegris 提供净化、保护和运输半导体设备制造过程中使用的关键材料的产品和系统。

（3）Chemtrade 主要提供硫和水化学品（SWC）和电化学品，自 2001 年起在多伦多证券交易所（CHE. UN）上市。

（4）位于马萨诸塞州的 Electronic Fluorocarbons 是特种气体、碳氟化合物和稀有气体供应商。

（5）Hemlock Semiconductor 是美国最大且唯一的超纯多晶硅生产商。该公司成立于 1961 年，由康宁公司（Corning Inc.）和信越化学工业公司（Shin-Et-su Handotai）拥有，并以其工厂所在地密歇根州的赫姆洛克（Hemlock）命名。

（6）Tosoh SMD 为半导体、大面积涂层和特种市场制造和提供薄膜材料，如溅射靶材和高纯度薄膜沉积材料。该公司成立于 1975 年，Tosoh SMD 贡献了世界上与目标冶金学对 PVD 薄膜工艺和性能的影响相关的许多基本理解。

（7）位于特拉华州的杜邦材料提供用于半导体制造、封装和组装的支持材料。

7.2 芯片行业的挑战与机遇

从全球整个芯片产业来说，最大的挑战是摩尔定律的可持续性问题。摩尔定律是由英特尔（Intel）创始人之一戈登·摩尔（Gordon Moore）提出来的，其内容为：当价格不变时，集成电路上可容纳的晶体管数目，约每隔 18 个月便会增加一倍，性能也将提升一倍。芯片行业发展到今天，总的来说摩尔定律的有效性都被维持住了，但难度越来越大。通过不断优化晶体管结构、研发新的材料和设备等手段，5nm、3nm 制程的芯片都已经实现量产，台积电预计2025 年实现 2nm 量产，1nm 业界预计将在 2030 年左右实现量产。但这样的进步会越来越艰难，这是因为当晶体管越做越小时，就会容易出现"量子隧穿"（电子直接通过晶体管），导致晶体管出现"漏电"问题。芯片一旦漏电，自然无法正常使用。因此，行业需要新的突破思路。

传统的芯片设计都是基于冯诺依曼计算机架构进行的。在冯诺依曼架构中，计算单元与存储器是两个分离的单元。计算单元根据指令从存储器中读取数据，在计算单元中完成计算和处理，完成后再将数据存回存储器。设计之初，计算和存储分离被视为冯·诺依曼架构的一大创新，其使计算单元和存储器可以独立发展和优化，极大地简化了硬件的设计和制造。随着近年来云计算、大数据和人工智能等技术的发展，数据传输和处理需求高速增长。但在目前芯片工艺尺寸微缩趋近极限的情况下，通过改善工艺来提升冯诺依曼架构性能的难度越来越高。具体而言，主要存在两大瓶颈挑战。

"存储墙"：由于计算单元和存储器二者的需求、工艺不同，在过去二十年，计算单元性能以每年大约55%的速度提升，存储器性能的提升速度每年只有10%左右，导致存储速度严重滞后于计算速度，拖累整体算力。

"功耗墙"：数据在计算单元和存储器的流动过程中，搬运时间往往是运算时间的成百上千倍，造成了60%～90%的能耗浪费。

可能的解决方案：目前看存算一体方向最为成熟，确定性最高。其结构如图7－13所示。

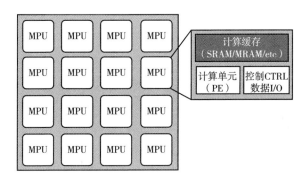

图 7 – 13　存算一体结构

存算一体与传统的冯诺依曼架构不同，它是在存储器中嵌入计算能力，将存储单元和计算单元合为一体，省去了计算过程中数据搬运环节，消除了由于数据搬运带来的功耗和延迟，从而进一步提升计算能效。

由于数据传输路径的优化，存算一体技术在提高传输效率的同时，节省了数据传输的损耗，带来更好的能效比、低功耗。在相同算力下，AI部分能效比将有2～3个数量级的提升，更低散热成本，更高可靠性。

目前，存算一体的技术目前主流的划分方法是依照计算单元与存储单元的距离，将其大致分为近存计算（PNM）、存内处理（PIM）、存内计算（CIM）。

（1）近存计算是一种较为成熟的技术路径。它利用先进的封装技术，将计算逻辑芯片和存储器封装到一起，通过减少内存和处理单元之间的路径，实现高I/O密度，进而实现高内存带宽以及较低的访问开销。近存计算主要通过2.5D、3D堆叠等技术来实现，广泛应用于各类CPU和GPU上。

（2）存内处理则主要侧重于将计算过程尽可能地嵌入到存储器内部。这种实现方式旨在减少处理器访问存储器的频率，因为大部分计算已经在存储器内部完成。这种设计有助于消除冯·诺依曼瓶颈带来的问题，提高数据处理速度和效率。

（3）存内计算同样是将计算和存储合二为一的技术。它有两种主要思路。第一种思路是通过电路革新，让存储器本身就具有计算能力。这通常需要对SRAM 或者 MRAM 等存储器进行改动，以在数据读出的 decoder 等地方实现计算功能。这种方法的能效比通常较高，但计算精度可能受限。目前，全球的存算一体企业主要有：一类是国际巨头，比如英特尔、IBM、特斯拉、三星、阿里等，对存算技术布局较早，代表存储器未来趋势的磁性存储器（MRAM）、忆阻器（RRAM）等产品也相继在头部代工厂传出量产消息。另一类是国内外的初创企业，比如 Mythic、Tenstorrent、知存科技、后摩智能、千芯科技、亿铸科技、九天睿芯、苹芯科技等。

还有两种中长期可能会有颠覆性突破的方向：类脑芯片和量子计算。类脑芯片是由美国一位大师卡沃·米德（Carver Mead）最早研究并取得突破的。他发现在我们用于数字计算机操作的过程中，制造在数字机器中称为"操作"的过程的能量成本是操作单个晶体管所需能量的 100 万倍，有两个主要原因：一是我们构建数字硬件的方式导致门的电容只是节点电容的一小部分。节点主要是由导线构成的，因此我们大部分的能量都花费在充电导线而不是门上，我们因此失去了大约 100 倍的能量。二是我们使用了远远超过一个晶体管来执行一个操作。在典型的实现中，我们需要切换大约 10 000 个晶体管来执行一个操作。

同时，卡沃·米德发现我们人类的神经元使用通道的群体而不是单个通道来改变它们的导电性，这与晶体管使用电子的群体而不是单个电子的方式非常相似。神经系统和计算机之间计算效率的差异主要归因于系统中使用基本操作的方式，而不是个别基本操作单元的要求。因此，为了解决大脑和现在的芯片技术对功耗需求的巨大差距，卡沃·米德提出了一个新的系统，这个系统名字叫神经形态电路（Neuromorphic Electroncis System），希望通过模拟人的神经元和突触的工作原理，让芯片系统的基本操作是基于物理现象的，每个都是基本物理原理的直接结果，不再是我们习惯于构建计算机的各种"低效"操作。

经过多年的摸索，量子计算近年来开始从理论走向实践。量子计算的基本单位叫量子比特，每增加一个量子比特，运算性能就会翻一倍。如果量子计算机有 N 个量子比特，就可以一次对 2 的 N 次方个数进行数学运算，相当于传统计算机算 2 的 N 次方次，计算能力呈指数级增长。量子芯片目前尚未能实现大规模应用，国外的 Intel、IBM、谷歌等企业较为领先，已经有量子芯片问世，国内以中国科学技术大学为代表的科研院所在光量子计算方面较为领先。量子计算如能实现产业化突破，不论对芯片产业的后续发展潜力，还是对超级人工智能等的实现都至关重要。

除此以外，地缘政治因素对芯片产业的健康发展也带来了不小的挑战。前面已有描述，不再赘述。

总的来说，从图 7 - 14 可以看出，半导体行业后续的预估总体年均增长率在 7%，是一个稳健增长的大产业。从挖掘投资机会的角度来看，需要在大的产业中去找到其中有高增长率机会的赛道，主要包括如下几个方向。

（1）AI 芯片及相关，包括了存算一体、GPU、NPU 等发展方向。超级人工智能预计将对千行百业进行重塑，这里面必然会有一大波增长的机会。

（2）国产替代。凡事都有两面，美西方对中国的压制，反而会让中国本土的半导体产业链上的公司获得更好的发展机会，包括在目前技术还处于落后状态下获得更多的客户订单，不论是国内还是在部分国际市场上。以化学机械抛光设备为例，2017 年美国应用材料、日本荏原占据了 98.1% 的中国市场，而今中电科电子装备集团制造的 8 英寸抛光设备已经夺回了 70% 的国内市场。我们要对中国在半导体产业发展中突破封锁，成为世界最顶尖的参与者充满信心。

（3）大的垂直赛道，包括汽车智能化、工业智能化、新消费电子（比如 XR）等。

（4）类脑芯片、量子计算等颠覆性创新发展方向，潜力巨大。但由于大规模商用还早，需要耐心等待。

以上机会中，AI 芯片是目前阶段最好的赛道，我们将重点分析。

7.3 AI 芯片，风风火火

7.3.1 AI 芯片赛道概述

现在大语言模型的发展，基本上两个月对算力要求就要翻一倍，这是很恐怖的需求增长速度。各大芯片公司和 AI 云服务供应商在竞相争夺这一块蛋糕，尤其是英伟达因为 AI 算力芯片的爆发性需求而市值一路攀升至过 3 万亿美元。

此外，云和端的协同越来越重要，比如汽车自动驾驶的运算必须在车上运行，否则汽车断网或网络延迟高将可能产生严重的安全问题。除了基于云端的 AI 算力之外，各大芯片公司和终端制造商开始布局边缘和端 AI，推出 AI PC、AI 手机。业内普遍认为，未来 "CPU + NPU + GPU" 的组合将成为 AI PC 的算力基座。CPU 主要用于控制和协调其他处理器的工作、GPU 主要用于大规模并行计算、NPU 专注于深度学习和神经网络的计算。三种处理器协同工作可以充分发挥各自的优势，提高 AI 计算的效率和能效比。

各 AI 模型对算力的需求，主要分为训练和推理两个方面。

从技术架构角度来说，AI 芯片包括了图形处理器（GPU）、现场可编程门阵列（FPGA）、专用集成电路（ASIC）。表 7 – 3 将 3 种 AI 芯片进行了对比。从云端训练的角度来讲，GPU 因为其通用性、高算力、软件开发环境成熟等优势目前市占率最高。

表 7 –3　　　　　　　　　　3 种 AI 芯片的对比

维度	GPU	FPGA	ASIC
定制化程度	通用	半定制化	定制化
灵活度	好	好	不好
成本	高	较高	不
编程语言与架构	CUDA、OpenCL 等	Verilog/NHDL 等硬件描述语言，OpenCL、HLS	/
功耗	大	较大	小
优点	峰值计算能力强、产品成熟	平均性能较高、功耗较低、灵活性强	平均性能很强、功耗很低、体积小
缺点	效率不高、不可编辑、功耗高	量产单价高、峰值计算能力较低、编程语言难度大	前期投入成本高、不可编辑、研发成本长、技术风险大
应用场景	云端训练、云端推新	云端推断、终端推断	云端训练、云端推理、终端推理
主要企业及产品	英伟达 Tesla、高通 Adreno 等	赛灵思 Versal、英特尔 Arria、百度 XPU 等	NPU、谷歌 TPU、寒武纪 Cambricon、地平线征程系列

在 ASIC 中，NPU（Neural Processing Unit）值得一提。它是一种专门设计用于加速神经网络计算的处理器。与传统的中央处理单元（CPU）和图形处理单元（GPU）不同，NPU 从硬件层面上针对 AI 计算进行了优化，以提高性能和能效。与 CPU 和 GPU 相比，NPU 在以下几个方面具有明显优势。

（1）性能：NPU 针对 AI 计算进行了专门优化，能够提供更高的计算性能。

（2）能效：NPU 在执行 AI 任务时，通常比 CPU 和 GPU 更加节能。

（3）面积效率：NPU 的设计紧凑，能够在有限的空间内提供高效的计算能力。

（4）专用硬件加速：NPU 通常包含专门的硬件加速器，如张量加速器和卷积加速器，这些加速器能够显著提高 AI 任务的处理速度。

不同于 GPU 在云上的优势，NPU 为端上的 AI 推理应用提供了一种高效、节能的解决方案，使得 AI 技术能够在各种设备上得到广泛应用，包括智能手机、自动驾驶汽车、智能家居等，可以更大限度解放 CPU 和 GPU 的负担，各司其职。

企业在研发 AI 芯片的时候需要考虑对开源平台的支持。如表 7 - 4 所示，广义上 AI 开源平台定义为一个深度学习的工具箱，用户可以通过开源平台，基于底层计算芯片运行算法系统，因此 AI 芯片厂商只有支持主流开源平台，才能形成确定客户群。AI 开源平台众多，目前最大的两个开源平台是 Tensorflow 与 Caffe，Caffe2 和 mxnet 也逐步兴起。

表 7 - 4　　　　　　　　　　　　各 AI 开源平台简介

机构	开源平台	推出时间	说明
Stanford	Caffe	2013 年 7 月	自 2013 年底以来第一款主流的工业级深度学习工具包，计算机视觉界最流行的工具包之一
DMLC	MxNet	2015 年 9 月	MxNet 是一个提供多种 API 的机器学习框架，主要面向 RPython 和 Julia 等语言，目前已被亚马逊云服务采用
Google	Tensorflow	2015 年 11 月	谷歌第二代联机版人工智能深度学习系统，能同时支持多台服务器
Facebook	Torch	2015 年 12 月	深度学习函式库 Torch 的框架，旨在鼓励程序代码再利用及模块化编程
Microsoft	CNTKCaffe2	2016 年 1 月	CNTK 支持 RNN 和 CNN 类型的各类网络模型
Facebook	Caffe2	2017 年 4 月	Caffe2 延续了 Caffe 对视觉类问题的支持，且增加了对 RNN 和 LSTM 支持，功能更加完善

另外，广义 AI 硬件开发环境是专门针对 AI 硬件推出的适应于硬件计算的开发环境，用户能利用 C、C + + 等软件语言更方便地基于 AI 芯片进行顶层应用开发，同时可以起到硬件加速的效果。目前比较流行的 AI 开发环境是 Nvidia 的 CUDA，另外 Xilinx 推出了 SDAccel 开发环境，Altera 推出了 OpenCL SDK 开发环境。如表 7 - 5 所示。

表 7-5 各 AI 硬件开发环境列举

机构	硬件开发环境	芯片类别	支持的开源生态平台
NVIDIA	Tesla V100	GPU	Caffe、Cff2、TensorFlow、Torch、CNTK 等
Xilinx	revISION	FPGA	Caffe
Google	TPU2	ASIC	TensorFlow
Qualcomm	NPESDK	ASIC	TensorFlow、Caffe、Caffe2
华为	麒麟 970	ASIC	TensorFlow、Caffe、Caffe2

7.3.2　自动驾驶芯片之地平线

还是从笔者相对熟悉的汽车领域出发来研究 AI 芯片，表 7-6 展示了目前市场上的主流新能源车型的自动驾驶芯片采用情况。做自动驾驶一方面需要大规模的云端模型训练算力，这是英伟达、华为、AMD、Intel 等在大力发展的领域。另一方面由于安全和实时性等原因，自动驾驶的实际推理执行必须要在车上，我们将其中需要的算力芯片称为"自动驾驶芯片"。自动驾驶芯片是端上 AI 芯片的一个细分品类，到了今天，尽管完全的无人驾驶还未证明可行，但消费者对汽车智能化，尤其是智能辅助驾驶的诉求和接受度越来越高了。这个赛道经过十几年的发展终于到了即将爆发的时刻，所以看得见的商业化价值很高，从投资角度来说有机会的话必须得出手了。王传福去参加地平线征程 6 芯片发布会的时候说："电动化时代看电池，智能化时代看芯片"。电动化时代出了一个宁德时代，市值到今天也比比亚迪还高不少（长期未必），智能化时代的自动驾驶芯片有可能有大机遇。

表 7-6 2024 年 5 月主要车型自动驾驶芯片采用情况

品牌	车型	价格（万元）	自动驾驶芯片	算力（TOPS）	传感器
蔚来	ET7	39.54	4 颗 Orin-X	1 016	1 颗超远距离高精度激光雷达，7 颗 800 万像素高清摄像头，4 颗 300 万像素高感光环视专用摄像头，1 颗增强主驾感知、5 颗毫米波雷达、12 颗超声波雷达
理想	L6Max	27.98	2 颗 Orin-X	508	1 颗激光雷达，1 颗毫米波雷达，11 个摄像头

续表

品牌	车型	价格（万元）	自动驾驶芯片	算力（TOPS）	传感器
小米	SU7 PilotMax	29.99	2 颗 Orin-X	508	1 颗前向毫米波雷达、2 个 800 万像素前视摄像头、4 个 300 万像素侧视摄像头、4 颗 300 万像素环视摄像头、1 颗 300 万像素后视摄像头、2 颗后角向毫米波雷达、1 颗激光雷达
吉利	极越 07	21.99	2 颗 Orin-X	508	5 颗毫米波雷达、11 个摄像头
乐道	L60	20～30	1 颗 Orin-X	254	两颗顶部摄像头
上汽	智己 L6	23～33	1 颗 Orin-X	254	1 颗激光雷达、3 颗毫米波雷达、11 个摄像头
塞力斯	问界 5	24.98	华为 MDC610	200	1 颗激光雷达及全视角 ADAS 摄像头，1 个 CMS 摄像头，1 个 DMS 摄像头，1 个 DVR 摄像头，1 个视觉感知摄像头，4 个 APA 摄像头，12 颗长距离超声波雷达，3 颗毫米波雷达
北汽	享界	45～55	华为 MDC610	200	1 颗激光雷达、3 颗毫米波雷达、11 个摄像头
理想	L6	24.98	地平线征程 5	128	1 颗毫米波雷达，11 个摄像头
小米	SU7 PilotPro	24.59	1 颗 Orin-N	84	1 颗前向毫米波雷达，2 个 800 万像素前视摄像头，4 个 300 万像素侧视摄像头，4 个 300 万像素环视摄像头，1 个 300 万像素后视摄像头
哪吒	L220/310 闪充版	12.99	地平线征程 3	5	12 颗长距超声波雷达，5 颗短距毫米波雷达，4 个超清环视摄像头，1 个前向智驾感知摄像头
哪吒	L310 Pro	14.99	地平线征程 3	5	8 颗长距超声波雷达，1 颗短距毫米波雷达，4 个超清环视摄像头，1 个前向智驾感知摄像头

　　从利好的角度来说，自动驾驶芯片是个门槛极高的刚需品类，竞争者不多，不像激光雷达玩家更多，且像特斯拉这样的企业认为就不应该使用，而应该像人那样用视觉去解决问题。从不利的角度来说，尽管一降再降，电池成本依然占据了电动车成本很大的一块儿，所以宁德时代有如此巨大的体量。而自

动驾驶芯片，以英伟达的 Orin-X 为例，一个要价 400 美元，加上其他服务和授权什么的，在单车总体成本中占据的比例没有那么大，所以这部分业务市值的天花板要比电池低不少。另外以后万一受到美国制裁，高制程芯片的生产和海外销售可能也会面临障碍。当然这也是"双刃剑"，正因为中美之间的冲突，让中国本土的自动驾驶芯片公司在早期就因为中国企业的未雨绸缪寻找国产替代而拥有更好的短期成长环境。

从芯片公司跟汽车产业的关系角度，自动驾驶芯片主要分为车企自研和第三方芯片公司提供这两类。前者以特斯拉为主，另外国内的蔚来、比亚迪等也开始涉及。第三方芯片公司，国外有英伟达、Intel 旗下的 MobileEye、安霸、高通等，国内有华为、地平线、爱芯元智、黑芝麻等。看来看去，已经提交港股上市申请的地平线拥有不错的潜力，我们将对其进行单独分析和预测。

地平线由余凯 2015 年创立，起初定位是做机器人时代的大脑芯片，后来聚焦到自动驾驶芯片上（ASIC 模式），并取得了一系列成功。由于车企一般都有产品解决方案和服务的定制需求，地平线经过多年探索，建设了围绕自己的伙伴生态，将自己定位为 Tier2，让伙伴代替自己去服务 OEM（车企）。地平线会提供参考设计等必要的支持给到伙伴。基于此，地平线提供"产品解决方案"和"授权及服务"。前者主要是售卖软硬件一体的产品，包括 L2 级主动安全功能 Horizon Mono、高速 NOA 解决方案 Horizon Pilot、高阶智能驾驶解决方案 Horizon SuperDrive。后者则是提供算法、软件及开发工具链的授权，以及相关技术服务。有意思的是，地平线目前的收入结构看起来更像是一家"披着芯片外衣的软件公司"，这几年授权及服务部分的收入占比逐年攀升，2023 年已经达到62.1%，如表 7-7 所示。必须说这是非常聪明的商业模式设计。

表 7-7 地平线近年营收构成

营收板块		营收占比（%）		
		2021 年	2022 年	2023 年
汽车解决方案	产品解决方案	44.6	35.3	32.7
	授权及服务	43.1	53.2	62.1
非车解决方案		13.2	11.5	6.2

我们先尝试估算一下自动驾驶芯片在国内（考虑潜在制裁因素）的长期营收和利润空间。2023 年国内所销售的智能网联汽车中有高达 50% 都配备了智能辅助驾驶功能。展望未来，按照国内汽车年销量 3 000 万辆计算，其中至少

2/3 需要配置智能驾驶功能。参考 Orin-X 400 美元的价格，随着未来算力提升带来的价格上涨，以及考虑到不同定位的车型会采用不同价位的芯片，假设平均需要 1 000TOPS 算力（1TOPS 代表处理器每秒钟可进行 10^12 次，即一万亿次运算），芯片加软件服务成本摊销共计按每台车营收 4 000 元计算，则整个市场规模有约 800 亿元。

地平线当前的市场份额是第二名，高端市场占比 35.5%，低端市场占比 21.3%。地平线的解决方案已被 24 家 OEM 的 31 个品牌采用，装备于超过 230 款车型，并与中国前十大 OEM 均达成合作，征程系列累计出货已经超过 500 万颗。在 2023 年，地平线更是获得了超过 100 款新车型的定点。从市场份额来看，地平线目前的主要竞争对手是英伟达和 Mobileye，但华为来势汹汹，可以预计将是地平线在国内未来最大的竞争对手。华为在云和端分别推出了鲲鹏和晟腾两个芯片系列。前者面向服务器、数据中心等，后者面向智能终端、自动驾驶等需要。在自动驾驶方面，其正在启动量产的 MDC810 算力已经高达 400TOPS。地平线最新发布的征程 6 系列算力最高可达 560TOPS，将于 2025 年正式量产。假如未来地平线可以维持不低于 30% 的市场份额，其长期年营收有望达到 240 亿元。按照英伟达现在接近 50% 的净利润率，年利润可达近 120 亿元。再按照 30 倍市盈率（考虑到成熟期和快速发展期的区别，根据英伟达当前 72 倍动态市盈率简单折算），乐观预计地平线自动驾驶业务在国内市场的潜在市值天花板为约 3 600 亿元。考虑到可能的海外市场突破，不排除还有进一步增加的可能性。

地平线经过之前几轮融资，最新估值已超过 600 亿元。从 2021 年到 2023 年，地平线营收分别为 4.66 亿元、9.05 亿元和 15.51 亿元，年复合增长率 82.3%，且毛利润高达 70%，接近英伟达的 76%。如果按 2023 年收入计算，PS（市销率）近 40 倍（对比而言英伟达为 35 倍）；如果按往后一两年可预计的 30 亿元收入算为 20 倍，尚在合理区间。其中和大众的合资公司贡献了约 40% 的收入，是目前收入结构不健康的因素，但预估后续随着更多量产车型的覆盖，单一客户的占比将逐步下降。截至 2023 年底，尚未实现量产的车型占已获得定点的所有车型的 50% 以上，这表明地平线有望在未来进一步扩大市场份额。

同时，地平线的净亏损为 11.03 亿元、18.91 亿元、16.35 亿元，近三年亏损近 47 亿元。一个尤为重要的观察指标是后续亏损的下降速度和扭亏为盈的预期时间。考虑到自动驾驶市场已经进入快速发展阶段，对盈利预期的判断将主要取决于地平线的市场竞争力。这方面最大的风险一是竞争的压力，另外是美国封杀，芯片代工被"卡脖子"的"黑天鹅"事件发生的可能性。征程6是7nm制程，台积电代工，但正好也在目前在大陆地区的代工厂量产能力范围内。

从国内竞争角度，主要是看英伟达和华为。英伟达已经推出了4nm制程，算力高达2 000TOPS的Thor。Thor的算力还可以区隔使用，例如一部分用在智能座舱，一部分用在自动驾驶。地平线与其相比落后一些，且如果未来因为美国封杀原因导致台积电无法代工，则高精度制程芯片量产落地可能会更慢。但也是因为考虑到中美关系，中国的车企会因为风险考虑而扶持地平线这样的企业。华为的长期技术实力和包括自建代工厂在内的产业链布局意味着会比地平线更有竞争实力，但因为华为自身还在深入参与造车，有产能倾斜和中立性问题，地平线只要保持技术上能不明显落后，将持续比华为有更好的车企合作基础。综合考量，30%的目标市场份额并不激进，甚至可能是保守了。

综上所述，按现在的估值，就自动驾驶芯片业务而言，地平线上市后乐观预计还有几倍的潜在上升空间。当然，竞争压力和制裁风险也要纳入考虑。

7.3.3　通用AI算力芯片（英伟达、ARM）

2024年6月5日，英伟达市值突破3万亿美元，超过了苹果。很遗憾，笔者对英伟达股价的狂飙毫无预判，错过了一大波投资机会。之所以会这样，主要还是对大语言模型出现后人工智能商业化成熟落地的进展持谨慎态度，觉得会像自动驾驶那样需要长期的打磨时间。笔者完全忽视了各主要国家和企业巨头们对这一赛道的研发热情会带动如此巨大的AI芯片市场。亡羊补牢，我们还是尝试对这一赛道的市场规模和投资机会进行一个分析。

根据IDC的数据，2025年全球算力整体规模将达3 300EFlops，2020~2025年的年均复合增长率达到50.4%。另外华为GIV预测，2030年人类将迎来YB（10^21次）数据时代，全球算力规模达到56ZFlops（10^21次），2025~2030年复合增速达到76.2%。Verified Market Research统计2021年全球GPU芯片市场规模已经达到了334.7亿美元，并预计到2030年将达到4 773.7亿美元，CAGR高达33.3%。还有预测表明，2032年AI芯片总体可达到7 700亿美元的总盘子。

算力之王英伟达，到底能涨到多少？

英伟达成立于1993年，总部位于美国加利福尼亚州圣克拉拉市。公司创始人黄仁勋（Jensen Huang）、克里斯·马拉科斯基（Chris Malachowsky）和柯蒂斯·普瑞姆（Curtis Priem）怀揣着对图形处理技术的热情，共同创立了英伟达。黄仁勋曾对外表示，他创业的初衷，是希望能从 0 到 1 开拓出一个巨大的新市场。而他盯上的赛道，就是算力。如果回顾一下英伟达崛起的历史，核心是抓住了游戏、加密货币、云计算、元宇宙（空间计算）和 AI 这几波风口。公司早期主要专注于个人电脑图形处理器的开发，逐步确立了其在 GPU 市场的领先地位。

在成立之初，英伟达面临着巨大的竞争压力。当时，图形处理器市场已经被包括 3dfx、ATI（现已被 AMD 收购）等公司所瓜分。为了在竞争中脱颖而出，英伟达投入大量资源进行技术研发，并迅速推出了具有革命性意义的产品。1999 年，英伟达发布了首款具备硬件变换和光栅化引擎的 GPU——GeForce 256，这一创新产品标志着 GPU 正式进入硬件加速时代。GeForce 256 不仅在图形处理性能上大幅领先竞争对手，还引入了许多全新的技术，如硬件 T&L（Transform & Lighting）功能，大大提升了 3D 图形渲染的效率和效果。

此后，英伟达不断推出性能强大的 GPU，逐步扩大其市场份额。2006 年，英伟达发布了 CUDA（Compute Unified Device Architecture）架构，开创了 GPU 计算的新纪元。CUDA 的核心在于其创新的并行计算模型，通过将计算任务分解为成千上万的线程，CUDA 能够在 GPU 上实现前所未有的并行处理能力。这种模型不仅极大地提高了计算效率，也使得 GPU 成为了解决复杂计算问题的理想平台。从深度学习到科学模拟，CUDA 定义了并行计算的新纪元，开启了高性能计算的新篇章。

随着 AI 和大数据的兴起，CUDA 的市场影响力不断扩大。开发者们纷纷转向 CUDA，以利用 GPU 的强大计算能力来加速他们的应用程序。企业也认识到了 CUDA 的价值，将其作为提升产品性能和竞争力的关键技术。根据统计数据，CUDA 的下载量已经超过了 3 300 万次。

对于英伟达而言，CUDA 已经成为最深的护城河。它不仅巩固了英伟达在 GPU 市场的领导地位，更为英伟达打开了进入高性能计算、深度学习、自动驾驶等多个前沿领域的大门。随着技术的不断进步和市场的不断扩大，CUDA 无疑将继续扮演着英伟达最深护城河的角色，引领着计算技术的未来。

从发展初期开始，英伟达就高度重视研发，以高投入不断提升产品竞争力。2005 年，AMD 的研发费用为 11 亿美元，是英伟达的 3.2 倍左右；而到了 2022 年，英伟达的研发费用就达到 73.4 亿美元，是 AMD 的 1.47 倍。截至整个 2024 财年，英伟达研发费用高达 86.75 亿美元，是 AMD 同期研发费用的 1.48 倍。据统计，过去 10 年（2014~2023 自然年），英伟达累计投入费用高达 364 亿美元，高于苹果公司、微软公司等科技巨头。

英伟达的成绩也是显而易见的。整体来看，无论是英伟达 A100，还是目前最新的 H100、B200，训练性能都遥遥领先于 AMD MI300 系列、英特尔 Gaudi 3 等同期 AI 芯片产品。黄仁勋透露，英伟达最新发布的 Blackwell B200 芯片的研发费用高达 100 亿美元。这不仅高于英伟达去年全年研发投入，而且还高于其他芯片产品的研发费用。

英伟达的业务分四个部分：数据中心（Data Center）、游戏（Gaming）、专业可视化（Professional Visualization）、汽车及自动驾驶（Automotive）。2022 年之前，游戏一直是英伟达第一大业务。从 2016 财年到 2024 财年，英伟达的游戏业务营收从 28.2 亿美元增长到 104.5 亿美元，年复合增长率为 15.67%。目前，英伟达在游戏 GPU 领域的市占率超过 80%。然而，由于 PC 出货量下滑、产业增速放缓等因素影响，2023 财年英伟达游戏业务营收下滑 33.9 亿美元至 90.7 亿美元。但与此同时，数据中心成为该公司重要的收入增长引擎。2024 财年，英伟达数据中心业务营收高达 475.3 亿美元，其中包括数据中心平台、人工智能、数据分析、图形和科学计算等。增速高达 217%，占公司总营收的 78%。从 2016 财年到 2024 财年，英伟达的数据中心业务营收年复合增长率高达 73.14%。英伟达最近一年多的股价暴涨主要来源于此。

其他部分，游戏营收 104 亿美元，增速 15%，相对成熟。专业可视化部分营收只有 16 亿美元，增速 1%，这部分目前看并不重要。汽车相关营收 11 亿美元，增速 21%，这是短期就可能会有爆发式增长的方向。

那英伟达面临的主要风险是什么？笔者理解主要在两个方面。

一是竞争。这里面存在两类竞争对手。一类是像 AMD、英特尔、高通等全球性竞争对手，它们已经推出在性能参数上看起来可以跟英伟达竞争的芯片，目前实际影响还比较小。尽管如此，出于客户对算力供应的安全性等考虑，以及长期来看随着创新难度增加，技术领先幅度早晚会被缩小。这些竞争对手或多或少会蚕食掉一些英伟达的市场份额。但另一类竞争对手虽然成功概率小，但有可能更可怕，那就是颠覆性技术的开拓者。例如由两位哈佛辍学生创立的美国芯片创业公司 Etched 推出了第一块专用于 Transformer 架构的 ASICAI 芯片 Sohu，它运行大模型的速度比英伟达 H100 要快 20 倍，比今年 3 月才推出的顶配芯片 B200 也要快上超过 10 倍。另外就是类脑芯片、量子通信技术的加速发展可能带来的市场洗牌。

二是客户的芯片自研。像谷歌、特斯拉、Meta、OpenAI、微软、亚马逊这样的大客户都在尝试或准备启动自研，他们有场景和数据优势，也不缺人才和AI 业务规模，成功的概率不低。尽管定制类的芯片主要是为了自用，解决性能匹配度、功耗和成本等问题，一般不会往外销售，但这些都是大客户，在整体GPU 的订单中占比不低，潜在损失是可以预期的。

三是后续市场需求的冲高回落。在人工智能如此蓬勃发展的早期阶段，会有各种企业、机构、政府组织等对打造自己的独立大模型感兴趣，进而产生了大量对算力的需求。可是打造完全独立的 AI 大模型是一件门槛很高的事情，今后大概率是极少数国家会生存下来为数不多的通用大模型，通过他们来给有需求的企业、机构或政府使用，这些客户再基于自己的需要，配合上一个小模型或特有的数据而实现自己的人工智能应用。萨姆·奥特曼（Sam Altman）认为，未来能够得到足够资源的大模型，预计在 10 ~ 20 个之间。

基于以上分析，我们来尝试预估一下英伟达的市值空间。假设不存在颠覆性创新等可能会导致市场竞争格局急剧变化的情况，按照 2032 年 7 700 亿美元的总盘子，考虑到竞争对手的追赶等因素，假设英伟达的市占率从现在的 80%降低到 60%，另外净利润率从 49% 下降到 40%，则其在 2032 年的营收和净利润分别为 4 620 亿美元和 1 848 亿美元。以成熟期 20 倍和 30 倍市盈率分别预估，其市值天花板在 3.7 万亿 ~ 5.54 万亿美元。对比当前 3 万亿美元的市值，短期已经存在不小的回撤风险了。

之前我们介绍过，从规律来说，当一个赛道到了实质性井喷式发展的初期，对于头部和有竞争力的玩家，一开始是蓝海，大家跑马圈地，资本市场普遍都会给予超高的估值，但同时对各家的增长也都会给予很高的预期。等到这个赛道的竞争开始激烈起来了，大家的增长速度达不到资本市场预期的时候，往往绝大部分（如果不是所有）玩家的估值都会有不小的回调。等竞争格局基本确定的时候，头部的极少数玩家又会瓜分了整个赛道的增长空间，资本市场又会重新给予高的估值。

隐身的巨头 ARM

ARM 成立于 1990 年，是 Acorn、苹果和 VLSI 的合资公司。市场上主要是3 种架构在相互竞争：X86，ARM，以及 Risc-V，前两种是封闭架构，目前占市场主流，最后一种是开放架构。X86 和 ARM 是 CPU 的两大主流架构，分别采用了复杂指令集（CISC）和精简指令集（RISC）。从指令集角度来看，CPU

的效率主要通过两种思路来提升：要不通过降低每个程序所需的指令数来提升效率，要不通过降低每条指令所需的时间周期数来提升效率。CISC 更偏重前者，而 RISC 更侧重后者。目前 PC 市场 X86 主导，手机和 IoT 市场 ARM 主导。X86 架构诞生于台式机年代，以不断提升性能为核心目标，但功耗相对也高。Intel 和 AMD 是主要的 X86 架构芯片制造商，他们直接生产芯片卖给客户。而 ARM 从一开始就致力于开发高性能、低功耗、易编程、可扩展的处理器。从发展结果来看，ARM 被认为更适合小型化、低功耗的场景，但性能扩展能力跟 X86 对比有一定的劣势。ARM 架构由 ARM 公司全权拥有，他们并不生产芯片，而是通过收取许可费和根据芯片产量而定的版税来获得收入。

RISC-V 和 ARM 同宗，但采取了开源共创模式。以下参考了公众号"了不起的云计算"。第一代处理器 RISC-I 是 1980 年在伯克利教授戴夫·帕特森（Dave Patterson）主导伯克利的 RISC 项目中设计而成，就是今天 RISC 架构的基础。随后，戴夫·帕特森教授又在 1983 年发布 RISC-II 原型架构，在 1984 年发布 RISCI-III 架构，在 1988 年发布 RISC-IV 架构。2010 年，当时加州大学伯克利分校的科研团队正在为一个新项目做准备，在调研了 x86、ARM 等现有指令集后，决定重新设计了一套全新的指令集。在这样的背景下，RISC-V（即第五代精简指令集计算机）作为开源芯片的代表，正式诞生了。RISC-V 协议开源、不收取授权费，架构简单，且实现了模块化设计。伯克利团队将 RISC-V 从概念推进到原型芯片，并在 2015 年成立了非营利组织——RISC-V 基金会，历经大量的技术研讨会后，RISC-V 慢慢受到大众的关注和认可。虽然 RISC-V 在部分领域已经取得了一定的成功，但其生态系统仍然相对落后于其他主流指令集架构。要实现广泛的市场应用，RISC-V 需要在软件兼容性、开发工具、操作系统等方面加强生态建设。另外，在一些高性能计算场景下，其技术成熟度仍然不足。要在更激烈的市场竞争中取得优势，RISC-V 需要在性能、功耗和成本等方面进一步优化。RISC-V 对中国摆脱"卡脖子"有很重要的作用，国内有数百家公司在积极参与和推进它的发展。

ARM 向客户提供 CPU、GPU 的设计，以及系统 IP、计算平台产品和开发软件及工具。以前人们的刻板印象，低功耗和高算力处理器泾渭分明，x86 架构就是做高算力，ARM 架构就是做低功耗。随着各家 ARM 处理器的快速发展，人们才恍然发现，原来靠低功耗起家的 ARM 也能做高算力，可以真正做到更高性能和更低功耗。例如苹果发布的基于 ARM 架构的 M 系列处理器性能远超同等 x86 处理器。还有，根据 2022 年 Ampere 公司给出的数据，其 CPU 的性能超越传统 x86 处理器 3 倍，性能功耗比领先近 4 倍，与 x86 服务器 CPU 相比，Ampere Altra 系列可用 50% 的能耗，提供 200% 的性能。

ARM 在 AI 时代迎来了新机遇。摩根士丹利分析师陈查理（Charlie Chan）等发布报告指出，看好 Windows on Arm（WoA）AI PC 的前景。分析师认为，由于 AI 应用对控制功耗要求更严，基于 ARM 架构的 AI 个人电脑有望在未来几年获得更大市场份额（有分析预测能拿下 30% 的份额），相关半导体股票成潜在受益者。目前基于 ARM 的处理器（来自苹果和高通）在能源效率（以每瓦特性能衡量）方面已经开始赶上 x86，这对未来 AI PC 的竞争至关重要。

此外，ARM 也一直在向数据中心市场扩张。在数据中心市场，运营商正寻求打造基于 ARM 的自有芯片来支持新的 AI 模型，并减少对占据主导地位的供应商英伟达的依赖。目前就有消息称，苹果今年将通过配备自研处理器的数据中心，提供一些即将推出的 AI 功能。

ARM 的硬伤在不可替代性不够和由此带来的定价权偏弱。简单来说，ARM 不生产芯片，而对外授权的模式使它成为了一个基础设施公司，且收费低廉。下游客户中不乏各大科技巨头，拥有巨大的讨价还价权利，加上有 RISC-V 这样对部分头部客户来说同宗的选择，导致 ARM 想要提高收费面临不小的障碍。这是投资 ARM 需要考虑的最大风险。

具体来说，ARM 收费模式中，授权占 35%，版税占 65%。ARM 有三种授权模式：架构授权、内核授权和使用授权。截至 2022 年就已经有超过 1 700 家客户。不管是哪种模式，都必须要求支持 ARM 软件指令集，在芯片上市前需要经过 ARM 公司的检查。包括：

（1）架构授权。客户可以从整个指令集和微架构入手，对 ARM 架构进行改造，甚至可以对 ARM 指令集进行扩展和裁减，实现更适合自己需求、更高性能、更低功耗、更低成本的目的，例如，华为麒麟 980 和高通骁龙 855 都是基于 ARM Cortex-A76 架构研发。这种模式对客户来说最复杂，目前仅有 15 家左右企业购买架构授权。

（2）内核授权。面向芯片设计能力较弱的企业，提供芯片参考设计，客户在此基础上进行针对性的优化，或者 ARM 根据客户需求深度定制和优化后，再将芯片设计授权给合作厂商，以便其在特定工艺下生产出性能有保障的芯片，又称作 POP（Processor Optimization Package）授权。在这种授权模式下，处理器类型、代工厂、制程工艺都是规定好的，比如，ARM Cortex-A12 要求使用台积电 28nm HPM 工艺生产，或者使用格罗方德 28-SLP 工艺。

（3）使用授权。客户不用做任何修改就能生产芯片，这时候必须带上ARM 的品牌。

ARM 的版税提成模式如表 7-8 所示。这种模式很轻，坐地收税。不过如图 7-14（数据来自财报）横向对比来看，ARM 收到的钱太少了，所以软银不干了。首先它尝试按 400 亿美元把 ARM 卖给英伟达，结果各国都不批准，无果。然后，2022 年，ARM 提出新规，从 2025 年开始，如果客户使用 ARM 公版 CPU，必须搭配使用 ARM 公版 GPU、NPU 以及 ISP（指令架构集）。而这一新规实质上要求这些客户在现用的解决方案和 ARM 之间二选一。要么放弃ARM，寻找新的 CPU 架构，要么换掉所有自研或第三方的芯片，全部改为ARM 公版架构。

表 7-8 　　　　　　　　　　ARM 版税收取模式

IP	版税提成（按每颗芯片售价的比例收取）
ARM7/9/11	1% ~1.5%
ARM Coretex A-series	1.5% ~2%
ARMv8 Based Cortex A-series	2% +
Mali GPU	0.75% ~1.25%
Physical IP Package（POP）	0.50%

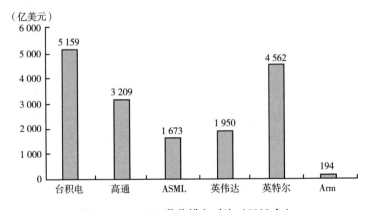

图 7-14　ARM 营收横向对比（2022 年）

此外，有媒体披露，尚待确认，说 ARM 准备学习高通，不按照芯片价值来收版税，而是按照终端产品 1% ~2% 来收。比例没变，但实际收费可能高达10 倍。以高通在 2010 年和苹果签的独占协议为例：高通每年支付苹果 10 亿美元，换取 iPhone 的独家供应权；但苹果向高通支付专利费：每台苹果手机售价的 5%。

客户们显然不满意。2023 年初，一家叫作 RISE 的生态联盟在比利时成立。这一联盟的创始成员包括高通、英特尔、三星、英伟达、联发科、谷歌等科技巨头，占据了芯片市场的半壁江山。RISE 中的 "R" 指的就是 RISC-V 架构。这一联盟的主要共识就是共同建设 RISC-V 的软件生态，加速其商业化进程。推动 RISC-V 处理器在移动通信、数据中心、边缘计算及自动驾驶等领域的市场化落地。

早在 RISE 联盟成立前，ARM 的客户就开始陆陆续续在 ARM 生态以外做布局。以高通为例，骁龙 SoC 的 CPU 架构来自 ARM，但 Adreno GPU 则采用自研架构；三星的 GPU 架构则来自 AMD；联发科虽然使用了 ARM 的 GPU，但是没有使用 ARM 架构的 NPU。此外，三星早已组建了自研 CPU 内核架构的团队，准备于 2027 年在手机和笔记本电脑产品中将 ARM 芯片替换为自研的 Galaxy Chip；高通也已经加速，准备最快在下一代骁龙 8 Gen4 中使用自研架构 Nuvia。

据媒体 2024 年 5 月 12 日报道，ARM 正计划研发其首款 AI 芯片，目标是在 2025 年推出。报道指出，新成立芯片部门的初期投资将由软银承担，一旦大规模生产系统建立起来，ARM 的 AI 芯片业务可能会被剥离出来，并归入软银旗下。软银已经在与台积电等公司就芯片制造事宜进行谈判，以确保产能。

我们来看一下 ARM 的财报。截至 2024 年 3 月底的财年，其授权费和版税总收入对比上一年提升了 21%，达到 25.09 亿美元。但是由于研发费用大幅上升 74.7% 至近 20 亿美元，运营利润率下降至仅 3%，净利润大幅下降至仅 3 亿美元，比去年同期下跌了 40%，这里面还包括了利息等非营业来源利润。笔者的理解就是市场竞争在加剧，而对技术研发的投资是最核心的应对手段。考虑到 ARM 的市盈率（TTM）已经高达 468（对比而言其上市时的 PE 为 100 左右），即使假设 ARM 的市场地位能够保持，还能在 AI PC 等领域进一步开拓市场份额，这样的市盈率也是难以支撑的。我们甚至可以这样怀疑，ARM 如此高的估值，在一定程度上反映了美股芯片股整体泡沫不小。

7.3.4　代工之王台积电

台积电（TSM）是一家在 1987 年成立于中国台湾的半导体公司，并在全球范围内率先实施了 "商业晶圆厂" 代工模式。该公司为部分或全部外包生产的半导体生产商提供晶圆代工服务。台积电的产品目前已经应用到了各行各业，如高性能计算（HPC）、智能手机和汽车电子等行业。经过多年发展，台积电已经成为了芯片代工行业的领导者，拥有最强的人才队伍，最先进的技术储备，遥遥领先的市场份额（超过60%，高端芯片市场份额更高，相比而言第二名三星仅14%市占率），并实现了超过50%的毛利率，以及全球性的生态合作关系链。

之所以要分析一下台积电，是因为芯片加工制造是覆盖所有芯片的必备环节，台积电是代工厂中实力最强的企业，对客户有话语权（刚刚搞定了英伟达同意涨价），而且伴随着万物互联、人工智能改造千行百业的蓬勃发展，看起来前景一片繁荣。连之前几年已经呈现衰退，且在芯片产业占比很高的PC、电脑产业都因为AI大模型而迎来AI PC、AI手机的时代浪潮，这些都绕不开台积电。当然，记得有人曾经问过巴菲特为什么不重仓台积电，他好像回答说喜欢台积电的业务，但不喜欢台积电所在的地方，言下之意地缘政治风险过高。接下来我们将对以上判断进行更深入的分析。

先来看一下台积电的5大技术平台，差异化的竞争优势使台积电更能把握未来集成电路制造服务领域的成长机会。以下内容节选自"半导体行业观察"。针对智能手机、高性能计算、物联网、车用电子，以及消费性电子产品这五个主要市场，及因应客户需求从以制程技术为中心转变为以产品应用为中心，台积电已经分别建构五个对应的技术平台，提供客户完备且具竞争优势的逻辑制程技术、特殊制程技术、IP，以及封装测试技术，协助客户缩短芯片设计时程及加速产品上市速度。这五个技术平台分别为：

（1）高性能计算：在巨量数据运算和人工智能应用创新的驱动下，高性能计算已成为台积电业务增长的主要动力之一。台积电为无晶圆厂设计公司及系统公司客户提供领先的逻辑制程技术，例如3纳米鳍式场效电晶体（3nm FinFET，N3）、4纳米鳍式场效电晶体（4nm FinFET，N4）、5纳米鳍式场效电晶体（5nm FinFET，N5）、6纳米鳍式场效电晶体（6nm FinFET，N6）、7纳米鳍式场效电晶体（7nm FinFET，N7）、12纳米/16纳米鳍式场效电晶体（12/16nm FinFET，N12/N16）等，以及包括高速互连技术等完备的IP，以满足客户产品在任何地点、时间传输和处理大量资料的需求。尤其，台积电推出了为高性能计算产品所量身打造的制程技术－N4X和N3X，分别在台积电5nm和3nm系列制程技术中，展现极致效能与最高运作时脉。基于先进制程技术，多种高性能计算产品已被导入市场，例如人工智慧加速器（人工智能图形处理器和人工智能特殊应用元件）、个人电脑中央处理器、消费性图形处理器、可程式逻辑闸阵列、服务器处理器、高速网络晶片等。这些产品可以应用于当前及未来的 5G/6G 通信基础设备、人工智能、云端和企业数据中心。台积电也提供涵盖 CoWoS、整合型扇出（Integrated Fan-Out，InFO）和 TSMC-SoIC 的多种 TSMC 3DFabric 先进封装及硅堆叠技术，协助完成同质和异质芯片整合，达到客户对高效能、高计算密度和高能源效率、低延迟以及高度整合的需求。

（2）智能手机：针对客户在顶级产品的应用，台积电提供领先的 N3 增强型（N3 Enhanced，N3E）、N3、N4 强效版（N4 Plus，N4P）、N4、N5 强效版（N5 Plus，N5P）及 N5 等逻辑制程技术以及完备的 IP，更进一步提升芯片效能、降低功耗及晶片尺寸。针对客户在主流产品的应用，则提供广泛多样的逻辑制程技术，包括 6 纳米鳍式场效电晶体、7 纳米鳍式场效电晶体强效版（7nm FinFET Plus，N7＋）、7 纳米鳍式场效电晶体、12 纳米鳍式场效电晶体精简型强效版（12nm FinFET Compact Plus，12FFC＋）、12 纳米鳍式场效电晶体 FinFET 精简型（12nm FinFET Compact，12FFC）、16 纳米鳍式场效电晶体精简型强效版（16nm FinFET Compact Plus，16FFC＋）、16 纳米鳍式场效电晶体精简型（16nm FinFET Compact，16FFC）、28 纳米高效能精简型制程技术（28nm High Performance Compact，28HPC）、28 纳米高效能精简型强效版制程技术（28nm High Performance Compact Plus，28HPC＋）和 22 纳米超低功耗（22nm Ultra-Low Power，22ULP）等，以及完备的 IP，满足客户对高效能、低功耗芯片产品的需求。此外，不论顶级与主流产品应用，台积电也提供客户领先业界且具高度竞争力的特殊制程技术为客户产出配搭逻辑应用处理器的特殊制程芯片，包括射频、射频前端、嵌入式内存、新兴内存、电源管理、感测器、显示芯片等特殊制程技术，以及领先产业的多种 TSMC 3DFabric 先进封装技术，例如整合型扇出技术。

（3）物联网：为了满足物联网在多元联网、智能和节能的三大发展趋势，台积电除了提供客户坚实的逻辑技术，包括 5 纳米、6 纳米、7 纳米、12 纳米、16 纳米、28 纳米等，亦以其逻辑技术为基础，建构了领先、完备，且高整合度的超低功耗技术平台来实现客户智能物联网（Artificial Intelligence of Things，AIoT）的产品创新。台积电领先业界的超低功耗技术具备能源效率与高效能，包括采用 FinFET 架构的新一代 6 纳米技术 – N6eTM 值和 12 纳米技术 – N12eTM 值技术，能够提供更多运算及人工智能推理（AI inferencing）能力，并降低系统功耗。此外，基于平面电晶体架构的主流技术，例如 22 纳米超低漏电（Ultra-low Leakage，ULL）技术、28 纳米 ULP 技术、40 纳米 ULP 技术，以及 55 纳米 ULP 技术，也已被各种物联网系统单芯片（IoT system-on-a-chip, IoT SoC）和电池供电的产品所广泛采用以延长电池寿命。

同时，台积电 ULP 技术平台也提供客户完备的特殊制程技术，涵盖射频、强化版类比元件、嵌入式快闪存储器、新兴存储器、感测器和显示器元件、电源管理晶片等特殊制程技术，以及包括整合型扇出技术的多种 TSMC 3D 结构先进封装技术，以支援智能物联网广泛且快速增长的各种产品应用，包含应用处理器（Application Processor, AP）与边缘计算微控制器（Microcontroller, MCU）、无线联网、蓝牙、基频处理器、无线射频辨识、显示器元件、电源管理芯片等的需求。对于极低功耗（Extreme-low Power）产品的应用需求，台积电更进一步扩展低操作电压（Low Operating Voltage, Low Vdd）技术，并提供更宽操作电压范围的电子电路模拟模型（Simulation Program with Integrated Circuit Emphasis, SPICE）及设计指南，以降低采用门槛及导入时间，协助客户成功推出创新产品。

（4）汽车电子：台积电提供完备的技术与服务，以满足车用电子产业中的三大应用趋势：建造更安全、更智慧和更环保的交通工具。同时，也是业界推出坚实的车用 IP 生态系统的领导公司之一，提供 5 纳米、7 纳米与 16 纳米鳍式场效电晶体技术，以满足下一世代交通工具——内燃机引擎（Internal Combustion Engine, ICE）及电动车对先进驾驶辅助系统、先进座舱系统（In-Vehicle Infotainment, IVI），与针对新型电气/电子架构的区域控制器的需求。台积电推出 3 纳米技术 Auto Early（N3AE）解决方案，提供汽车制程设计套件（Process Design Kits, PDKs），支援车用客户提早采用业界最先进的 3 纳米制程技术来设计车用电子应用产品。

除了先进逻辑技术平台外，台积电亦提供广泛而且具竞争力的车用规格（Automotive Grade）特殊制程技术，包括 28 纳米嵌入式快闪存储器，28 纳米、22 纳米，和 16 纳米毫米波射频，高灵敏度的互补式金氧半导体影像感测器（CMOS Image Sensor, CIS）/光学雷达（Light Detection and Ranging, LiDAR）感测器和电源管理芯片技术。新兴的磁性随机存取存储器（Magnetoresistive Random Access Memory, MRAM）方面，22 纳米技术已展现符合汽车 Grade-1 标准的能力，而 16 纳米技术也于 2023 年通过汽车 Grade-1 标准的验证。这些技术均符合台积电基于美国车用电子协会（Automotive Electronic Council, AEC）AEC-Q100 汽车等级制程规格验证标准，或客户对技术规格的要求。

（5）消费电子：台积电提供客户领先且全面的技术，以推出应用于消费性电子产品人工智慧智能元件，包括智能电视（Digital TV，DTV）、机顶盒、具备人工智能的智能数码相机（AI-embedded Smart Camera）及相关的无线区域网络（Wireless Local Area Network，WLAN）、电源管理晶片、时序控制器（Timing Controller，T-CON）等。台积电领先业界的 N6、N7、16FFC/12FFC、22ULP/ULL 及 28HPC + 技术，已被全球领导的 8K/4K 数位电视、4K 串流机顶盒/过顶服务（Over-the-top，OTT）、数码单镜头相机（Digital Single-lens Reflex，DSLR）等厂商广泛采用。针对客户排布密集的芯片设计，台积电将持续缩小芯片尺寸，推出更具成本效益的技术，并推出更低功耗的技术，以利采用更具成本效益的封装。

从实际业绩落地来看，如表 7 – 9 所示（数据来自财报），台积电的先进制程产品营收占比不断提升。3nm 产品已经在 2023 年落地，并实现了 6% 的营收占比，预计 2025 年就将实现 2nm 量产落地。另外其 16 埃米制程预计 2026 年实现量产，14 埃米制程（A14）大概会在 2027～2028 年量产，这些都是遥遥领先的。

表 7 – 9　　　　　　　　最近几年台积电按制程的营收占比

精度	2021 年	2022 年	2023 年
	营收占比（%）	营收占比（%）	营收占比（%）
3-nanometer	—	—	6
5-nanometer	19	26	33
7-nanometer	31	27	19
16-nanometer	14	13	10
20-nanometer	—	—	1
28-nanometer	11	10	10
40/45-nanometer	7	7	6
65-nanometer	5	5	6
90-nanometer	2	2	1
0.11/0.13 micron	3	3	2
0.15/0.18 micron	6	6	5
≥0.25 micron	2	1	1
Total	100	100	100

此外，台积电正在研发的还有 NanoFlex、N4C、CoWos 封装技术、系统整合芯片（SoIC）、系统级晶圆（SoW）、硅光子整合等技术。

我们来分析一下具体的营收情况。台积电营业收入净额以地区划分（主要依据客户营运总部所在地），北美市场占 68%、中国大陆市场占 12%、亚太市场（不含日本与中国大陆）占 8%、欧洲、中东及非洲市场占 6%、日本市场占 6%。依据产品平台来区分，高性能计算占 43%、智能手机占 38%、物联网占 8%、汽车电子占 6%，消费电子产品占 2%，其他产品占剩余的 3%。

就 2024 年 6 月 12 日这一天来说，台积电目前市值超过 9 000 亿美元，市盈率（TTM）38。就整体营收而言，因为手机、电脑等产品在 AI 浪潮来临之前用户更新热情和必要性下降，导致了 2023 年营收同比下降了 4.5%。不过，从最新的 2024 年 5 月数据来说，营收同比增长了 30% 至 71 亿美元，这是由 AI 算力、手机电脑等复苏所带来。我们重点分析一下这一波需求增长对业绩成长的可持续性和预计规模。

2023 年全球芯片产业规模约为 5 200 亿美元，而台积电以 693 亿美元营收，约 56% 的市占率排名第一。由此我们可以算出台积电的芯片代工费用平均占到客户芯片营收的 23.8%。以 2030 年全球芯片市场一万亿美元规模为基准，考虑到中国大陆在成熟制程芯片的发展潜力，加上三星、英特尔等受到美国、日本、欧洲扶持的其他企业的潜在竞争压力，假设台积电的总体市场份额从 56% 下降到 50%。同样也是因为考虑到竞争激烈，假设芯片代工费用占比降低到 20%，则台积电的预计年营收可以增长到 1 000 亿美元。假设台积电可以保持 38% 的净利润率，则台积电的年净利润可以达到约 380 亿美元。我们以市场成熟期 25 倍的预期市盈率计算，台积电的目标市值为 9 500 亿美元，与当前的市值相当。如果以 35 倍预期市盈率计算，则为 1.33 万亿美元。所以说短期可能因为整个芯片产业热度很高，股价还有空间，但长期来看其实空间并没有那么大了，甚至可以说股价回落概率不低。

第8章 元宇宙，泡沫还是新机遇

　　元宇宙如果成立，将是一个大的产业发展方向，包含很多赛道。20世纪90年代初，钱学森在阅读文献时注意到了"Virtual Reality"，将之命名为"灵境"①，如图8-1所示。最近几年因为技术的发展，元宇宙逐渐被大家所关注，资本也一度大量进入。

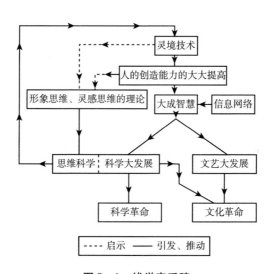

图8-1　钱学森手稿

　　在中国，2022年11月工信部联合几大部委专门发文支持其发展。另据工信部网站2023年9月18日消息，工信部科技司公开征求对《工业和信息化部元宇宙标准化工作组筹建方案（征求意见稿）》的意见，这进一步表明了国家对元宇宙发展的态度。

---

　　① 李月白. 钱学森：VR应该取名"灵境"，21世纪后半叶将实现人机合一［N/OL］. 文汇报，2022-01-30. https：//www.whb.cn/commonDetail/446947.

在海外，以 Facebook 改名 Meta 为标志性事件。Meta 在 2022 年预测，到 2031 年，元宇宙将为人类社会带来超过 3 万亿美元的 GDP 增长，其中超过 30% 份额来自亚太地区。等到完全成熟市场规模将在 3 万亿~30 万亿美元。

同时，也存在很多质疑的声音。马斯克说他很难想象人鼻子上架着一个电视机到处跑，微软对 VR 部门大幅度裁员，选择"all in AI"。市场上还出现一种声音，说元宇宙和无人驾驶都是误区，浪费了大量人力物力财力，LLM（大语言模型）才是未来。本章我们将尝试将元宇宙的长期发展前景分析清楚。

8.1　什么是元宇宙

科技是近代人类历史进步的最核心驱动力之一，每一次科技革命都带来巨大的生产力提升和社会变革。第一次和第二次工业/科技革命界限比较明确，从蒸汽时代到电气时代。但从第三次信息时代开始，人类的科技突破速度明显加快，且很多方向并行突破。尽管如此，如果我们展望未来，能源革命、生命科学、人工智能的愿景已经开始显现，人类的跨星际时代也已经点燃了星星之火，我们还是能将当前历史阶段和未来的一次新的科技革命之间画出比较明显的区隔。

从几次科技革命的界限和影响来看，元宇宙不是一次独立的科技革命，依然属于信息时代由电子计算机和通信等技术突破带来的直接结果，是继 PC 互联网、移动互联网之后的又一个重要的创新阶段。

元宇宙是什么？是以虚实融合为核心的新一代交互机制及社会形态。如图 8-2 所示，人和外部世界的交互机制，是一个包括信息识别、思考（分析、决策）和行动反馈的闭环。其中信息接收和反馈依靠"眼耳口鼻身"，而这里面通过眼睛接收信息又占比约 80%。信息提炼、分析、决策则靠"意"（思维）。PC 互联网、移动互联网都是由技术创新带来的人和世界的新交互机制及内容形态（比如互联网游戏、短视频等），元宇宙在此基础上做了一个大的升级，如图 8-3 所示。由于从第一视角出发将人带入虚实融合的新世界，它不仅是交互机制和内容创新，而且是人和人之间互动的新社会形态。它构建了一个或多个虚拟世界，或者虚实结合的世界，对人通过第一视角对外部信息的接收、消化和反馈这一闭环涉及的内容和方式实现一次升级，是非常本质的变化，因而如果实现，其影响将是巨大的。

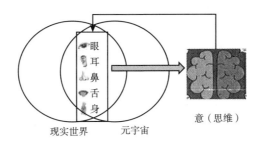

图 8 - 2　人和外部世界的交互机制

图 8 - 3　元宇宙跟 PC、移动互联网时代的核心交互差异

图 8 - 4 展示了一些元宇宙应用场景，几点说明。

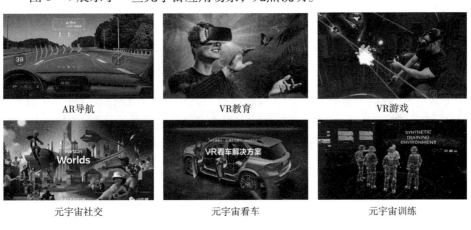

图 8 - 4　元宇宙应用举例

（1）元宇宙构建的虚拟世界基础是对视觉信息的改变，加上其他技术，可对视、听、触、闻各方面都产生作用。

（2）元宇宙通过虚拟世界的沉浸式体验，可以让人对世界的认识、体验、学习、获取和影响变得更容易、更高效，且获得更强的互动感受。

（3）从对视角的影响来说：人对世界的观察通常包括第一视角（自己）、第二视角（旁观者）和上帝视角。元宇宙丰富了第一视角的信息内容和表现形式，升级了第一视角的互动模式，这也是对个体感知最强烈的切入方式。

（4）一旦将来脑机接口普及，元宇宙可以跳过眼睛直接向大脑输送信息。

表 8-1 列举了一些元宇宙应用，并简要说明了它们的价值。

表 8-1　　　　　　　　　　　　元宇宙应用举例

交互	定义	行业	元宇宙价值
了解	从不知道到知道，辨别真伪好坏	AR 导航、导游	随时随地提供人眼所见目标的有用信息
体验	尝试平时不容易获得或喜欢多次重复的经历	旅游	体验平时体验不到的景色，比如珠穆朗玛峰
		数字潮玩	通过 AI 和 AR 技术实现潮玩与人的互动和成长
		游戏	沉浸感超强的互动游戏，或者虚实结合的游戏体验
		秀场	主播就在眼前的沉浸感体验
学习	从不掌握到掌握，从不熟练到熟练	学开飞机	提高学习效率和安全系数
获取	获得所需要的资源	购物	360 度无死角近在眼前的视觉效果呈现 解决移动互联网买家秀和卖家秀的效果差异
影响	对外部世界或他人产生互动和作用	线上会议	降低会议组织难度，提高会议效率
		元宇宙社交	比手机更有"面对面"感觉的线上社交体验

图 8-5 展示了元宇宙的必要组成部分。其中：入口设备就是指 XR 设备，包括 AR、VR、MR。应用包罗万象，但因为是第一视角出现，原则上每个人都需要一个或者多个数字分身。元宇宙的经济模型当中，数字资产是一个新生事物，通过区块链来确权。最后，元宇宙需要有一套治理机制。

图 8-5　元宇宙的基本组成部分

那么，是否会有一个平行于地球的大而全的虚拟新世界，我们每个人拥有一个需要长期经营的身份，在里面体验包括生活工作娱乐等各方面？答案是不会，因为：

（1）人生之不如意十之八九，但我们自出生以后至离开这个世界，还是保持着自己唯一的肉体和身份，为生存、发展、繁衍而努力。这并不是最好的方式，但是唯一的方式。

（2）虚拟世界可以有很多，且一样会面临各种问题：挫折、意外、人际关系问题、厌倦等，而跟现实世界不同的是，我们只要退出账号就能轻松选择另一个世界再来一次。

（3）大而全的虚拟世界很难在各方面都作出最好的体验，而在元宇宙内应用间的切换成本很低。

因此，元宇宙将像手机那样有统一的操作界面，方便在不同应用间快速切换。

PC 互联网是以 PC（基于冯诺伊曼架构而来）以及互联网（基于 http 协议）的技术成熟和普及为基础的；移动互联网是以智能手机和 4G 的普及为基础的。我们可以相信，元宇宙的普及需要以新的设备（XR）、实现虚实融合世界的技术以及更高效的通信技术等成熟为基础，现在还在早期。

8.2　元宇宙赛道梳理及商业模式判断

8.2.1　沉浸式交互与体验是元宇宙的核心价值

元宇宙对很多产业会产生比较大的影响，其主要价值在：实现不可能、更简单、更便捷和更强烈的空间交互体验和效果。等实现条件成熟后，只要是虚拟世界或虚实结合的交互和呈现能够带来核心价值的行业都是适合于元宇宙的应用方向，如表 8 - 2 所示。

表 8 - 2　　　　　　　　　　　　适用于元宇宙的赛道总结

交互	定义	2C 赛道	2B/2G 赛道
了解	从不知道到知道，辨别真伪好坏	AR 导航、导游、知识推送	1. 考古； 2. 太空探索
体验	尝试平时不容易获得或喜欢多次重复的经历	1. 旅游； 2. 文化内容消费； 3. 数字潮玩； 4. 互动娱乐（游戏、秀场等）	1. 博物馆； 2. 展馆

续表

交互	定义	2C 赛道	2B/2G 赛道
学习	从不掌握到掌握，从不熟练到熟练	1. 在线教育（学车等）； 2. 运动模拟（高尔夫、健身、网球、乒乓球等）	1. 特种行业培训：驾驶各种特种交通运输工具、模拟手术等； 2. 军事：军人模拟实战和战斗工具训练； 3. 模拟设计和制造：工业和军工产品
获取	获得所需的资源	1. 电商（餐饮、购物、买车、买房）； 2. 就医	1. 采购； 2. 拍卖
影响	对外部世界或他人产生互动和作用	1. 数字分身； 2. 元宇宙社交	1. 元宇宙营销； 2. 虚拟偶像（代言人）； 3. 元宇宙办公、会议； 4. 展览； 5. 政务

　　这里面哪些赛道可能在元宇宙时代实现首次爆发？表 8 - 3 给出了答案。这些赛道都是在 PC 和移动互联网时代不具备发展条件的，因而只要等发展条件具备，都可能会出现值得投资的目标。

表 8 - 3　　　　　　　　可能在元宇宙时代首次爆发的赛道总结

维度	赛道	产业价值	应用场景	说明
了解	基于眼前目标的即时知识推送	高	AR 导航	
			AR 室内导览	
			AR 导游	
			AR 百科	动植物识别等
			工业制造和检修 AR 助手	
体检	AR 娱乐	高	AR 游戏	
			数字潮玩	AR 宠物、AR 玩具，实现互动性和成长性
学习	基于元宇宙的技能培训	中	军事训练	
			开车、开飞机、开船等	
			太空训练	

续表

维度	赛道	产业价值	应用场景	说明
获取	元宇宙资产设计与搭建	高	用户数字分身可穿戴资产	给数字分身的穿戴
			数字藏品	
			元宇宙车、游艇等资产	
			元宇宙建筑	
			元宇宙展览	
影响	数字人	高	数字分身	元宇宙时代每个人都需要
			数字客服	
			数字偶像	
			数字代言人	
			数字网红	
	智能制造	高	复杂机器制造	飞机、汽车、军事装置等
			复杂设备测试	汽车碰撞测试等

（1）XR 设备可实现对眼睛所见目标实时 3 维扫描和识别，让"所见即所知"第一次成为可能。

（2）AR 娱乐带来的虚实结合的乐趣对人的感受前所未有。

（3）数字人和数字资产改变了之前互联网 2C 设计免费或低价的资产存在形式，拥有无限可能。

（4）基于元宇宙的技能培训在一些领域能够很大程度上取代实物训练，能大幅提高效率，降低成本。

（5）基于元宇宙的智能制造将极大节省实现成本，提高效率和效果。

不过，由于受限于技术发展，尤其是入口设备还处于早期阶段，上面给出的这些赛道大部分还缺乏成长壮大的土壤，表 8 - 4 对当前元宇宙的技术发展进行了一些总结。正是由于技术的不成熟，所以这几年在元宇宙各赛道上出现了 3 种典型的发展模式。

（1）以入口设备为核心，找痛点做闭环。现在各个做 XR（AR、VR）的设备制造商都在走这个道路。而最早给用户的应用一般都是游戏、视频内容、直播等实现基础较好的赛道。

（2）以手机为载体孵化元宇宙应用。手机可以部分实现 AR 和沉浸式效果，对数字资产等也能进行承接，所以我们看到像数字藏品（NFT）、元宇宙社交（啫喱等）等都是在手机上率先开发并投放市场的。

（3）横向打通元宇宙内外产业价值，诸如区块链、数字人、AIGC 等。例如区块链技术不仅能支持元宇宙内的数字资产，还能为其他各类数字资产（IP、品牌、数据、专利等）、法律文书、政务文件等的记录和转移提供支持，大幅提升效率。数字人除了做用户的元宇宙数字分身，还能做数字客服、数字偶像、数字代言人、数字网红等。

表 8-4 　　　　　　　　　　　　　元宇宙核心技术发展情况

技术方向	子方向	产业应用价值	技术发展现状
开发工具	开发引擎	提高元宇宙内容创作效率和视听交互效果	Unity 等较为领先，已经有广泛应用，但离元宇宙极致三维视觉体验的还有距离
	实时渲染技术	提供极致的视觉效果	
人工智能	数字人	数字分身、NPC、虚拟偶像、网红、数字客服等	基于真人信息采集的二维数字人多模态和深度学习技术基本成型，加上捏脸技术，基本可商用；基于 3 维的数字人效果较差，看起来较为呆板，目光呆滞
	个性化推荐引擎	内容推荐	个性化推荐技术在移动互联网时代已经成熟，元宇宙时代需要更新内容输入和输出的呈现
	AIGC	提高元宇宙搭建和内容创作效率	因为 diffusion 等技术的突破，迎来拐点，不论是图片还是视频还是文字，都跟人的输出越来越像（例如 open AI 和 chatGPT），但效率显著提高，开始显示出广阔的应用价值
交互技术	空间建模	实现虚实融合的信息采集和产生虚实融合的视觉效果	影视动画等效果优秀，但成本过高、效率较低
	实景识别和虚实融合		尚处于早期阶段，算力限制和算法限制都较大
	全感交互：眼动追踪、面部识别、手势交互、全身动捕	让人可以在元宇宙自在交互，且数字分身对他人显示自然生动	眼动追踪和手势交互等苹果率先率先能商用
	智能语音		语音识别和合成技术已经成熟，但 NLP 技术离突破还有很长路要走，目前实现不了真正的人机对话

续表

技术方向	子方向	产业应用价值	技术发展现状
区块链技术	公链、联盟链	数字资产确权和交易	技术基本成熟，国内联盟链百家争鸣，谁能胜出还未知
操作系统	软硬件兼容和应用开发标准化	作为整个硬件的驱动容器，并成为应用开发、用户交互、商业模式等一体化平台	安卓为主，此外还有苹果、微软wmr、索尼ps，未来哪家成为主流尚难确定
	实现面向用户的流畅体验和视听效果		
核心硬件	SoC、存储、光学组件	为整个元宇宙应用生态的运行提供算力、低功耗和高时效性等的保障	光学组件和处理器性能初步解决了基于头显的眩晕感，但离高质量的视觉效果、头显设备小型化轻量化目标还有很大的技术差距，此外成本和功耗、体积等问题也尚待解决
	核心传感器	实现人和物理世界互动的信息采集	激光雷达等开始商用，但成本、体积等尚待持续优化

8.2.2　元宇宙的经济模型

一个经济模型主要包括 4 个方面：产业创造经济价值，价值以资产形式存在和流通，金融体系赋能产业和个人，以及必要的监管体系防止金融风险（见图 8 - 6）。如表 8 - 5 所示，元宇宙和物理世界对应经济模型的具体表现形式有较大差异，但结构上可以形成一一对应关系。需要指明的是，国内代币及其相关的资产和金融体系都是非法的，海外的元宇宙目前是可选的（代币或法币）。

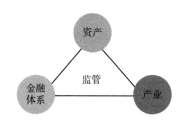

图 8 - 6　元宇宙经济模型基本要素

表 8 – 5　　　　　　　　　　　　元宇宙和现实世界经济模型对比

世界	货币	资产	金融	支付	产业			政府角色	平台角色
					第一产业	第二产业	第三产业		
现实世界	主权货币、数字主权货币	存款、保险、证券、艺术品，以及房车等实物资产	银行保险证券信贷等	银行支付工具、第三方支付工具	农林牧渔	工业	服务业	管理和抽税	经营和交税
元宇宙	主权货币、数字主权货币	数字藏品等	银行保险证券信贷等	银行支付工具、第三方支付工具	元宇宙基建：数字形象和资产设计与搭建	2B 类应用	2C 类应用	监管平台	搭建、服务和抽成
	代币	代币、NFT	Defi	加密钱包					

在具体的商业模式层面，元宇宙带来一个独特的创新：数字资产，除此以外跟 PC/移动时代的商业模式都是相同的。主要有 3 个特点。

（1）元宇宙的数字资产非常丰富，通过区块链技术进行确权将成为主流。其中通过区块链确权的具象可视化数字资产称为数字藏品（数字商品），小到服饰穿搭，大到土地建筑。

（2）持有者对这些资产的价值主张主要包括收藏、增值、交易、秀自我、娱乐等。

（3）这些数字资产根据类型的不同，有的可以作为数字藏品来交易，有的可以通过电商、广告等方式来获得商业回报。

表 8 – 6 和表 8 – 7 分别从用户侧和企业侧列出数字资产的价值和特点。

表 8 – 6　　　　　　　　　　　　用户端数字资产

维度	2C					
	可收藏	可拥有	可穿戴	可把玩	可娱乐	可支付
表现形式	数字艺术品 IP 收藏品	土地建筑汽车……	数字分身服装鞋帽包包等	数字潮玩	互动娱乐道具直播打赏礼物	积分优惠券代金券

续表

维度	2C					
	可收藏	可拥有	可穿戴	可把玩	可娱乐	可支付
价值主张	收藏 交易或增值	增值 交易	收藏 秀自我 娱乐 交易或增值	收藏 娱乐 交易或增值	收藏 娱乐 交易或增值	交易
商业模式	数字藏品 交易	数字藏品 交易	数字藏品 交易	数字藏品 交易	数字藏品 交易	电商

表 8 - 7　　　　　　　　　　企业端数字资产

维度	2B				
	可收藏	可拥有	可营销		
表现形式	数字艺术品 IP 收藏品	版权 土地 建筑 汽车	广告资源	数据	私域
价值主张	收藏 交易或增值	租赁 交易	交易或增值		
商业模式	数字藏品交易	数字资产交易	买卖 广告	买卖 广告	电商 广告

8.3　元宇宙的赛道判断

　　正是因为入口设备没有确定形态和大规模普及，这几年曾经出现过很多元宇宙的应用尝试，但几乎都没能真正实现可持续突破，甚至只是"昙花一现"。正当全世界开始怀疑元宇宙是否还是一个真正的风口的时候，苹果的 VisionPro 横空出世了，它至少给针对室内为主场景的个人消费及企业办公元宇宙带来了光明，它发挥作用的方式跟 PC 和 Pad 非常像。鉴于此，我们尝试对未来元宇宙的分场景发展路径进行预判，如表 8 - 8 所示。

表 8 - 8 元宇宙的分场景发展路径

维度		场景	设备	典型应用	核心技术
消费及办公	一个人	室内	MR	娱乐、学习、创作、办公、沟通等	芯片、系统、AI、虚实融合、人脸/眼/手动作捕捉等
		户外	个人级 AR 眼镜	导航、知识、沟通、体验	AR 玻璃、虚实融合
	一群人	室内	MR	体验、娱乐、办公	同个人室内
		户外	裸眼虚实融合设备	体验、娱乐	裸眼 3D 屏幕，全息成像技术
工业应用	一人或多人	室内外都有	工业级 AR 眼镜和 MR 设备	模拟制造、检测、培训	数字孪生技术
说明		—	消费及办公 MR 以苹果 VisionPro 为标准	—	通信技术的突破对户外很重要 区块链是所有技术中最成熟的一个

对元宇宙的投资，就是从设备、应用和技术 3 个方向入手。因为元宇宙相对早期，一级市场的投资机会多于二级市场，我们补充说明如下：

元宇宙入口设备。这是个高度明确的赛道，也是目前市场投资热点之一。为了将现实世界和物理世界实现融合，目前存在两种技术：VST（Video See-Through）和 OST（Optical See-Through），分别指透过摄像头的视频技术看到现实世界和透过光学镜片直接看到现实世界。我们对跟设备相关的 VR、AR、MR、XR 这几个概念做一简单说明。

（1）VR（Virtual Reality），虚拟现实，一般是通过眼前的显示屏来展示元宇宙世界的。

（2）AR（Augmented Reality），增强现实，一般指以现实世界为基础，叠加虚拟元素。AR 采用 OST 技术居多，多用于工业领域或可让人随身携带的轻便型 AR 产品。这种技术轻便省电，但在显示效果和可视范围等方面还存在不足。

（3）MR（Mixed Reality），混合现实，它是将现实世界和虚拟世界融合的呈现方式，可以说是增强版的 AR。因为显示质量和可视范围的原因，苹果采用了 VST 方式来实现 MR 效果，这种方式在功耗、重量等方面目前还存在不足，这也是 Visio nPro 目前最为诟病的地方。

（4）XR 是 VR/AR/MR 的统称。

表 8－9　　　　　　　　PC、移动、元宇宙的人机交互方式对比

发展阶段	人机交互方式		说明
	主	辅	
PC	鼠标 + 键盘	人脸	鼠标用于精准定位 键盘用于精准输入 人脸用于身份识别
移动	手指	人脸 + 语音	通过手指直接进行精准定位与输入 通过人脸进行身份识别 通过语音进行辅助人机互动
元宇宙	眼球 + 手指 + 语音	人脸	眼球 + 手指确认用于精准定位 语音 + 手指用于精准输入 人脸 + 眼球用于身份识别

因为苹果 Vision Pro 的出现，让我们意识到目前几乎所有其他的 VR 设备，一方面无法让用户通过眼睛跟现实世界联结，这是违反人对安全感的基本需求的，是反人性的；另一方面还在基于手柄交互，而不是人的目光（眼球）、表情、动作来定位，不是最自然的人机交互方式，所有这样的设备都会被淘汰，需要推倒重来。AR 眼镜主要用于户外和工业应用领域，和 VR 截然不同，需要单独分析。它的定位有点像手机配件，比 pc/laplop 轻便且携带灵活，但轻便主要是基于光学穿透的技术路线，从目前看会多少带来显示和互动效果的损失，在室内无法达到像手机代替 pc/laptop 那样代替 MR 设备的效果，因而价值也会不如手机。我甚至倾向于认为，消费和办公级别的元宇宙赛道，大部分价值会是围绕 Vision Pro 这类设备带来的。

对入口设备的长期市场规模，以及对其中的胜出者的长期价值进行准确测算，在现在阶段是个看起来挺困难的事情，但我们依然可以通过横向对标来快速大致估算。因为手机市场已经出现了像苹果这样的万亿美元级别的玩家，而 MR 设备由于核心价值在于视听及交互体验的升级，并不包括提升效率等价值，因而并不合适作为电商、打车、信息检索、金融服务等应用的主场景，这些场景下更合适作为手机的补充，因此，MR 设备无法取代手机作为人的全方位个人助理这样的角色。但前面所列出的适合元宇宙的各项应用，其潜在价值已经

非常大了。从长期市场格局来说，作为消费类设备，其市场规律大体上跟手机、电脑等类似，会是少数玩家胜出、相对集中的一个市场格局。考虑到手机市场已经出现了数万亿美元级别规模的玩家，我们完全可以跳过对 XR 设备赛道长期规模的判断，直接作出结论：在入口设备领域出现一个或多个百亿美元、甚至千亿美元级别的玩家是有可能的。这样的机会，在如此早期的阶段潜在收益空间不小，已经足够值得我们关注并去挖掘了。

元宇宙应用。几乎所有互联网应用其价值爆发都是以设备的普及为前提的，元宇宙也一样，否则难以给用户带来极致的体验。前面已经分析了哪些应用在元宇宙时代有机会，哪些甚至是元宇宙时代所特有的机会。不管是从移动互联网时代的延续和增强（例如游戏、长视频升级为 3D 体验），还是全新的赛道（例如基于视觉信息的实时知识获取、AR 游戏、模拟制造等），通过跟被颠覆业务对标或者横向对标都是可以估算出规模的，此处先不做过多展开。从二级市场投资的角度来说，真正的难点在两个方面。

（1）判断赛道的可持续性，不要去投资一个短期看起来有价值，长期不确定性过高的赛道或企业。而在元宇宙如此早期的阶段，要做到其实并不容易。

（2）对于长期有投资价值的赛道，现在是否应该投入。像巴菲特那样在 2000 年初投资比亚迪并能坚持下来，投资结果是好的，但体验是痛苦的，大部分人很难拿得住。作为个人投资者，投资之后在一年能有回报是个比较好的判断标准。这点对于此时的元宇宙赛道也有难度，因为可供选择的上市公司少。

元宇宙技术。元宇宙所需要的技术往往并不是专为元宇宙服务的，因而即使在入口设备还未成熟并普及的今天，依然值得深挖。在这里讨论如下几个：

（1）LLM 大语言模型（GPT、AIGC 等）。元宇宙一方面需要通过 AI 来解决构建虚拟世界的内容生成效率问题，另一方面由于戴上头显或 AR 眼镜后通过文字输入不太方便，需要借助 AI 解决互动方式（类自然语言沟通）以及工作效率的问题。

（2）6G 通信技术，视频实时传输需要。这本来就是新基建的一部分，行业规模从跟 5G 对标也能得知，值得关注。例如星链这样的颠覆性技术跟它的关系，对它的影响值得小心判断。

（3）区块链。区块链技术发展多年，已经较为成熟，过了高速发展期，从目前看可能不是个投资的好赛道。

8.4　元宇宙投资标的分析

总的来说，元宇宙偏早期，已经上市的公司不多，大的二级市场投资机会还需要耐心等待。在现在这个时期对赛道做到心中有数，会为我们未来的成功奠定扎实基础。

对于已上市公司，在 XR 设备赛道，苹果和 Meta 是最合适的标的，但 XR 设备占它们整体营收的占比太少，我们已经在 AI 手机和互联网相关章节对它们分别展开分析和预测。而应用领域，由于入口设备还不成熟，更谈不上普及，完全基于 XR 的应用还不到时候。因此，看来看去，我们选择 Roblox 和 Unity 这两个看起来最具有元宇宙气质的上市公司进行分析。

8.4.1　Unity，元宇宙的卖铲人

Unity 是全球领先的 3D 引擎和商业化运营平台，开发的引擎被广泛用于游戏、虚拟现实和多媒体内容开发中，旗下业务主要分为创作解决方案（Create Solutions）和增长解决方案（Grow Solutions）两部分。创作解决方案包括最核心的引擎和云业务，增长解决方案主要包括游戏发行和广告业务。Unity 的收入主要来自于游戏行业，汽车、建筑、工程设计等行业也同样覆盖，客户遍布全球，如表 8 - 10。此外，公司积极进军元宇宙、AIGC 等前沿方向，进一步拓展新的业务边界。

表 8 - 10　　　　　　　　　Unity 全球分国家/地区营收占比

国家/地区	收入占比（%）	说明
美国	30.22	
中国	12.97	
EMEA	36.22	欧洲、中东、非洲
亚太	18.25	除中国以外
其他美洲地区	2.34	加拿大和拉丁美洲

值得一提的是，苹果已经邀请 Unity 参与了 Vison Pro 的游戏基础建设，尽管苹果不用"元宇宙（Metaverse）"这个词，而称之为"空间计算（Spatial-

Computing）"。Unity 的 visionOS beta 项目，通过 Unity 全新推出的 PolySpatial 技术与 visionOS 之间的深度集成，应用程序可以在共享空间中与其他应用程序一起运行。并且通过将 Unity 的创作工具与 RealityKit 的托管应用渲染相结合，开发者将能轻松使用 Unity 在苹果 Vision Pro 上创作内容。

Unity 的主要竞争对手是 Epic Games 这家游戏公司的 Unreal。Epic 主营游戏业务，Unreal 是它将自己的开发工具共享出去，扩展商业模式，目前主要覆盖的是 PC、主机和重游。Unreal 的商业模式主要包括 3 种方式，一是向引擎使用者收费。二是开设资源商店。开发者可以开发自己的半成品插件放在上面售卖给其他开发者，它可以是美术资源，可以是脚本代码，也可以是一个完整的游戏 Demo。三是开设游戏商店，跟苹果、谷歌是竞争对手。正因为 Epic 有游戏业务撑着，所以 Unreal 的盈利压力没有那么大，业务也比较集中，因此人员规模相比 Unity 而言也很小。

而 Unity 则不同，核心是做引擎，围绕引擎来打造商业模式，一路走来经常性亏损，比较辛苦。而独立的引擎模式在商业模式的天花板是否能被抬到足够高，是关于 Unity 最大的悬念。

根据数据研究公司 6sense 的数据，29.6% 的游戏是使用 Unity 游戏开发引擎制作的，Unreal 则拥有 16.6% 的市场份额。Unity 在手游市占率遥遥领先，处于绝对强势地位。它支持超过 25 个开发终端，社区开发者资源丰富，有大量的插件和教程供选择，整体学习成本更低，对于跨平台开发者、小团队和独立开发者都更为友好。Unity 还跟其他平台合作，帮助平台的客户将基于 Unity 引擎开发的内容放到其他平台上去运行，以此来进一步扩大自己的影响力。

商业模式方面，一般游戏引擎厂商主要是直接向游戏开发者收取引擎使用费用，和帮助游戏客户广告创收后分成两种模式。

（1）引擎主要由 Editor 和 Runtime 两部分构成，基本商业模式包括：基于 Editor 付费，基于 Runtime 付费，以及同时基于 Editor 和 Runtime 付费。Unity 之前主要采取 Editor 付费制，而 Unreal 主要采取 Runtime 付费制。

（2）引擎厂商还可通过在游戏中投放广告、直接售卖 Editor 源码、提供技术支持服务以及通过开设游戏商店/资源商店并对收入进行抽成等方式盈利。Unity 有资源商店，但没有游戏商店。Unreal 两者都有。

根据财报，如表 8－11 所示，Unity 一直在亏损。如果细看它的财报，研发费用、销售市场、行政管理 3 大项就超过了它所有的毛利。所以 Unity 在往以下几个方向努力。

第一个方向是针对创作解决方案部分，引擎的市场地位稳固，向客户收费这条线过去两年基本按照 30% 以上的增速在稳步增长中，但收费水平在同行中偏低。解决思路是：提高费用，拓展客户，减员增效。

第二个方向是把游戏发行和广告业务做大，为此，2023 年，Unity 收购了 ironSource 广告公司。财报中增长解决方案在 2023 年实现了大幅增长主要就是因为这个原因。

第三个方向是努力开拓新方向，尤其是元宇宙和 AI 相关方向。

表 8–11　　　　　　　　　　　　Unity 业绩表现

业务板块	年度营收（亿美元）		同比（%）	季度营收（亿美元）		同比（%）
	2023 年	2022 年		2024 年 Q1	2023 年 Q1	
创作解决方案	8.59	7.16	19.97	1.64	1.87	-12.30
增长解决方案	13.28	6.75	96.74	2.97	3.13	-5.11
合计营收	21.87	13.91	57.23	4.6	5	-8.00
毛利	14.54	9.49	53.21	3.16	3.38	-6.51
毛利润率（%）	66.48	68.22	-2.55	68.70	67.60	1.62
运营亏损	8.33	8.82	-5.56	3.75	2.55	47.06
运营亏损率（%）	38.09	63.41	-39.93	81.52	51.00	59.85
净亏损	8.26	9.19	-10.12	2.91	2.54	14.57
净亏损率（%）	37.77	66.07	-42.83	63.26	50.80	24.53

针对第一部分，2023 年收购了 ironSource 之后，Unity 接连进行了两轮裁员，加起来超过 2 000 人，但还剩下 6 000 人左右，以 Unity 的业务体量，以及横向对标 Unreal 来看，依然过于庞大。

2023 年，全球游戏行业增长乏力。Unity 在经营业绩压力下于 2023 年 9 月逆势提出收费新规，核心是要基于安装量增收 Runtime 费用，结果引起了大量客户的反弹，导致业绩动荡。2024 年以来，Unity 的股价下跌超过 50%。经过管理层和客户的不断沟通并对收费方式做了一些调整，这方面的影响慢慢平息了。

针对第二部分，在收购 ironSource 之后，估计因为整合和协同需要时间，2024 年 Q1 增长解决方案的收入同比还降了一点。但管理层还是充满信心，表示预计下半年对商业化解决方案性能改进的推动，以及更好地利用数据来训练模型，将为客户提供更好的广告支出回报。管理层表示，通过整合 Create 和 Grow 以更好地为游戏用户提供更全面的服务，这是 Unity 比其他任何公司都能做得更好的事情。从逻辑上来说，Unity 作为手游广告的主要投放平台，流量相对分散于中长尾平台，因而受苹果的 IDFA 政策影响有限，且通过合并 ironSource 在扩大相关领域市场份额的同时，协同 Create Solutions 的引擎及游戏服务业务打造出服务于游戏全生命周期的端到端平台，Unity 较为完整的产业链布局将增强其在游戏发行和买量上的竞争力。这点需要从后续的财报数据来验证。

关于探索新方向部分，除了前面提到的跟苹果 VisionPro 的合作之外，还有是开拓可能对其引擎的 3D 渲染功能感兴趣的新客户。最近的合作伙伴是汽车制造公司马自达。马自达将以 Unity 平台为核心构建下一代数字屏幕和信息娱乐系统。Unity Industry 和 Runtime 将用于支持马自达的人机界面（HMI）和图形用户界面（GUI）的开发，并集成到马自达的车载操作系统中。

2024 年 5 月，Unity6 预览版发布。其中在 AIGC 领域的最新布局主要包括：Unity Sentis 和 Unity Muse。Unity Muse 的终极形态是 3D 资产生成工具，可实现自然语言生成 3D 模型。Unity Sentis 用于导入和运行第三方 AI 模型的框架，能在任何支持 Unity 的设备上运行 AI 模型，且构建一次就可在所有设备上原生运行 AI 模型，相较于云端模型具备更高的安全性和更低的延迟。

这些新方向能带来多少收入，目前还很难说。

Unity 管理层预计 2024 全年收入在 17.6 亿 ~ 18 亿美元，低于市场预期。结合公司指引和市场预期，假设 Unity25 年实现 20 亿美元收入，年同比约 11% 增长率，按照 3 倍 PS（跟目前相当）计算，则目标 60 亿美元，与 2024 年市值基本保持不变，预计还是在底部动荡。什么时候扭亏的速度能加快了，什么时候才有可能获得更高的估值倍数。希望游戏和元宇宙的爆发期可以早日到来，给 Unity 一个春天。

8.4.2　罗布乐思（Roblox）和它自建的元宇宙

如果说 Unity 的主要定位是能力输出，Roblox 则不同，它在搭建基于游戏的自建闭环生态。Roblox 的基本价值观：尊重社区、放眼长远、承担责任、脚踏实地。让我们先听听 CEO David Baszucki 怎么说："我们的核心理念是要打造一个由创建者社区支持的平台，人们可以在平台上创建一切。他们——而不是我们——会一起设计衣服、建房子、搞探索、经营企业、与家人共度时光、做运动、听音乐会。在罗布乐思发布 16 年后，我们仍专注于由社区创造，而不是为社区打造。"

Roblox 之所以被认为是个游戏社区，可能是因为游戏这种形式是目前最受欢迎的让大家共同参与的内容形式，它完全可以去覆盖设计衣服、建房子、搞探索等场景。平台的代表性游戏包括 Adopt Me、Royale High、Welcome to Bloxburg、Work at a Pizza Place 等。

Roblox 的业务构成和元宇宙的定义几乎完美匹配，只是入口目前出于最大化用户触达考虑比较全面，如图 8-7 所示。

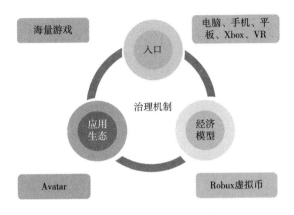

图 8-7　Roblox 的元宇宙

Roblox 是一个集成了海量小游戏的沙盒游戏平台，有点类似于国内的 4399 等小游戏平台。在传统游戏平台上，各个游戏之间相互独立，并且大多数是单机游戏。但在 Roblox 上，玩家通过建立一个 Avatar 虚拟人形象，可以与其他玩家联机，在不同游戏中进行社交互动，这也是 Roblox 能够大谈元宇宙的基础。在 Roblox 上，因为增加了社交元素，玩家的虚拟世界沉浸感会更强。Roblox 的用户规模一直在增长，2024Q1 财报显示平均 DAU 已经达到了 7 770 万，同比增长 17%。用户在平台内的总时长达到了 167 亿小时，同比增长 15%，两者的同步增幅再次双双超过 10%。

Roblox 旗下有 3 款产品：Studio、Client 和云。Studio 是提供给开发者和创作者的一堆工具，便于他们方便快捷地创造各种游戏，并通过用户付费或广告分成来赚钱。Roblox 上的游戏开发者大多为非专业开发者，但依托 Roblox 提供了完备的开发工具和教程，大大降低了开发门槛。在 AI 方面，Roblox Studio 有两款 AIGC 生产工具 Code Assist 和 Material Generator，同时，Studio 未来也会接入第三方生成式 AI 服务。

Client 是为用户服务的，方便用户购买 Robux 虚拟币，在各个游戏之中畅玩，且可以用 Robux 来购买各种各样的 Avatar 或其他感兴趣的道具等商品。而 RobloxCloud（云业务）则是用来支撑各项业务的正常运转的。

Roblox 的商业模式看起来很美好。Roblox 生态内只能使用平台指定的唯一虚拟币：Robux。通过各种机制设计，Roblox 实际上拿到了用户实际付费金额中的大部分利益。这是因为 Roblox 提供了引擎、发布、推广、支付运营的全流程服务，开发者实际上只做了开发这一件事情。

首先，用户在消费前，需要先购买 Robux，1Robux = 0.01 美元，这里面已经包含了应用商店抽成费用：苹果 AppStore 抽 30%、谷歌 Play 抽 15%。

Roblox 的平台上一共提供两种类型的付费商品/服务。

（1）创作者提供虚拟装饰品等素材，用来装扮玩家的 Avatar 虚拟人形象，比如帽子、衣服、手持物等。

（2）平台上游戏内的使用道具，比如复活机会、加速器等，这是由游戏开发者来设置的付费点，Roblox 不干涉。

玩家无论是为上述哪一种商品或服务付费，都需要支付 Robux。两种情况下 Roblox 收取不一样的分成：Avatars 装饰品，Roblox 分 70% 的 Robux，创作者分 30%；游戏道具，Roblox 收取 30% 的 Robux，剩下的 70% 留给开发者。

在游戏开发者或素材创作者收到 Robux 后要兑换成真实货币的时候，这里面 Roblox 又设置了一个机制来抽税。首先开发者和创造者需要加入 Developer Exchange Program，但加入 DEP 是有门槛的，赚到的 Robux 不够不允许提现。其次这里的兑换比例为 1 Robux = 0.0035 美元，差不多是买家购买价格的 1/3。

如果将兑换比例的差额算上，实际上：游戏道具部分，Roblox 拿走一半，开发者只拿到了总流水的 25%，剩下的 25% 由苹果、谷歌获得；Avatar 装饰品部分，Roblox 拿 65%，素材创作者只能拿到总流水的 10%，剩下 25% 依然是苹果和谷歌的渠道税。

在用户付费以外，Roblox 也决心进军广告赛道，尤其是游戏视频广告赛道。根据 Emarketer 的数据，仅美国市场 2023 年市场规模就近 80 亿美元，预计到 2027 年将达到 100 亿美元。2024 年 4 月，PubMatic 宣布与 Roblox 建立合作伙伴关系，基于 Roblox 的视频广告位将在今年晚些时候上线，届时此次合作将实现这些广告位的程序化媒体交易（先从美国开始）。此外，Roblox 还尝试为品牌定制，例如，Gucci 通过与 Roblox 合作，创建了一个模拟其时装秀的体验场景，如图 8 - 8 所示。

图 8 - 8　Roblox 和 Gucci 合作案例

但 Roblox 面临一个挑战，平台的主要用户群是孩子，如图 8 - 9 所示，其中小于 13 岁的占 42%，小于 17 岁的占 58%。这些不是广告主，尤其是品牌广告主的主要人群。这可能就是为什么 Roblox 已经对外宣称要加强广告业务挺久了，但到目前为止还没有单独列出来宣传。

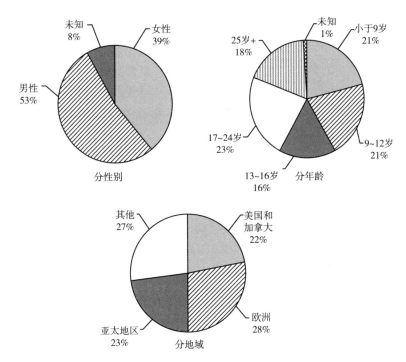

图 8 - 9　Roblox 用户群分布情况

为了同时解决广告问题和获得更多成年用户的游戏收入，Roblox 一直在想办法提升对更大年龄用户的吸引力。一方面 Roblox 拓展了更多终端覆盖，包括 Meta 的 Quest 设备和 Playstation，以此覆盖更多非低龄用户群。另一方面在内容扶持上，也有意识地往年龄覆盖更广的项目去侧重。

尽管 Roblox 的用户数在以 17% 的速度增长中，营收在以 20% + 的速度增长中，虽然用户黏性、创作者黏性和商业模式设计都不错，但因为平台用户年龄偏低，消费能力偏弱等原因，始终未能盈利。表 8 – 12 数据出自财报和基于财报的预测。

表 8 – 12　　　　　　　　　　Roblox 业绩表现和预测

业务板块	年度营收 (亿美元)			2024 年 同比 (%)	2023 年 同比 (%)	季度营收 (亿美元)		同比 (%)	预测 YoY 增长率	2025 年 营收 (亿美元)
	2024 年	2023 年	2022 年			2024 年 Q1	2023 年 Q1			
合计营收	33.5	27.99	22.25	19.69	25.80	8.01	6.55	22.29	23	41.2
毛利	—	21.5	16.77	—	28.21	6.22	5.04	23.41	—	—
毛利润率 (%)	—	76.81	75.37	—	1.91	77.65	76.95	0.92	—	—
运营亏损	—	12.59	9.24	—	36.26	3.02	2.9	4.14	—	—
运营亏损率 (%)	—	44.98	41.53	—	8.31	37.70	44.27	– 14.84	—	—
净亏损	13.8	11.59	9.34	19.1	24.09	2.72	2.7	0.74	—	12.36
净亏损率 (%)	41.38	41.41	41.98		– 1.36	33.96	41.22	– 17.62	—	30

Roblox 管理层预计，公司在 2024 财年收入为 33.5 亿美元（年同比增长 20%），预计净亏损为 13.8 亿美元。管理层还预计"在可预见的未来将继续出现净亏损"。考虑到下半年视频广告的上线，我们将 2025 年的预期业绩增长率设为 23%，则 2025 年预计营收为 41.2 亿美元。也正是因为同样的原因，我们假设净亏损率缩减到 30%，则 2025 年净亏损为 12.36 亿美元。按照当前市值 263 亿美元，2024 年预期市销率为 7.85。我们假设 2025 年略微缩减到 7.5，则预计 2025 年市值为 309 亿美元。

参考资料

［1］肖俨衍，白洋，钱凯 . Web3.0：新范式开启互联网新阶段［R］. 中金公司，2022－05.

［2］吴俊宇 . 中国公共云，堵在哪，怎么解？［J/OL］. 财经杂志，2024－04－03. https：//t. cj. sina. com. cn/articles/view/1684012053/645ffc1501901dvck.

［3］"人工智能＋"时代公共云发展模式与路径研究［R/OL］. 信息化和产业发展部国家信息中心，2024－03－28. http：//www. sic. gov. cn/sic/82/567/0329/20240329151228488274805_pc. html.

［4］马化腾：腾讯专注于做互联网的连接器［EB/OL］. 新京报，2024－11－20. https：//www. cac. gov. cn/2014－11/20/c_1113913815. htm.

［5］短视频化及中国互联网领域生态［EB/OL］. 高盛研究部，2022－10. https：//www. goldmansachs. com/worldwide/greater-china/insights/Short-form-video. html.

［6］云计算白皮书［R］. 中国信息通信院，2023.

［7］花小伟 . 金融科技专题研究报告：深度解析腾讯金融科技［EB/OL］. 德邦证券，2021－05－22. https：//baijiahao. baidu. com/s？id＝1700430356695579038&wfr＝spider&for＝pc.

［8］2024年度全球跨境电商平台深度解析：新模式下的新格局［R］. 飞书互动，2024.

［9］张晓峰 . 白牌、供应链白牌到产业带白牌，拼多多的供应链三级跳［EB/OL］. 腾讯网，2023－12. https：//mp. weixin. qq. com/s/m4apKyLdJkztXGDYT6guIg.

［10］2024年5月份社会消费品零售总额增长3.7%［EB/OL］. 国家统计局，2024－06－17. https：//www. stats. gov. cn/xxgk/sjfb/zxfb2020/202406/t20240617_1954709. html.

［11］金准，等 . 世界旅游经济趋势报告（2024）［R］. 中国社会科学院

旅游研究中心 . 2024 – 04.

[12] Wayne Xin Zhao, Kun Zhou, Junyi Li, etc.. A Survey of Large Language Models [J]. Cornnel University, 2023 – 11.

[13] Now and next for AI-capable PCs [R]. Canalys, 2024 – 01.

[14] 胡轶坤,邓晓霞,等 . 我国新能源汽车产业何以成为世界第——— 汽车强国建设十年调查 [N/OL]. 中国汽车报网,2024 – 07 – 29. http://www. cnautonews. com/yaowen/2024/07/22/detail_20240722366713. html.

[15] 唐泓翼 . 半导体周期:至暗已过,黎明将至?[R]. 长城证券产业金融研究院,2023 – 09 – 21.

[16] 2023 集成电路行业发展简析报告 [R]. 嘉世咨询,2023 – 11.

[17] 美国半导体大盘点,不偏科 [EB/OL]. 电子产品世界,2023 – 04 – 08. https://www. eepw. com. cn/zhuanlan/298972. html.

[18] 李月白 . 钱学森:VR 应该取名"灵境",21 世纪后半叶将实现人机合一 [N/OL]. 文汇报,2022 – 01 – 30. https://www. whb. cn/commonDetail/446947.